-표준보육과정 · 누리과정에 맞춘-

제5판 아동안전관리

이영환 • 고선옥 • 김경신 • 김정희 • 이수재

창지사

머리말

"영유아는 움직이는 신호등" "영유아의 안전은 곧 국가안전의 기초"

우리의 생활 가운데 가장 중요시되고 있는 부분은 바로 안전입니다. 편안하고 행복하게 살기를 원하면서도 안전에 대한 인식의 차이는 다양하게 보여지고 있습니다. 그렇지만 안전은 인간의 삶에 있어서 가장 깊이 있게 인식되어져야 하며, 더불어 적극적인 방법으로 예방조치에 최선을 다해야 한다고 모두 생각하고 있습니다. 안전은 자신과 타인의 안전에서 생명의 연장을 의미하고 인간존중의 기초로 볼 수 있기 때문입니다.

특히, 영유아는 보육 · 교육기관에서의 하루 일과에 따라 일상생활이 세심하게 보호받으며 교육되어져야 합니다. 그러므로 모든 영유아 보육 · 교육기관은 "안전 최우선의 법칙"하에 교직원 모두가 하나 되어 안전지킴이로 생활을 이끌어 나가야 한다고 봅니다. 안전교육을 시행할 때에는 영유아의 발달 수준, 장애의 유무, 교육기관의 지리적 위치, 실내 · 외 환경의 배치, 영유아의 안전한 등 · 하원, 자유놀이상황에서의 사회관계, 프로그램에 따른 이동 거리, 실외 및 견학 활동을 통한 아동의 건강 상태, 가정과 지역사회의 연계에 따른 안내사항 및 통신문 등이 영유아의 생태학적 입장에서의 안전을 고려하여 계획하고 준비해야 합니다.

영유아의 일상생활 속에서의 안전을 도모하기 위해 영유아 보육 · 교육기관의 교직원은 영유아의 보육과 교육에서의 안전교육의 이론과 실제를 알고 있어야 합니다. 이에 본서에서는 영유아 보육 · 교육기관에서 일하게 될 예비 영유아교사를 위해서 안전관리의 중요성과 현황 및 교육방법 등의 이론과 실제를 살펴보고자 합니다.

본서는 총 3부로 구성하였고, 15장으로 이루어져 있습니다. 특히, 각 부의 처음 시작에서는 신호등의 색이 나옵니다. 도로교통안전협회의 TBN 교통방송에서는 신호

등의 색을 적색, 황색, 녹색으로 말한다고 합니다. 그래서 원래 적색, 황색, 녹색에 괄호를 열고 영유아의 입장에서 빨강, 노랑, 초록불로 표기하였습니다.

제1부는 우선 안전을 알고 실행을 하고자 움직이지 말라는 의미에서 적색(빨강) 신호입니다. 제1부를 통해 안전관리에 대한 중요성과 의미 및 영유아 안전의 영역을 살펴봅니다. 제2부는 제1부에서 안전관리에 대해 알아보았으니 조금 더 알고 움직이자는 의미에서 기다림의 황색(노랑) 신호입니다. 황색 신호에서 출발하지는 않지요. 기다림을 통해 안전관리에 대해 알아보도록 합시다. 제3부는 다양하고 자세하게 안전 분야별로 알고 실천하자는 의미에서 녹색(초록) 신호로 여러 안전교육 내용을 안내하고 있습니다. 안전관리에 대한 실제적인 내용을 토대로 알아보고 현장적용이 가능하도록 활동을 제안하였습니다.

또한, 각 장의 시작은 알기 쉬운 내용으로 틀린 그림 찾기, 알쏭달쏭 퀴즈, 안전에 대한 편지를 구성하였고 각 장의 마무리에는 안전교육의 통합주제망, 표어와 포스터, 동요 및 개사, 가로세로 낱말풀이, 사행시, 동화책을 활용한 통합망, 교재교구 계획안으로 실제적인 활동을 전개하였습니다. 구성된 각 장은 제1장 '영유아를 위한 안전한 생활', 제2장 '영유아의 안전한 영역', 제3장 '국가 수준의 영유아 안전', 제4장 '영유아 보육 · 교육기관에서의 안전교육 계획 및 방법', 제5장 '영유아 보육 · 교육기관에서의 실내 · 외 안전관리', 제6장 '영유아 보육 · 교육기관에서의 안전평가', 제7장 '가정 안전교육', 제8장 '놀이 안전교육', 제9장 '교통 안전교육', 제10장 '화재 안전교육', 제11장 '재난 안전교육', 제12장 '대인 안전교육', 제13장 '감염병 및 약물 오남용 예방 등 보건위생관리교육', 제14장 '미디어 안전교육', 제15장 '응급처치'입니다.

2020년 제4판에서는 최신 통계 자료들로 수정하였고, 제2장에 세계의 안전사고 예방 모범 사례가 수정 · 보완되었습니다. 제3장에 2020년 3월부터 시행되는 개정 누리과정을, 제6장에 평가인증에서 평가제로 바뀌는 내용을 포함하였고, 제13장 감염병 및 약물오남용 예방 등 보건위생관리교육에서는 2020년 1월 1일부터 적용되는 법정 감염병 분류체계개편 부분을 추가하였습니다.

이번 제5판에서는 4차 표준보육과정과 제12장의 대인안전 중 아동학대 예방교육을 추가했으며, 제13장의 코로나 19에 대한 전반적인 내용을 수정 · 보완하였습니다.

안전은 모든 사람의 바람이자 행복의 근원입니다. 영유아 보육 · 교육기관에서부터 영유아가 안전을 잘 인식하고 실천할 때 우리의 안전은 가정, 지역사회, 국가 전체에서 나를 포함하여 타인에 이르기까지 무언의 약속으로 이끌어져 안전한 환경 만들기, 안전실천을 위한 안전행동 지킴이로 동참할 것입니다. 많은 부분 미흡한 점이 있으나 좋은 지침서가 되길 기대하며, 출판되기까지 수고해 주신 영유아 보육 · 교육기관의 교직원, 저자와 함께 수업에 참여한 학생들, 창지사 직원분들께 감사의 말씀을 드립니다.

2022년 1월

저자 일동

차 례

PART 3 영유아 안전교육 내용 및 실제

PART 1

영유아 안전의 이해

안전신호등 이야기: 영유아는 적색(빨간색) 신호등입니다.

횡단보도에서 현재의 신호등이 빨간불이면 영유아의 보호자는 다음과 같이 안내합니다.

“지금 건너가는 것은 위험해서 안 돼.”, “멈춰.”, “가지 마.”

그럴 때면 영유아는 “위험하다.”라는 빨간 신호등의 의미를 알기보다 보호자의 다급함과 큰 목소리에 자신도 모르게 행동으로 우선멈춤(위험인지)을 하게 되고, 보호자의 이끌림을 따라 상황 속에서 학습하게 됩니다.
이에 영유아의 눈높이에 맞춰 안전에 대한 전반적인 내용을 설명하고, 인지하는 것이 중요합니다.

제1장 영유아를 위한 안전한 생활

제2장 영유아의 안전한 영역

Chapter 01

영유아를 위한 안전한 생활

본 장에서는 영유아의 안전한 생활을 위하여 영유아 안전사고 현황과 영유아의 발달 특성 및 안전에 대해 알아보고자 한다.

〈 틀린 그림을 찾아보세요! 〉

안전이란 위험이 생기거나 사고가 날 염려 없이 편안한 상태를 의미하는 것으로, 영유아가 건강하게 성장 발달하기 위해 신체적 · 정신적 · 정서적인 문제로부터 보호받는 상태를 말한다. 따라서 영유아를 보호한다는 것은 신체적 사고와 상해로부터 안전하게 보호하는 것뿐만 아니라, 영유아가 전인적인 발달을 할 수 있도록 적절하고 안전한 환경을 제공하고 지속적인 관리와 감독을 해야 한다는 것을 의미한다.

인간은 누구나 안전한 삶을 누리고자 하는 기본 욕구를 지니고 있다. 그러나 이러한 인간의 바람에도 불구하고 안전사고율은 해마다 증가하고 있다. 급격한 산업화와 도시화로 안전한 주거 환경과 영유아의 놀이공간은 축소되었고, 교통 혼잡 등으로 인해 영유아의 놀이공간은 안전사고의 위험에 항상 노출되어 있다. 영유아 안전사고는 성인에 비해 사망 및 중상의 비율이 높고 성장 발달과 정서 상태에 심각한 영향을 끼치고 있어 주의가 필요하다.

사고는 예측 가능한 범위 안에서 발생하는 것으로 성인이 사전에 철저하게 대책을 마련하거나 지속적인 감독에 의해 관리할 수 있다(Berman & Fromer, 1991). 영유아 안전사고는 영유아의 생존과 건강을 위협하는 중요한 문제로 사전에 충분히 예방할 수 있고 사고에 따라 적절하게 대처함으로써 그 피해를 줄일 수도 있다. 따라서 영유아의 안전을 위협하는 위험요인을 미리 점검 · 제거하기 위해서는 영유아의 연령 및 성별에 따른 안전사고의 특징, 사고 발생 장소 및 빈도에 따른 안전사고의 특징을 이해하는 것이 중요하다(어린이집 안전공제회, 2017).

영유아 안전사고는 예방할 수 있음에도 불구하고 단지 피할 수 없는 일로 간주되거나, 부모가 알아서 예방해야 할 일로 여겨지는 등 영유아 안전사고 예방을 위한 사회적인 공감대가 형성되지 못하는 게 현실이다. 영유아 안전 관련 정책 또한 소관분야별로 각 부처에서 분산적으로 추진되어 체계적 · 종합적인 정책 개발 역시 부족한 실정이다.

1 영유아 안전사고 현황

영유아기는 급격한 신체적 발달과 변화가 일어나고 호기심이 많은 특성을 가지지만, 안전에 대한 인식이나 대처능력이 부족하여 안전사고의 위험성이 높은 시기이다. 이로 인해 영유아가 일상의 삶을 영위하는 가정과 영유아 보육 · 교육기관, 그리고 지역사회에서 발생하는 각종 사고로 인해 한 해에도 많은 영유아가 상해는 물론 사망에까지 이르고 있는 실정이다(이재연 · 윤선화, 2001).

통계청에서 발표하는 '사망원인통계'에 따르면, 우리나라 아동 안전사고 사망자 수는 꾸준한 감소세를 보이고 있으며, 2018년 기준 전년 대비 16.8% 감소율을 보이고 있다. 그러나 여전히 매년 평균 199명의 아동이 안전사고로 인해 희생되고 있는 현실이다(한국소비자원, 2020).

우리나라 아동 안전사고 사망 유형을 살펴보면 교통사고, 추락, 익사, 화재, 중독 순으로 나타났다.

〈표 1-1〉 2018년 아동 안전사고 사망 현황

구분	교통사고	추락	익사	화재	중독	기타
발생 건수	54명	28명	18명	8명	4명	51명

출처: 통계청(2019). 사망원인통계.

2020년 한국소비자원의 소비자위해감시시스템(CISS)[1]을 통해 수집된 14세 이하 아동의 안전사고 건수는 18,494건으로 전년(24,971건)보다 25.9% 감소하였다. 이는 코로나 19로 인해 병원 내원 환자가 급감함으로 인해 전년 대비 27.7% 감소한 것으로 보인다.

〈표 1-2〉 아동 안전사고 현황

2017년	2018년	2019년	2020년
25,699	24,097	24,971	18,494

출처: 한국소비자원(2021). 2020년 어린이 안전사고 동향분석.

2020년 한국소비자원에 접수된 아동 안전사고 18,494건을 연령대별로 살펴보면, 걸음마를 시작해서 끊임없이 움직임이 많아지는 1~3세의 안전사고가 7,933건으로 42.9%를 차지하였다. 이 시기는 운동능력이 향상되는 시기이나 균형감각이 여전히 완전하지 못하고 민첩성이 떨어져 안전사고에 취약한 것으로 분석되어, 다른 연령에 비해 사고 발생 비율이 높게 나타났다. 이어 4~6세가 4,438건(24.02%), 7~14세가 4,403건(23.8%), 1세 미만이 1,720건(9.3%)으로 나타났다.

연령별 주요 사고 유형을 살펴보면, 1세 미만의 경우 보호자의 부주의 등으로 침대, 소파 등에서 추락하는 사고가 가장 많이 발생하였다. 이는 영아기의 신체적 특성 중의 하나인 하체에 비해 머리가 무거워 추락 시 머리부터 떨어지는 경향이 있어 뇌진탕 등의 중상해를 입는 경우가 많은 것으로 나타났다.

1~3세는 주로 침대, 책상, 식탁 등에 부딪히는 사고가 많았다. 4~6세 역시 바닥재, 킥보드, 계단 등으로 인한 미끄러짐, 넘어짐 사고가 많았는데, 1세 미만의 추락사고와 달리 다양한 움직임이 가능해지면서 침대, 소파 등에서 뛰거나 놀다가 추락해 다

1) 소비자위해감시시스템(Consumer Injury Surveillance System: CISS): 「소비자기본법」에 의거해 전국의 66개 병원, 18개 소방서 등 위해정보제출기관과 1372 소비자상담센터 등을 통해 위해정보를 수집하고 분석 · 평가하는 시스템.

치는 것으로 나타났다.

영아기에는 주위 환경의 영향으로 인해 발생하는 안전사고의 비중이 높은 편이나 연령대가 높아지고 발달이 이루어지면서 환경의 영향보다는 유아의 행동적 특성에 따라 안전사고가 발생하는 것으로 보인다.

영유아기 안전사고가 많이 발생하는 곳은 가장 많은 시간을 보내는 '주택'으로, 13,218건(71.5%)으로 나타났고, 교육시설 513건(2.8%), 여가, 문화 및 놀이시설 788건(4.34%), 숙박 및 음식점 473건(2.5%) 순으로 나타났다. 영유아기의 경우 가정 내에서 보내는 시간이 많고, 특히 코로나 19로 인해 외부활동보다는 가정 내에서 머무르는 시간이 많아져 사고의 비율이 높게 나타났다.

성별로는 남아와 여아의 사고 비율이 뚜렷한 차이를 나타내고 있는데 활동량이 많은 남아와 여아의 비율은 6:4 정도로 나타났다.

연령대별 주요 안전사고 사례

- 2013년 11월 울산에 거주하는 2세 남아는 문 경첩 사이에 손가락이 끼어 상해를 입고 병원 치료를 받음
- 2014년 1월 경기에 거주하는 5세 여아는 놀이터 2m 높이의 미끄럼틀에서 떨어지며 팔뼈가 골절되어 병원 치료를 받음
- 2014년 1월 서울에 거주하는 1세 남아는 거실에서 넘어지며 장식장 모서리에 머리를 부딪혀 찰과상을 입고 병원 치료를 받음
- 2017년 1월 7개월 여아는 잠을 자던 중 침대에서 떨어져 머리에 타박상을 입고 응급실을 통해 내원하여 치료를 받음
- 2017년 5월 9개월 여아는 압력밥솥 수증기에 손과 얼굴을 데어 화상을 입고 응급실을 통해 내원하여 치료를 받음

출처: 한국소비자원(2015, 2018).

이처럼 다양하게 나타나는 영유아의 안전사고를 줄이기 위해서는 영유아 주변에 안전한 환경을 제공하려는 노력과 더불어 안전한 생활습관을 형성할 수 있도록 도와주는 안전교육이 영유아기부터 반드시 실시되어야만 한다.

2 영유아 발달 특성과 안전

영유아기는 신체적으로 미성숙하고 충동적이고 끊임없이 움직이며 환경을 탐색하려는 특성이 있다. 반면, 눈앞의 위험 상황을 예측하거나 자기 자신을 방어할 수 있는 능력이 부족해서 안전사고가 많이 발생한다. 영유아는 자신에게 주어진 환경을 조절하거나 바꿀 수 있는 능력이 절대적으로 부족하므로 때로는 사고의 위험을 알면서도 적절히 대처하지 못한다. 이러한 발달적 특징으로 인해 사고와 부상을 당할 가능성이 현저하게 크다(이재연 외, 2001).

영유아의 발달 특성은 이들의 안전사고와 밀접한 관련이 있어 영유아기 안전사고 예방을 위해 영유아의 발달 특성을 살펴보는 것이 필요하다. 또한, 영아와 유아는 각기 다른 발달 특성을 지니고 있어 안전사고의 위험 또한 다른 양상을 보인다. 그러므로 영아와 유아의 발달 특성을 나누어 살펴보는 것이 필요하다.

1) 영아기

영아의 안전을 보장하기 위해 영아의 발달 특성을 잘 이해하고 실내·외에서 영아의 안전사고 및 예방과 관련된 안전지식, 안전의 중요성 등을 인식하고 이를 실천할 수 있어야만 한다.

(1) 0~만 1세

생후 1년까지는 행동발달의 기초가 이루어지는 시기로 영아의 행동이 매우 급격하게 발달한다. 이 시기는 신생아가 차츰 몸을 조절하기 시작하면서 다양한 형태의 새로운 시도를 하므로 안전사고가 가장 많이 발생한다.

0세의 발달 특성과 안전에 대해 살펴보면 다음과 같다(어린이집 안전공제회, 2012).

- 신체적으로 체구가 작고 신체조절능력에서도 미성숙한 시기로 시야가 좁고 낮은 편으로 성인을 기준으로 만들어진 주변 환경이나 가구 등 영아를 둘러싼 물리적 환경에 의해 스스로 안전을 인식하고 행동하는 데 제한이 많다.
- 원근에 대한 식별이나 소리 방향에 대한 구별이 아직은 완성되지 않아 위험에 대해 식별이 미흡하다.
- 감각운동기에 해당하는 시기로 주변 환경과의 상호작용을 오감을 이용해 시도하려는 특성이 있어 눈에 보이는 것은 모두 입에 가져가 위험에 노출되어 있다.

❶ 0~3개월(누워 있는 시기)

영아가 누워서 자고 있거나 엄마에게 안겨 있는 시간이 많은 때이다. 따라서 영아가 스스로 움직이다가 사고를 당하기보다는 주위의 실수로 인해 사고가 발생하는 경우가 많다. 이 시기에는 성인의 부주의한 육아 그 자체가 바로 사고와 직결된다.

〈표 1-3〉 0~3개월 발달 특성 및 사고 유형

구분	내용
발달 특성	• 누워만 있던 영아는 고개를 가누고, 뒤집고, 잡아주면 앉게 된다. • 반사적인 미소에서 차츰 사회적인 미소를 짓는다.
사고 유형	• 질식, 즉 숨 막힘(이불이 아기의 얼굴을 덮거나 엄마가 젖을 먹일 때 엄마의 젖이 영아의 코를 눌러서 숨이 막히거나, 엎어서 재울 때 질식하는 경우 등) • 토한 우유가 목에 걸리는 사고 • 엄마의 품에 안겨서 잘 때 가슴이나 몸이 눌려 영아의 코와 입이 막히는 사고 • 누워 있는 영아 위로 넘어지거나 물건이 떨어지는 사고

❷ 4~6개월(일어나서 앉거나 기기 시작)

이 시기의 영아는 머리 부분과 몸체가 다른 신체 부분보다 먼저 발달하는 시기이다. 팔다리나 몸의 근육이 마음먹은 대로 잘 움직여 주지 않을 뿐 아니라 사고에 대한 위험의식도 없어서 앉고 서는 과정에서 끊임없이 넘어진다. 또한, 무엇이든 입으로 탐색하려는 시기이므로 작은 물체를 삼키거나 약품, 유독 물질을 입에 넣지 않도록 특별한 주의가 필요하다.

〈표 1-4〉 4~6개월 발달 특성 및 사고 유형

구분	내용
발달 특성	• 오감을 통해 사물을 탐색하고 차츰 의도적인 행동을 시도한다. • 4개월 경에는 천천히 움직이는 물체를 쫓아서 쳐다보거나, 딸랑거리는 소리가 나는 물체를 쳐다보고 팔을 뻗는다. • 5개월 경에는 뒤집기가 가능해진다. • 6개월 경에는 손 전체를 이용해 작은 물건을 집을 수 있다.
사고 유형	• 침대나 계단, 높은 의자 등에서 굴러떨어지는 사고 • 무엇이든 잡히면 입으로 가져가 질식하는 사고 • 전기난로나 다리미, 전기밥솥 등을 만져 손을 데는 사고 • 앉아 있다가 옆이나 뒤로 넘어져 모서리에 머리를 부딪치는 사고

❸ 7~12개월

혼자 앉을 수 있으며, 보행기를 타고 다니면서 집 안 여기저기를 돌아다니는 때이다. 호기심이 많고 탐색활동이 활발해져 눈에 보이는 것에 대해 궁금해한다. 또한, 바깥에 나가고 싶은 욕구가 많아지고 어른과 다른 사람의 움직임을 모방하기 시작한다. 이 시기의 영아의 뇌는 성인 뇌 무게의 70% 정도이지만 신체의 다른 부분은 성인에 비해 덜 발달하여 신체적 불균형이 심해 앉고 일어서는 과정에서 끊임없이 넘어지므로 머리 부분의 보호가 특히 요구된다.

〈표 1-5〉 7~12개월 발달 특성 및 사고 유형

발달 특성	• 6개월 이후 일어나 앉을 수 있게 된다. • 신체적 발달과 조절능력의 발달로 기어 다니기와 같은 신체이동능력이 향상되면서 새로운 몸의 움직임을 시도할 수 있게 되어 주변 환경을 보다 적극적으로 탐색한다. • 일어서거나 잡고 돌아다니는 등 움직임의 범위는 커지지만, 균형 감각이 부족하다. • 생후 1년을 전후해 협응능력이 발달하며, 영아의 눈과 손, 눈과 발 등 감각기관과 운동능력 간의 협응능력이 발달한다. • 사물에 대한 호기심이 많아 탐색하고자 하는 욕구가 많아진다.
사고 유형	• 식탁보를 당겨서 음식이나 그릇 등 위험한 물건이 영아에게 쏟아지는 사고 • 붙잡고 일어서다가 테이블 모서리에 머리를 부딪치는 사고 • 균형 감각이 부족하여 골절이나 머리에 상처가 나는 추락 및 충돌 사고

0세 영아의 경우 성인에게 전적으로 의존하던 상황에서 차츰 자신을 스스로 제어할 수 있도록 발달이 이루어지는 시기이다. 이 시기의 영아는 발달이 미성숙하여 자신의 신체를 마음대로 조절할 수 없고, 여러 가지 상황을 판단하고 예측하여 사고를 사전에 예방할 수 있는 지적 능력이 없으므로 교사와 학부모의 도움과 관심이 전적으로 필요하다. 또한, 0세 영아의 안전에서는 수면지도 역시 중요한 요소이다. 영아의 안전사고는 수면 중에 일어나는 경우가 많아 주의가 필요하다.

영아돌연사증후군(SIDS)

건강한 영아가 낮잠이나 밤에 잠을 자다가 갑자기 사망하는 현상이다. 주로 생후 2~3주의 신생아부터 2~4개월의 영아에게 많이 일어나고 생후 1년 이후에는 거의 일어나지 않는다. 특히, 아이가 잠을 자는 도중에 발생하며, 호흡기가 약한 영아에게 더 많이 발생한다는 점에 주의한다. 사고를 예방하기 위해서는 생후 6개월 미만의 아기는 엎어 재우는 것을 삼가고 등을 바닥에 대거나 옆으로 눕히는 것이 좋다. 그리고 영아의 이불과 침대는 푹신한 것보다는 단단한 것이 안전하다.

〈영아돌연사 예방을 위한 교사의 안전수칙〉

- 영아를 재울 때는 등을 바닥에 대고 천장을 보도록 바로 눕힌다.
- 영아가 수면하는 바닥의 면이 단단해야 한다.
- 영아가 잘 때 자리를 비우는 일이 없도록 한다.
- 영아의 머리와 얼굴을 덮지 않는다.
- 자는 영아 주변의 물건, 장난감, 이불 등을 치운다.
- 실내온도는 어른이 편안하게 느낄 정도로, 영유아가 덥지 않도록 유지한다.
- 영아와 같은 침대에 눕지 않는다.
- 수시로 영유아 상태 확인 및 시간을 기록한다.

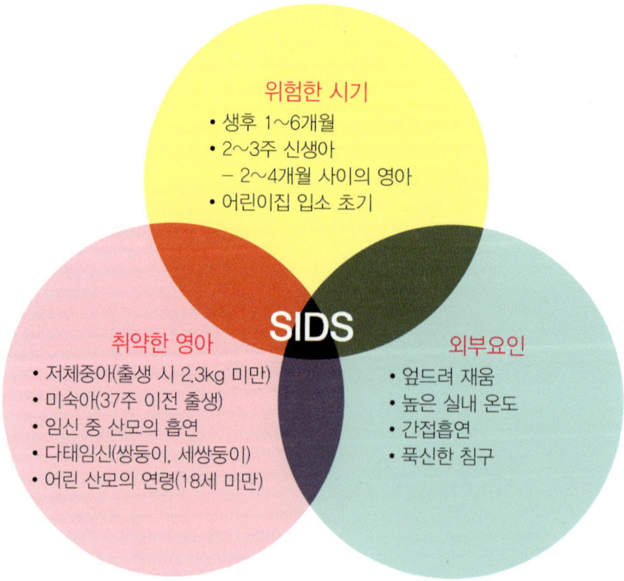

출처: 어린이집 안전공제회(2015).

④ 만 1세

만 1세 영아는 발달 특성상 주변의 사물이나 환경에 대한 호기심이 높고 탐구하려는 충동이 강한 반면, 아직 신체 기능 발달이 미숙하므로 균형을 유지하는 능력이나 운동 기능이 충분히 발달되어 있지 않은 상태이다. 또한, 사고가 일어날 수 있는 위험한 상황에 대한 지식과 상황판단능력이나 위험한 상황의 결과를 예측할 수 있는 능력이 부족하므로 항상 사고의 가능성을 안고 있다. 만 1세 영아의 발달 특성과 안전에 대해 살펴보면 다음과 같다(어린이집 안전공제회, 2012).

- 환경에 대한 호기심이 매우 강하고 새로운 것을 시도하고자 하는 욕구가 크며, 운동능력이 급속히 발달하는 과정에서 이동에 대한 욕구가 매우 강하고 자신의 신체능력을 시험하기를 원하기 때문에 위험에 노출되기 쉽다.
- 감각운동기에 해당하는 시기로 주변 환경과의 상호작용을 오감을 이용해 시도하는 특성으로 인해 위험에 노출되기 쉽다.
- 자기중심적인 사고를 하며, 눈에 보이는 대로 판단하며 행동한다.
- 사고에 있어 자신에게 의미 있고 관심 있는 것에만 집중하는 중심화 경향으로 사물이나 사건을 전체적으로 파악하기보다는 부분적으로 보는 경향이 있다.
- 자아가 형성되면서 내 것에 대한 개념은 발달하였으나 다른 사람의 관점이나 생각을 이해하지 못해 자신의 것을 지키기 위한 공격성을 표현하기도 한다.

만 1세 영아는 완전히 의존적이던 상황에서 차츰 자신을 스스로 제어할 수 있는 발달이 이루어지는 시기로 위험에 대한 인지와 대처능력이 발달하기 시작하는 시기이다. 그러나 아직은 신체적 제어가 미숙할 뿐 아니라 여러 상황을 판단 · 예측하여 사고를 예방할 수 있는 지적 능력이 충분히 발달하지 못한 시기이기도 하다. 특히, 이동능력이 발달하여 신체 움직임을 놀이로 즐기게 되지만 다른 사람과 관계를 형성하거나 협력, 양보하는 등의 사회성이 발달되지 않았고 자기중심성이 강해 다른 사람의 입장을 고려하거나 자신의 감정을 조절하면서 다른 사람과 함께 놀이하는 것은 불가능하다. 따라서 만 1세 영아의 발달 특성에 적합한 안전한 환경을 제공해 주는 것이 필요하다. 더불어 위험에 대해 인식하고 스스로 안전하게 생활할 수 있도록 안전교육을 실시해야 한다.

0~만 1세 안전사고 사례

- 2011년 4월 6개월 남아는 침대에서 떨어져 머리를 부딪혀 머리의 손상을 입음
- 2012년 4월 8개월 여아는 유모차를 타고 있다가 바닥으로 떨어지며 뇌진탕을 입고 병원 치료를 받음
- 2013년 4월 8개월 남아는 압력밥솥 스팀에 데어 손목 및 손의 화상을 입고 병원 치료를 받음

출처: 한국소비자원(2014).

0~만 1세 주의할 점

- 우유를 먹이고 난 후 반드시 트림을 시켜 누워 있을 때 토하지 않도록 한다.
- 이불에 파묻히거나 머리 위로 물건이 떨어지지 않도록 주의한다.
- 0세 영아는 잠을 자는 도중에 많이 뒤척이기 때문에 아이를 보호대가 없는 성인 침대에 혼자 둘 경우 침대에서 떨어질 수 있으므로 절대 아기를 혼자 두지 않는다.
- 모든 물건을 입으로 확인하는 습성으로 인해 손에 닿는 모든 것을 입으로 가져가므로 아이 주변에 작은 부품이 있는 완구나 위험한 물건, 생활소품 등을 두지 않도록 주의한다.
- 유모차를 타고 이동할 경우 자칫 바닥으로 떨어져 다칠 수 있기 때문에 반드시 안전벨트를 채워 혹시 모를 안전사고에 대비해야 한다.
- 압력밥솥, 냄비와 같은 뜨거운 물건은 아이의 손이 닿는 바닥에 놓지 않아야 한다.
- 방, 거실에서 넘어지거나 미끄러지는 사고가 많이 발생하므로 미끄러지지 않도록 카펫을 깔아 넘어졌을 땐 충격을 줄여 주고, 미끄럼 방지용 양말을 신기거나, 가정에서는 가능하면 맨발로 다니게 한다.

출처: 한국소비자원(2014).

0세 영아를 위한 안전교육에서는 영아를 대상으로 하는 안전교육뿐만 아니라 교사와 학부모를 위한 안전교육 역시 같이 이루어져야 한다. 또한, 영아는 아직 신체 조절능력이 미성숙하여 잠자리에서 발생하는 사고에 대해 스스로 대처하기 어려우므로 영아의 질식, 영아돌연사 등의 발생을 예방하기 위해 수면 시 주의점을 정확히 숙지하는 것이 필요하다.

만 1세 영아에게 안전교육을 실시할 때는 영아에게 의미 있는 직 · 간접적인 경험을 중심으로 제시되어야 한다. 영아의 일상적인 생활과 분리되거나 인식하기 어려운 개념이 제시되는 것은 의미가 없다. 영아가 일상생활에서 안전에 대해 인식하고 안전점검 과정에 영아를 참여시키는 등 영아가 직접 경험하고 일상생활 속에 녹아 있는 안전교육이 필요하다. 또한, 영아에게 이루어지는 안전교육은 반복적이어야 한다. 영아에게 안전교육이 단기교육이나 일회성 활동으로 제시될 경우 안전행동이나 실천 등에서 효과를 보장하기 어렵기 때문에 다양한 활동방법을 사용하여 반복적으로 같은 내용을 다양하게 경험할 수 있도록 안전교육이 이루어져야 한다.

(2) 만 2세

이 시기의 아이는 걷기가 가능해지고 시야가 훨씬 확대되어 관심과 호기심의 대상이 많아지며, 눈과 손의 협응능력이 발달하면서 자기의 몸이나 도구를 이용하여 여러 가지 물체를 탐색하는 등 생활이 거의 놀이로 이루어진다. 그러나 자신의 신체를 완전하게 조절할 수 없고, 여러 상황을 판단하고 예측하여 사고를 사전에 예방할 수 있는 지적 능력의 발달이 이루어지지 않아 항상 위험에 노출되어 있다. 또한, 활발한 활동을 시도하지만 아직은 안전에 대한 지식이나 인식, 행동이 부족하기 때문에 안전사고가 많이 발생한다.

만 2세의 발달 특성과 안전에 대해 살펴보면 다음과 같다(어린이집 안전공제회, 2012).

- 신체적 특성에 비해 호기심이 매우 강하고 새로운 것을 시도하고자 하는 욕구가 크며, 운동능력이 급속히 발달하는 과정에서 이동에 대한 욕구가 매우 강하여 안전사고의 위험에 노출되기 쉽다.
- 자기중심적 사고와 중심화 경향으로 인해 위험한 상황에 대한 인식이 부족하다.
- 친구를 좋아하고 함께 놀이를 하고자 시도하지만 아직은 자기중심성으로 인해 협력, 양보, 협상이 불가능한 시기이다.
- 환상과 공포가 많이 일어나는 시기로 특정 물체나 대상에 대해 불합리한 공포를 느낄 수 있고, 공포는 때로 공격성으로 나타나기도 한다.
- 환상과 실제 세상에 대한 구분이 미약하여 상상에서 나오는 세계, 혹은 만화영화 등에서 나오는 것이 사실이 아니라는 것을 깨닫지 못해 이를 그대로 모방해도 자신이 다치지 않을 거라고 생각한다.

〈표 1-6〉 만 2세 발달 특성 및 사고 유형

발달 특성	• 신체의 움직임이 유연해지기 때문에 그들의 새로운 신체기술을 시험해 보며 숙달하려 하고, 끊임없이 탐색을 시도하고 행동의 결과를 관찰하여 자신의 놀이를 발달시킨다. • 놀잇감이나 물건을 다른 사람과 나누기가 어렵다. • 과거 사건을 모방한다. • 혼자서 가위질이 가능하다. • 자기 것에 대한 소유의 개념이 발달하고, 차례를 기다리기 어려워 신체적인 싸움이 나타나기도 한다. • 호기심이 많아 새로운 것을 보면 궁금해하고 한 가지에 집중하면 그것에만 관심을 집중하기 때문에 사고의 위험이 크다.
사고 유형	• 영아의 불완전한 보행이 원인이 되어 넘어지기, 떨어지기, 부딪히기 등의 사고가 주가 되며, 화상을 입거나 물에 빠지는 경우도 있다. • 서랍장을 뒤지다가 서랍 사이 또는 문틈에 손가락이 끼이기도 한다. • 손잡이가 긴 냄비가 가스레인지 위에 올려져 있거나 뜨거운 내용물이 들어 있을 때 쏟아서 화상을 입기도 한다. • 날카로운 물건에 베이는 일, 찰과상 등 출혈을 동반하는 큰 사고가 일어나기도 한다. • 그네를 타다가 손을 놓쳐 뒤로 떨어지거나 위험한 차도에 뛰어들기도 한다.

이 시기는 안전과 관련된 결정적 시기로 이때 형성된 안전에 대한 지식과 습관, 태도 등이 전 생애에 걸쳐서 안전하게 생활하게 하는 중요한 기반이 되므로 안전교육의 중요성이 더욱 강조된다. 특히, 영유아 보육·교육기관을 이용하는 영아의 경우 아직 자기중심적인 단계임에도 다른 영아들과 어울려 오랜 시간을 지내야 하는 환경에 있어 다른 영아들과 안전하게 지낼 수 있도록 하는 안전교육이 절실히 요구된다. 만 2세 영아를 위한 안전교육은 영아가 위험으로부터 스스로를 보호할 수 있도록 위험에 대해 인식시키는 것이 중요하다. 이를 위해 영아에게 안전에 대한 지식과 기술, 태도를 형성할 수 있는 다양한 방법으로 안전교육을 실시해야 한다. 이때 영아를 위한 안전교육은 영아만을 대상으로 하는 것이 아니라 교사와 학부모가 교육 대상에 포함되어야 한다.

만 2세 안전사고 사례

- 2011년 12월 2세 남아는 마트에서 넘어지면서 카트 바퀴 모서리에 부딪혀 얼굴의 열상으로 병원 치료를 받음
- 2012년 11월 2세 남아는 레고를 가지고 놀다가 코에 들어가 콧구멍의 이물 발생으로 병원 치료를 받음
- 2013년 9월 2세 여아는 넘어지면서 물고 있던 칫솔에 찔려 구강의 찰과상으로 병원 치료를 받음

출처: 한국소비자원(2014).

➔ 만 2세 주의할 점

- 반짇고리와 같은 날카로운 물건이 들어 있는 것은 높은 곳에 올려놓고 영아 주변에 날카로운 물건이 없도록 항상 주의한다.
- 정수기, 다리미, 고데기 등 가정용 전기제품으로 인한 화상 사고가 급격히 늘어나고 있어 이러한 제품을 사용할 때는 영아가 접근하지 못하도록 하고 사용한 후에는 반드시 영아의 손이 닿지 않도록 보관해야 한다.
- 이 시기에는 가정뿐 아니라 어린이집, 유치원 등과 쇼핑센터, 엘리베이터 등 가정 밖에서 사고가 늘어나므로 영아를 데리고 밖에 나갈 때는 잠시도 눈을 떼지 말아야 하고 보호자와 함께 이용한다.
- 작은 부품이 있는 완구나 물건 등을 삼키지 않도록 주의하고, 특히 단추형 전지나 강력 자석은 단시간 내 장내 손상 및 사망 등 위해를 유발할 수 있어 전지 및 자석 사용 제품의 관리에 신경 써야 한다.
- 창문, 방문 등에 손 끼임 방지 보호대 및 경첩 끼임방지장치 등을 설치하여 영아의 끼임 사고를 예방한다.
- 영아가 울고 있을 때나 걷거나 달리고 있을 때는 음식을 주지 않는다.
- 가정용 화학제품, 의약품 등은 영아의 손에 닿지 않는 곳에 보관한다.

출처: 한국소비자원(2014).

2) 유아기(만 3~5세)

유아의 안전을 보장하기 위해 유아의 발달 특성을 잘 이해하고 실내·외에서 유아의 안전사고 및 예방과 관련된 안전지식, 안전의 중요성 등을 인식하고 이를 실천할 수 있어야만 한다.

유아기가 되면 몸의 무게중심이 점차 아래쪽으로 이동하면서 서 있는 자세가 훨씬 안정되고 운동능력도 발달해 뛰거나 점프가 가능하다. 그러나 자기중심적 사고가 강하여 자신이 지각하는 한 가지 요소에만 주의를 집중하고 그 외의 다른 요소들을 무시하는 경향이 있다.

유아기에는 침대, 소파, 의자 등에서 추락하는 사고가 가장 많이 발생하는 것으로 나타났다. 가정에서는 방, 거실 등에서 넘어지거나 미끄러지는 사고, 영유아 보육·

교육기관에서는 넘어지거나 미끄러지는 사고, 놀이기구 등에서 떨어지거나 넘어지는 사고, 자전거 등에서 추락하는 사고 등이 많이 나타났다.

이 시기는 유아 스스로 위험으로부터 자신을 보호할 수 있도록 안전에 대한 지식, 기술, 태도를 배워 건강하고 안전한 생활을 영위할 수 있도록 도와주는 안전교육이 필요하다. 이 안전교육은 궁극적으로는 자신에 대한 보호뿐 아니라 타인의 생명을 존중하는 인간 개개인의 존엄성을 배우는 전인교육으로 이루어져야만 한다(윤선화, 2000).

〈표 1-7〉 만 3~5세 발달 특성 및 사고 유형

발달 특성	• 약간 복잡한 운동이 가능해진다. • 자기주장이 강해지고 성취에 기쁨을 느낀다. • 필요한 규칙은 스스로 따른다. • 성취나 경쟁적인 욕구가 충족된 일에 만족한다. • 집단 활동에 대한 즐거움이 증가한다.
사고 유형	• 넘어지고 떨어지는 사고가 골절, 탈구, 출혈과 같은 사태를 유발하고 생명의 위험으로 이어질 수 있다.

이 시기에 이루어진 안전교육을 통해 얻은 지식이나 태도는 단순한 지시나 감독에 의한 것보다 영구적인 효과를 가지므로 안전한 생활을 실천하는 데 필요한 지식과 위험 요소를 예측하고 예방하거나 신중하게 행동하는 태도, 안전하게 행동할 수 있는 기술교육이 포함되어야 한다.

만 3~5세 안전사고 사례

- 2012년 5월 4세 남아는 골목에서 놀다가 정차되어 있는 차의 백미러에 부딪혀 귀에 열상을 입고 병원 치료를 받음
- 2013년 6월 5세 남아는 얼룩제거제를 마시고 세제의 중독 작용을 일으켜 병원 치료를 받음

출처: 한국소비자원(2014).

만 3~5세 주의할 점

- 베란다에 가구나 발판 등 딛고 올라갈 수 있는 물건을 놓지 않는다.
- 유아의 활동 영역이 가정 밖으로 확대되어 여가 및 문화 놀이시설에서 발생한 위해 사례 비중이 점차 늘어난다.
- 전기 콘센트, 칼, 가위, 난로, 약상자 등이 유아에게는 사고를 조장할 수 있기 때문에 아이를 집 안에 혼자 두지 않도록 해야 한다.
- 작은 부품이 있는 완구나 물건 등을 삼키지 않도록 주의하고, 아이들이 가지고 노는 장난감 등이 안전기준에 적합한지 반드시 확인한다.
- 대근육 활동을 즐기는 행동 특성으로 보호자의 보호를 벗어나기 쉬워 사고 발생 가능성이 어느 때보다 크므로 자전거 등을 이용할 때에는 안전모와 무릎 보호대, 팔꿈치 보호대 등 보호장구를 착용하도록 지도할 필요가 있다.
- 에스컬레이터 이용 시 긴 옷이나 신발끈, 샌들 바닥 등이 에스컬레이터 틈새에 끼이지 않도록 주의하고 반드시 노란색 안전선 안에 보호자와 함께 이용하도록 한다.

출처: 한국소비자원(2014).

Chapter 02

영유아의 안전한 영역

본 장에서는 영유아를 둘러싼 안전을 생태학적 관점에서 살펴보고
이를 물적 환경, 인적 환경, 사회적 환경으로 나누고 그 환경 속에서
영유아의 안전을 지킬 수 있는 방법과
세계의 안전사고 예방 모범 사례에 대하여 알아보고자 한다.

〈 틀린 그림을 찾아보세요! 〉

영유아는 자신을 둘러싼 여러 환경의 영향을 받으며 발달하는 존재로, 영유아를 중심으로 영유아와 부모, 가정을 넘어서 영유아가 성장하는 체계나 생태학적 활동 범위를 형성하고 있는 사회 문화적 관계의 망으로 둘러싸여 있다. 그리고 그 관계 속에서 환경과 발달 상호 간의 영향으로 성장한다.

1 영유아 안전에 대한 관점

영유아의 안전을 보는 여러 관점 중 하나인 브론펜브레너(Bronfenbrenner)의 생태학적 관점은 인간과 각 개인이 속한 환경을 하나의 체계로 이해하고 인간과 환경을 서로 분리되지 않은 통합적 존재로 본다. 즉, 영유아는 환경과의 적응, 상호작용 및 상호교류를 통해 영향을 주고받으며 성장하는 존재이다. 영유아를 중심으로 영향을 미치는 환경은 영유아가 생활하는 가정인 미시체계, 양육을 지원하는 중간체계, 가정과 이웃을 넘어선 여러 층의 구조인 외체계와 거시체계로 나눌 수 있으며, 이를 통해 영유아는 안전에 직·간접적인 영향을 받는다.

1) 미시체계

영유아와 직접 상호작용하거나 영유아와 직접 활동하는 환경을 말한다. 예를 들어, 미시적 환경인 가정, 부모 등이 영유아의 일상생활에서 안전교육을 하거나 신호 등에 맞춰 횡단보도를 건너는 등의 모델링을 보여 주는 것이 있다.

2) 중간체계

영유아 양육에 지원을 해 주는 이웃, 영유아 보육·교육기관 등에서 안전에 대한 올바른 지식을 전달하고, 주변 환경에서 사고가 일어날 수 있는 잠재적 가능성을 인식하며, 자신을 보호하기 위한 태도를 형성하도록 돕는 것이다. 예를 들어, 영유아 보육·교육기관에서 소방 안전교육을 통해 대피 방법을 시연하거나 다른 사람들에게 도움을 요청하는 방법 등을 배워 보는 것이 있다.

3) 외체계

영유아를 직접 포함하지 않으나 영유아의 경험에 영향을 주는 사회적 상황을 말하며, 부모의 직장, 부모의 건강 및 지역사회 복지 서비스와 같은 공식적인 조직을 포함한다. 예를 들어, 부모의 직장에서의 스트레스가 부모와 자녀의 상호작용에 영향을 미칠 수 있으므로 「고용노동법」에는 양육지원을 위해 육아 휴직 등을 포함하고, 영유아가 활동하는 환경에 유해시설이나 성인 오락시설 등을 설치하지 않는 것이다.

4) 거시체계

기본적인 신념체계가 이념과 함께 하위체계들(미시체계, 외체계)의 형태와 내용으로 나타나는 것으로서 하위문화 수준이나 문화 전반의 수준에 존재하거나 존재할 수 있는 것이다. 예를 들어, 영유아에게 가장 먼 사회적 맥락으로는 사회의 신념, 가치, 법, 관습 등이 있으며, 문화적·사회적 재앙, 정치적 격변, 만성적 가난, 가족구조의 변화 등을 들 수 있다.

이러한 관점은 영유아의 안전에 관련된 행동을 변화시키기 위해서는 영유아와 연결된 모든 환경을 변화시켜야 가능하고, 영유아의 안전은 하나의 독립적인 것이 아니라 커다란 체계 속에 속해 있으며, 그 체계 속의 상호작용을 고려해야 한다는 점을 시사한다. 그러므로 영유아를 안전하게 보호하기 위해서는 영유아가 가장 많이 생활하는 장소인 가정, 영유아 보육 · 교육기관, 지역사회의 물리적 환경, 사회 문화적인 신념과 관습 등을 영유아의 안전에 초점을 두고 보호할 때 영유아의 안전사고 발생이 줄어들 수 있다.

2 영유아 안전의 영역

영유아 안전은 물적 환경뿐만 아니라 인적 환경, 사회적 환경의 안전을 포괄한다(중앙보육정보센터, 2008). 영유아 안전사고의 주요 발생 장소는 영유아가 가장 많이 생활하고 머무는 가정, 영유아 보육 · 교육기관과 지역사회이며, 영유아와 관련된 성인들의 안전의식 및 안전관리 노력은 영유아의 안전과 직결된다. 국가 및 사회의 안전과 관련된 제도와 안전한 시설 운영의 노력 역시 영유아 안전의 중요 영역이다.

1) 물적 환경의 안전

잠재적 사고의 위험 속에서 생활하고 있는 영유아의 건강과 생명을 지키고 보호하기 위해서는 물적 환경에 잠재하는 위험 요소를 조기에 발견하고, 신속하게 제거함으로써 사고나 재해를 미연에 방지하고 영유아가 안전하고 자유롭게 활동할 수 있는 환경을 제공해야 한다.

(1) 보육실

영유아는 호기심이 강하고 인지적 미성숙으로 인해 충동적이기 때문에 자신의 행동이 초래할 결과를 예측하지 못하고 위험한 상황에 노출될 수 있다. 그러므로 영유아 보육 · 교육기관에서는 무엇보다도 영유아가 안전한 환경에서 생활할 수 있는 시설, 설비를 갖추고 안전관리 지침을 준수해야 한다. 비상문이나 비상계단을 통해 대피하는 방법을 실습해 보거나 교실 내 위험한 요소들을(날카로운 모서리, 부서진 장난감, 문 손 끼임 등) 미리 찾아 예방해야 한다.

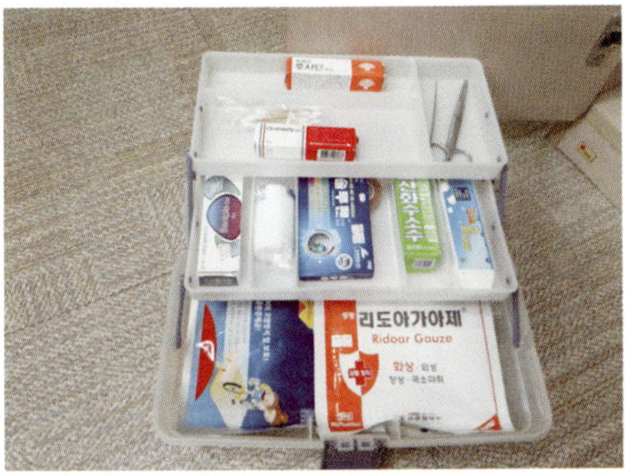

[그림 2-1] 약품상자

[그림 2-2] 투약함

[그림 2-3] 화재와 관련된 안전한 환경

(2) 차량

「도로교통법」의 통학차량 관련 규정이 강화됨에 따라 영유아 보육 · 교육기관에서 운행하는 통학차량은 법에 따라 구조 및 설치(승강구 보조발판, 안전표시등, 어린이 보호표지판 부착, 황색 차량 색상 등)를 갖추고, 사고 예방 및 안전한 운행을 위해 지속적으로 관리해야 한다. 통학차량을 운행하고자 할 경우에는 「도로교통법」에서 규정하고 있는 통학버스 신고요건을 구비하여 관할 경찰서장에게 신고해야 한다.

차량 내부에 안전수칙을 부착하고 차량용 소화기 및 구급상자를 비치하며, 차량 안전점검표를 부착해야 한다. 또한, 「도로교통법」 제12조(어린이보호구역의 지정 및 관리)에 근거해 어린이집 및 유치원 주변은 어린이보호구역(school zone)으로 지정할 수 있다. 이를 위해 경찰청에 요청하여 보호구역 내 과속방지턱을 설치하거나 인도와 차도를 구분하는 구분선 등을 표시하여 영유아가 안전하게 승하차 및 등·하원할 수 있도록 물리적 환경이 마련되어야 한다.

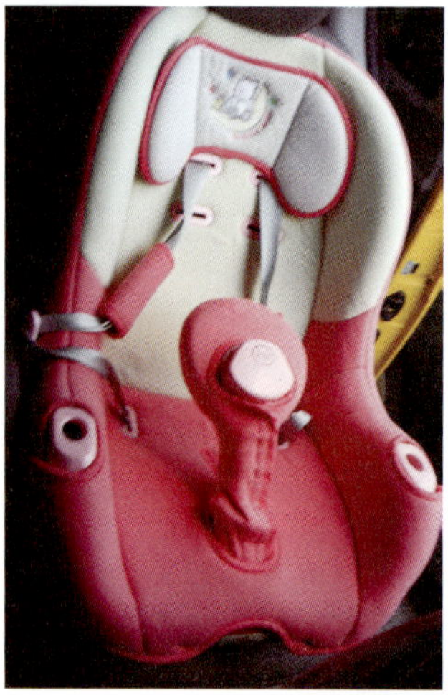

[그림 2-4] 차량용 안전띠 W1

[그림 2-5] 차량용 안전띠 보호장구 W2

[그림 2-6] 어린이 통학버스

[그림 2-7] 어린이보호구역 표시판

어린이보호구역(School Zone)이란?

어린이보호구역은 "어린이를 교통사고의 위험으로부터 보호하기 위해 유치원(원생 100인 이상)과 초등학교, 특수학교, 어린이집, 학원 주변에 정문을 중심으로 반경 300m 이내의 도로 중 일정 구간을 보호구역으로 지정한다. 다만, 시장 등은 해당 지역의 교통여건 및 효과성 등을 면밀히 검토하여 필요한 경우 보호구역 지정대상시설의 주 출입문을 중심으로 반경 500m 이내의 도로에 대해서도 보호구역으로 지정할 수 있다"라고 명시되어 있다(국가법령 정보센터). 1995년 「도로교통법」에 의해 도입된 제도로, 공식 명칭은 '어린이보호구역'으로, 어린이보호구역 도로에는 과속방지턱이 설치되어 있으며, 도로에도 '어린이보호구역'이라고 표기되어 있다. 또한, 어린이보호구역이 시작되는 구역에는 어린이보호구역임을 알리는 노란색 표지판이 설치되어 있다.

2) 인적 환경의 안전

영유아 보육 · 교육기관에서의 보육교직원은 영유아의 안전사고 예방을 위해 보호와 감독을 철저히 시행해야 하며, 안전점검 방법 및 안전점검표 활동법, 영유아의 발달단계 특성을 고려한 보호 및 안전교육 방법을 숙지해야 한다. 이를 보육교직원, 영유아 개인의 안전, 친구나 기타 개인의 안전영역으로 나누어 살펴보면 다음과 같다.

(1) 영유아 보육 · 교육기관 교직원의 부주의로 인한 안전

위험물 보관 소홀, 부주의한 영유아 관찰, 영유아 방관, 안전교육 부실 및 교사의 경솔한 행동, 영유아에게 규칙을 잘 설명해 주지 않아 발생하는 안전문제 등이 있다.

가정과 영유아 보육 · 교육기관에서 성인의 역할은 영유아 안전과 관련된 중요한 요인이다(김혜금, 2010). 성인의 안전한 행동이 모델링되어 영유아의 안전행동에 영향을 미치게 되고(Morrongiello, Midgett, & Shields, 2001), 결과적으로 안전사고로 인한 상해 피해를 줄일 수 있다. 성인이 안전사고를 예방 가능한 것으로 보고 영유아 안전사고 예방을 위해 노력한다면 영유아는 안전사고를 덜 경험할 것이며,

안전사고를 당하더라도 그 피해가 경미할 것이다. 영유아의 사고 위험을 인식하지 못하거나 위험한 환경을 방치하는 경우가 많아 영유아는 안전사고를 당할 수밖에 없고 그 피해 또한 클 수밖에 없다.

(2) 영유아 개인의 행동이나 심리적인 문제로 발생하는 안전

쉽게 흥분하거나 충동적인 행동, 규칙을 무시하는 행동, 주의가 산만하고 신경질적이며 정서적으로 불안한 경우, 당황하거나 어려운 일에 직면했을 때, 재촉받는 상황, 배가 고프거나 기분이 좋지 않을 때 발생하는 안전문제 등이 있다.

(3) 친구와의 관계에서 발생하는 안전

친구와의 놀이 중 장난, 싸움, 새로 온 영유아가 있는 경우, 새로운 활동에 대한 미숙한 참여 등으로 발생하는 안전문제 등이 있다.

(4) 기타

신입교사 또는 방문자가 있는 경우, 교직원의 수 부족, 아픈 영유아로 인해 교사의 일과 진행이 순조롭지 않은 경우, 영유아의 능력을 정확히 파악하지 못할 때 성인과 영유아 모두 피곤한 시간인 하루 일과가 끝날 무렵, 날씨로 인해 밖에서 놀 수 없을 때 발생하는 안전문제 등이 있다.

3) 사회적 환경의 안전

영유아가 살아가는 지역사회나 국가가 아동친화적이고 안전친화적인 환경이 되도록 국가나 사회적 차원에서 영유아 안전을 보장하기 위한 법제도를 마련하고 실시·실천하는 노력이 중요하다. 안전관리의 책임을 맡은 정부, 안전한 상품과 서비스를 생산하여 판매하는 기업, 안전상품과 서비스를 소비하면서 한편으로 공동체의 안전한 생활환경에 영향을 미치는 시민, 안전을 위한 시민운동단체의 네 주체가 상호 유기적으로 기능을 수행할 때 비로소 사회의 안전이 실현될 수 있다(한덕웅, 2003).

(1) 영유아 제품, 시설의 안전 기준과 관련된 안전

영유아용품, 놀이시설에 대한 중금속, 내구성, 구조, 규격, 성능, 관리방법 등에 대한 규제, 위해물질의 사용 통제, 안전장치 부착 의무화, 영유아 시설물의 각종 안전표시의 부착 및 안전장치 설치 의무화, 영유아 안전을 위한 보호장구 착용 및 설치 의무화, 영유아 안전용품의 개발과 보급 등이 있다.

(2) 영유아 안전보호구역의 설정과 관련된 안전

영유아 보육 · 교육기관, 놀이터, 주택가 등 영유아의 통행이 잦은 곳을 영유아 보호구역으로 지정하고 관련 안전표지 및 시설물 설치 운영에 대한 기준 제정 및 통제 관리 등이 있다.

(3) 안전교육 인프라와 관련된 안전

영유아의 연령별, 신체적 · 정신적 발달 수준에 맞춰 다양한 영유아 안전교육 교재 개발 보급, 영유아 안전실습 체험장 설치를 통한 실질적인 안전교육 제공, 영유아 안전에 대한 사회적 의식을 고취하기 위해 영상 매체, 인쇄물, 공익광고 등을 이용한 홍보 실시 등이 있다.

(4) 영유아 안전 관련 법체계와 관련된 안전

영유아 안전법령이 정부 부처별로 분리되어 발생하는 영유아 안전관리 및 보호의 문제, 이를 총괄하는 아동안전 특별법 제정의 필요 등이 있다.

3 세계의 안전사고 예방 모범 사례

1) 프랑스

프랑스의 자크 시라크(Jacques Chirac) 대통령이 2002년 7월 14일 프랑스혁명 기념일 담화문에서 교통사고와의 전쟁을 선포한 이후 프랑스의 5년간 교통사고 사망자가 42%나 감소하였다. 또한, 프랑스에서는 미취학 · 취학 어린이를 대상으로 각종 보행안전 교육을 실시한 후 소정의 시험에 합격을 하면 보행자 면허증을 제공한다.

더불어 어린이 안전을 보장하기 위해 어린이안전교육 인증제도를 실시하고 있다. 초등학교 1학년의 경우 행동반경이 넓어지면서 교통사고, 유괴 등 각종 위험성이 고조된다는 것을 감안해 미취학 아동이 초등학교 입학 전에 부모님과 함께 충분한 교육을 받고 소정의 시험에 합격을 하면 안전교육 인정서를 제공하며, 예방접종 확인서를 제출하듯이 초등학교에 입학할 때 안전교육 인정서를 함께 제출하도록 하고 있다.

2) 영국

1940년대 영국의 어린이 교통사고 사망자가 1,600명에 이르자 영국 왕실이 심각성을 인식하고 Rospa(왕실사고방지협회)가 적극적으로 앞장서 활동하기 시작하였다. Rospa가 지역별로 교육단체를 결성하여 안전한 보행방법을 보급하고 체계적인 안전교육을 실시한 결과, 영국의 2009년 어린이 교통사고 사망자 수는 69명으로 1940년 대비 96%나 감소되었다.

어린이 교통사고 감소의 일등 공신인 영국의 안전한 보행방법 Green Cross Code는 다음과 같다.

첫째, 먼저 안전한 횡단 장소를 찾은 후 그곳에 멈춘다.

둘째, 차도에 내려서지 말고 보도 위 연석선에 선다.

셋째, 주위를 눈과 귀로 잘 살핀다.

넷째, 자동차가 다가오면 먼저 보낸 후 주위를 살핀다.

다섯째, 다가오는 자동차가 없으면 똑바로 횡단한다.

여섯째, 횡단 중에도 주위를 눈과 귀로 잘 살핀다.

이 밖에도 영국에서는 부모와 함께 놀이, 게임, 실제 체험을 통해 교통안전교육을 실시하고, 초등학교에서의 교통안전교육은 체험교육 위주의 보행훈련 프로그램을 집중적으로 교육한다. 영국의 어린이들은 이러한 교육을 통해 위험하고 복잡한 교통상황에서 안전하게 행동하는 법을 스스로 결정하고 판단할 수 있는 능력을 향상시킬 수 있다. 중등학교에서의 교통안전교육은 자전거 교육과 예비 운전자로서의 교육을 중점적으로 실시한다.

3) 스웨덴

1997년 당시 2020년까지 교통사고 사망자 50% 감소, 2050년까지 교통사고 사망자 100% 감소를 목표로 정부가 제안한 교통사고 Vision 원리에 기반을 둔 도로교통안전법안이 국회를 통과하였다. 이 법안을 토대로 2009년 기준 교통사고 사망자는 1997년 대비 34.5% 감소하였다.

스웨덴은 요람에서 무덤까지 평생안전교육 체계를 확립하였다. 자녀 출생 시에는 지자체에서 카시트를 무료로 제공하고, 3세가 되면 가정으로 교통안전 그림자료, 게임, 놀이 기구, 각종 책자 등을 무료로 제공한다. 3세가 되면 지역별로 결성된 Safe Kids Club에 가입해 부모님과 어린이가 맞춤형 안전교육을 이수하게 된다. Safe Kids Club의 안전교육 방침은 부모님 위주의 자녀 조기교육, 실제 사고 사례 중심의 실습교육, '남의 자녀는 내 자녀'라는 사회적 공동체의식 교육이다. 더불어 유치원과 학교에서의 교통안전교육이 법적으로 의무화되어 있다.

4) 미국

미국은 의사와 병원이 어린이 안전사고 예방에 앞장서고 있다. 1988년 소아정형외과 의사 마티아이켈버거(Dr. Marty Eichelberger) 등이 주축이 되어 Safe Kids Campaign을 결성하였다. 워싱턴 DC에 본부가 있고 미국 각주에 380여 개 지부, 17개국에 해외 지부를 두고 어린이 안전사고 예방을 위해 다양한 어린이 교통안전 캠페인을 전개하고 있다.

또 신생아 출생 시 차 내에 Infant Car Seat가 없으면 병원에서 퇴원을 시키지 않도록 법적으로 의무화되어 있다. 또한, 어린이 통학버스 차량 내 방치된 유아의 질식사고를 방지하기 위해 Sleeping Child Check System을 의무적으로 설치하도록 되어 있다. 이는 차량 운행을 마친 운전자가 차량 내부 후면에 설치된 확인 버튼을 누르지 않으면 경보음이 울리도록 하는 장치를 설치해 근본적으로 유아 질식사고를 예방하는 장치이다.

5) 일본

일본은 1970년 어린이 교통사고 사망자가 2,094명에 이를 정도로 심각성이 고조되었다. 이를 해결하기 위해 어머니들이 적극적으로 앞장서서 '교통안전 어머니회'를 결성하고 어머니 교통안전지도자를 양성하여 어린이와 학부모 교육을 강화하고 회보를 통해 다양한 교통사고 예방자료를 제공하였다. 이런 어머니들의 노력 결과 2009년 어린이 교통사고 사망자는 116명으로 1970년 대비 95%나 감소하였다.

6) 캐나다

캐나다에서는 학교에서 사용할 수 있는 최초의 종합적인 부상예방 프로그램인 Risk Watch가 있다. 이 프로그램은 교사를 지역사회 안전전문가 및 학부모와 연결하는 학교 기반 커리큘럼으로 4개의 연령에 적합한 교육 모듈로 나누어 자동차 안전, 화재 및 화상 예방, 질식 예방, 중독 예방, 낙하 방지, 총기부상 예방, 자전거 및 보행자 안전, 수상 안전을 교육하게 된다.

캐나다에서는 스쿨버스가 정차하여 승하차가 끝나기 전에 양방향의 모든 차가 움직일 경우 1회 위반 시 8~42만 원의 벌금이 부과되고, 2회 위반 시에는 21~85만 원으로 벌금이 많아지고 최고 6개월의 징역형까지 부과된다. 이처럼 스쿨버스는 거리의 제왕으로 불릴 정도로 모든 운전자로부터 보호를 받고 있다. 어린이의 안전을 책임지는 스쿨버스 운영에 필요한 재원은 국민이 내는 주택세에서 충당하고 있다. 스쿨버스 운전자 자격증을 따기 위해서는 심신이 건강하고, 전과가 없어야 한다. 추월경쟁하다 적발된 경력, 인명사고 경력, 교통사고 현장을 비양심적으로 그냥 지나쳐 면허 정지를 받았던 사람의 경우 응시조차 할 수 없다. 또 자격을 취득하더라도 법규 위반으로 벌점이 8점이 넘으면 즉각적으로 자격이 취소된다.

PART 2

영유아 보육 · 교육기관에서의 안전관리

안전신호등 이야기: 영유아 교육기관은 황색(노란색) 신호등입니다.

횡단보도에서 현재의 신호등이 노란불로 깜박거리면 영유아의 보호자는 다음과 같이 안내합니다.
"우리는 행동을 멈추고 다음 신호를 기다리자."
"주변 자동차의 움직임과 사람들의 행동을 잘 봐."

이럴 때면 영유아는 "기다리자."라는 노란 신호등의 의미를 이해하고 보호자의 주의에 따라 상황을 파악하게 됩니다. 때로 영유아는 자신의 욕구가 우선이고 상황파악이 느려 안전사고의 문제가 발생할 수 있습니다. 이에 영유아 보육 · 교육기관에서는 국가 수준의 표준보육과정과 누리과정을 통해 영유아에게 안전 최우선에 의거하여 실내 · 외 영유아의 안전이 생활화되도록 교육할 의무가 있습니다.

Chapter 03

국가 수준의 영유아 안전

본 장에서는 국가 수준의 안전교육 내용인 표준보육과정에서의 영아 안전과 누리과정에서의 유아 안전에 대해 알아보고 그 목표와 내용범주를 살펴보고자 한다.

<영유아와 함께 알아보는 알쏭달쏭 퀴즈 1>

1. 놀이를 하고난 후에는 손을 깨끗하게 ○○로 씻는다.
2. 우리 가족은 매주 1회씩 ○○○○를 안 보기로 약속했다.
3. 빨강반 교실은 영역별 놀이를 할 때 ○○이 있다.
4. ○○○에서 물을 먹을 때는 뜨거운 물의 버튼이 잠겨 있는지 확인 후 사용한다.
5. 실외놀이터에서는 ○○를 지킨다.
6. 가족들과 함께 외출을 할 때에는 ○○○○와 ○○○○를 꼭 확인한다.

〈정답〉

① 비누 ② 텔레비전 ③ 규칙 ④ 정수기 ⑤ 차례 ⑥ 전열기구 / 도시가스

국가 수준의 표준보육과정과 누리과정에서 제시하고 있는 영유아의 안전교육 목표 및 내용에 대해 알아보고 영유아 보육·교육기관에서의 하루 일과 운영에서의 안전을 요구하는 안전한 생활을 제시하고자 한다.

1 표준보육과정에서의 영아 안전

2020년 개정된 4차 표준보육과정의 내용을 보면 0~만 1세 보육과정과 만 2세 보육과정으로 나누어 볼 수 있다. 그중 안전교육의 내용은 기본생활, 신체운동, 의사소통, 사회관계, 예술경험, 자연탐구의 6개 영역 중 기본생활 영역에 포함되어 있다. 기본생활 영역에는 영유아가 건강하고 안전하며, 바르게 생활하는 데 필수적인 내용이 들어 있다.

1) 기본생활 영역 연령별 목표

기본생활 영역의 0~만 1세 영아와 만 2세 영아의 목표는 〈표 3-1〉과 같다.

〈표 3-1〉 영아의 기본생활 영역 중 '안전하게 생활하기'의 목표

영역	구분	내용
기본생활	0~만 1세	• 건강하고 안전한 일상생활을 경험한다.
	만 2세	• 건강한 안전한 생활습관의 기초를 경험한다.

2) 기본생활 영역에서의 '안전하게 생활하기' 내용 범주

기본생활 영역은 '건강하게 생활하기', '안전하게 생활하기'의 두 가지 내용 범주로 구성된다. 여기서는 영아반의 '안전하게 생활하기'의 세부내용을 알아보고자 한다.

(1) 0~만 1세 영아

0~만 1세 영아는 아직 미숙하여 안전한 상황과 위험한 상황에 대한 인식이 부족하므로 영아교사는 일상생활, 놀이상황 등에서 안전사고를 예방하기 위해 지속적으로 영아를 관찰하고 영아가 위험한 상황에 놓이지 않도록 해야 한다. 또한, 영아는 "위험하다."라는 말에 반응할 수 있으므로 위험하다고 알려 줌으로써 위험 상황에 주의할 수 있도록 지도한다.

〈표 3-2〉 0~만 1세 영아의 '안전하게 생활하기' 세부내용

영역	구분	내용
안전하게 생활하기	0~만 1세	• 안전한 상황에서 놀이하고 생활한다. • 안전한 상황에서 교통수단을 이용해 본다. • 위험하다는 말에 주의한다.

(2) 만 2세 영아

만 2세경이 되면 영아는 안전에 대한 인식을 꾀하고 위험 상황에 대한 주의력이 더욱 증진된다. 그러므로 영아교사는 만 2세 영아가 안전한 장소에서 놀잇감을 안전하게 사용할 수 있도록 하고, 교통수단과 위험한 상황에 조심할 수 있도록 하며, 부모나 교사, 양육자(돌봄)의 요청에 따를 수 있도록 한다.

〈표 3-3〉 만 2세 영아의 '안전하게 생활하기' 세부내용

영역	구분	내용
안전하게 생활하기	만 2세	• 일상에서 안전하게 놀이하고 생활한다. • 교통수단을 안전하게 이용해 본다. • 위험한 상황에 대처하는 방법을 경험한다.

3) 영아의 하루 일과에서의 안전점검

영아반의 하루 일과에서의 안전을 위해 교사는 영아의 전반적인 활동을 고려하여 사전에 안전한 생활이 이루어질 수 있도록 준비해야 한다.

〈표 3-4〉 영아의 하루 일과에서의 안전점검

시간	활동명	안전 확인 및 활동장소	영아교사의 안전점검
07:30 ~ 09:00	등원 및 통합보육 Ⅰ	현관과 통로, 각 반 교실	• 영아의 활동장소 점검 • 즐거운 마음으로 영아 맞이하기
09:00 ~ 09:30	손 씻기 & 기저귀갈이 간식 Ⅰ	기저귀갈이대, 아동용품, 간식도구	• 기저귀갈이를 위한 용품, 간식도구점검
09:30 ~ 10:30	실내자유놀이 Ⅰ	실내영역 및 놀잇감	• 영역별 교재교구와 놀잇감의 파손 여부
10:30 ~ 10:50	정리정돈 및 기저귀갈이, 배변활동, 실외 놀이터로 이동	각 반 교실, 화장실	• 화장실 사용법 • 이동할 때의 안전
10:50 ~ 11:30	실외 놀이 Ⅰ	실외 공간, 현관과 통로	• 실외나 주변 환경 살피기 • 현관의 물건들 치우기 • 손 씻을 때 한 줄 서기
11:30 ~ 11:45	정리, 손 씻기 및 이동	각 반 교실, 대강당, 통로 및 계단	• 이동할 때의 안전 • 우측통행
11:45 ~ 12:30	점심	식사도구	• 식사도구의 안전한 사용

시간	활동명	안전 확인 및 활동장소	영아교사의 안전점검
12:15 ~ 13:00	이 닦기 및 기저귀갈이, 세면 및 옷 갈아입기	화장실, 세면실 각 반 교실, 칫솔과 치약	• 올바른 이 닦기 • 수건 사용과 차례 지키기
13:00 ~ 15:30	낮잠 준비 및 낮잠	각 반 교실, 낮잠도구	• 동화나 음악의 소리 크기 • 잠잘 때의 간격과 교실 온도 • 이불과 베개 사용 확인 • 조명과 블라인드 확인
15:30 ~ 16:00	낮잠 깨기 및 정리정돈 기저귀갈이	각 반 교실, 낮잠도구	• 아동 소지품 • 기저귀갈이 용품 • 이불장의 안전
16:00 ~ 16:30	손 씻기 및 간식 II	책상과 의자 높낮이, 간식도구	• 책상 모서리의 안전성 • 간식도구의 안전성
16:30 ~ 18:00	실내자유놀이 II 또는 실외 놀이 II	실내영역 및 놀잇감	• 영역별 교재교구와 놀잇감의 손상 여부
18:00 ~ 19:30	하원 및 통합보육 II	사물함, 각 반 교실	• 영아 소지품 안전하게 챙기기

2 누리과정에서의 유아 안전

「영유아보육법」 제29조와 같은 법 시행규칙 제30조 규정에 의한 「만 3~5세 연령별 누리과정 고시」(보건복지부 고시 제2019-152호)에 의한 개정 · 발령에 따라 어린이집과 유치원의 만 3~5세 누리과정의 안전교육 내용은 신체운동 · 건강, 의사소통, 사회관계, 예술경험, 자연탐구의 5개 영역 중 신체운동 · 건강 영역에 포함되어 있다.

1) 신체운동 · 건강 영역에서의 목표

만 3~5세 유아의 발달단계에 맞추어 기본적인 운동능력을 기르면서 안전하게 생활하기 위해서는 기본적인 생활습관을 형성해야 한다. 이를 위해 유아를 위한 신체운동 · 건강 영역의 목표와 내용은 다음과 같다.

〈표 3-5〉 만 3~5세 유아에서의 신체운동 · 건강 영역의 목표

목표	내용
실내 · 외에서 신체활동을 즐기고, 건강하고 안전한 생활을 한다.	① 신체활동에 즐겁게 참여한다. ② 건강한 생활습관을 기른다. ③ 안전한 생활습관을 기른다.

2) 신체운동 · 건강 영역 중 '안전하게 생활하기'의 내용 범주

만 3~5세 유아는 일반적으로 소근육과 대근육의 발달이 이루어지는 시기이므로 이를 위한 도구와 기구를 사용하는 방법을 잘 숙지하고 사용해야 한다. 더불어 생활반경이 영아에 비해 좀 더 넓어졌으므로 가정과 영유아 보육 · 교육기관 및 지역사회를 접하면서 안전하게 생활할 수 있도록 알아보아야 한다.

〈표 3-6〉 만 3~5세 신체운동 · 건강 영역의 내용

내용 범주	내용
신체활동 즐기기	신체를 인식하고 움직인다.
	신체 움직임을 조절한다.
	기초적인 이동 운동, 제자리 운동, 도구를 이용한 운동을 한다.
	실내 · 외 신체활동에 자발적으로 참여한다.
건강하게 생활하기	자신의 몸과 주변을 깨끗이 한다.
	몸에 좋은 음식에 관심을 가지고 바른 태도로 즐겁게 먹는다.
	하루 일과에서 적당한 휴식을 취한다.
	질병을 예방하는 방법을 알고 실천한다.

내용 범주	내용
안전하게 생활하기	일상에서 안전하게 놀이하고 생활한다.
	TV, 컴퓨터, 스마트폰 등을 바르게 사용한다.
	교통안전 규칙을 지킨다.
	안전사고, 화재, 재난, 학대, 유괴 등에 대처하는 방법을 경험한다.

3) 신체운동 · 건강에서의 안전하게 생활하기 내용 점검과 일과 운영 점검

(1) '안전하게 생활하기'의 내용 점검

❶ 일상에서 안전하게 놀이하고 생활한다.

유아가 실내 · 외 여러 가지 놀이기구나 놀잇감, 도구를 안전하게 사용하고, 안전한 장소에서 놀이하며, 전자 미디어를 안전하게 사용하기 위해 필요한 지식, 기능, 태도를 기르는 내용이다. 유아가 매일 놀면서 배우는 동안 주변에 대한 호기심과 탐구심을 강하게 펼치는 시기이므로 안전에 대한 사전 지식을 연령에 맞게 전개하여 유아 스스로 안전에 대한 긍정적인 효과를 가지도록 하는 데 있다.

❷ TV, 컴퓨터, 스마트폰 등을 바르게 사용한다.

유아에게 올바른 전자 미디어 사용법을 알려 주고 사용하도록 하는 내용이다. 만 3세 유아에게는 정해진 시간에 바른 자세로 앉아 사용하는 등 전자 미디어의 바른 사용법을 알고 생활 속에서 지킬 수 있도록 한다. 이때 교사는 적정 시간을 지켜 전자 미디어를 사용할 수 있도록 지도한다.

❸ 교통안전 규칙을 지킨다.

유아들의 일상생활 속 신호등의 의미를 바로 알고 교통 표지판에 맞는 내용을 익히며, 안전한 생활이 되도록 반복적인 안전교육을 통하여 등하원 및 가정, 지역사회의 생활에서도 바르게 인식하고 지키도록 돕는다.

❹ 안전사고, 화재, 재난, 학대, 유괴 등에 대처하는 방법을 경험한다.

안전교육의 다양한 내용 속에서 유아는 빠르게 적응할 수 있도록 탄력 있는 교육을 진행해야 한다. 재난과 각종 사고 등에 비상시 적절하게 대처하는 방법을 알고 소방훈련이나 지진대피활동을 통한 연습이 되어야 하며, 학대 및 유괴로부터 도움을 요청하는 방법과 행동하는 방법을 역할극이나 모의 시연을 통하여 전개하여 안전한 생활이 되도록 돕는다.

(2) 일과 운영에서의 안전하게 생활하기

유아반의 하루 일과에서의 안전을 생각해 보면 〈표 3-7〉과 같다. 교사는 유아의 전반적인 활동상황과 교육내용을 고려하여 사전에 안전한 생활이 이루어질 수 있도록 준비해야 할 것이다.

〈표 3-7〉 유아의 하루 일과에서의 안전점검

시간	활동명	안전확인 및 활동장소	유아교사의 안전점검
07:30 ~ 09:00	등원 및 통합보육 Ⅰ	현관과 통로, 각 반 교실	• 유아의 활동 및 이동장소 점검
09:00 ~ 09:30	간식 Ⅰ	책상과 의자, 간식도구	• 책상 모서리와 의자 사용 점검 • 간식도구 점검
09:30 ~ 10:30	실외 놀이, 손 씻기	실외 공간, 현관과 통로 각 반 교실, 화장실	• 실외나 주변 환경 살피기 • 현관의 물건들 치우기 • 손 씻을 때 한 줄 서기
10:30 ~ 10:50	정리정돈 및 화장실 가기	각 반 교실, 화장실	• 화장실 사용법, 차례 지키기
10:50 ~ 12:00	자유놀이 Ⅰ	실내영역 및 놀잇감	• 영역별 교재교구와 놀잇감의 파손 여부

시간	활동명	안전확인 및 활동장소	유아교사의 안전점검
12:00 ~ 12:10	정리정돈 및 화장실 가기	각 반 교실, 화장실	• 화장실의 사용법 • 차례 지키기
12:10 ~ 12:30	대 · 소집단 활동	각 반 교실, 대강당 통로 및 계단	• 이동할 때의 안전 • 우측통행
12:30 ~ 13:30	점심식사 및 이 닦기	화장실, 세면실 식사도구, 칫솔과 치약	• 식사도구 점검, 이 닦기 도구 • 수건 사용과 차례 지키기
13:30 ~ 13:50	조용한 활동, 정리정돈 및 낮잠 준비	각 반 교실	• 조명과 블라인드 확인 • 이불과 베개 사용 확인
13:50 ~ 15:30	동화듣기나 음악감상 후 낮잠과 휴식하기	각 반 교실, 낮잠도구	• 동화나 음악의 소리 구분 • 잠잘 때의 간격과 교실 온도
15:30 ~ 15:50	낮잠 깨기 및 정리정돈	각 반 교실, 낮잠도구	• 이불과 베개 사용 확인
15:50 ~ 16:20	간식 II	책상과 의자, 간식도구	• 책상 모서리와 의자 점검 • 간식 도구의 안전성
16:20 ~ 17:40	자유놀이 II	실내영역 및 놀잇감	• 영역별 교재교구와 놀잇감의 손상 여부
17:40 ~ 18:00	귀가준비 및 평가	사물함, 각 반 교실	• 유아 소지품 안전하게 챙기기 • 유아의 용모, 신체 점검
18:00 ~ 19:30	하원 및 통합보육 II	등 · 하원 차량, 유아 가방과 소지품 현관과 통로	• 차량 안전벨트 및 안전점검

영유아 보육 · 교육기관의 하루 일과 중 안전관리 사항은 다음과 같다(윤선화 · 정윤경 · 이경선, 2010)

❶ 등원 및 맞이하기

가. 환경 준비와 점검

교사는 일과계획에 따라 환경을 준비하고, 영유아가 등원하기 전에 미리 실내 · 외를 점검해야 한다.

나. 영유아의 등원 및 맞이하기

영유아의 등원 시 교사는 영유아를 웃는 얼굴로 맞이하며 영유아의 건강 상태, 기분, 변화된 모습을 관찰하고 이상한 점을 발견 시 보호자와 상담을 통해 영유아의 상태를 파악한다. 또한, 투약의뢰서와 투약할 약은 영유아의 손이 닿지 않는 보관함에 넣어 두고 투약의뢰나 처방 없이 임의로 투약하지 않고, 처방내용에 따라 정확히 투약한 후 투약내용을 기록하여 가정으로 보낸다.

다. 영유아 차량 지도

교사는 영유아를 차량에서 승하차 시 반드시 내려서 영유아의 손을 잡아 주고 옷자락이 끼거나 밟히지 않도록 해 주고, 비가 올 때는 영유아가 우산을 접고 펼 수 있도록 도와준다.

영유아가 차에 탄 후에는 반드시 안전벨트를 맨 후 출발하도록 한다. 이 중 36개월 미만 영아는 안전인증을 받은 자동차용 어린이 보호장구(카시트)를 착용하는 것을 원칙으로 하고, 차량은 영유아의 안전을 위해 서행하며, 교사는 운행 중 영유아가 자리에서 일어나지 않도록 지도한다.

차량이 교육기관에 도착했을 때는 먼저 차에서 내려 영유아가 내리는 것을 도와주고 모든 영유아가 다 하차한 것을 반드시 확인하도록 한다. 또한, 등원 시 교사가 어린이집 통학버스 뒷자리에서 자는 영유아를 미처 확인하지 못해 사고가 발생할 수 있다. 13살 미만 어린이 통학차량에 대한 승하차 확인을 의무화한 이른바 '세림이

법'(개정 「도로교통법」)이 시행된 이후에도 이같은 사고가 반복되고 있다.

2017년 6월부터 강화된 「도로교통법」 53조(어린이 통학버스 운전자 및 운영자 등의 의무)에 어린이 통학버스를 운전하는 사람은 운행을 마친 뒤 차량에 타고 있던 어린이가 모두 하차했는지 반드시 확인해야 한다고 명시되어 있다. 어린이 하차 여부 확인 의무를 이행하지 않은 통학버스 운전자에게는 범칙금 12만 원과 벌점 30점이 부과된다. 이를 통해 일명 '슬리핑 차일드 체크 제도' 도입(통학차량 맨 뒷자리에 버튼을 설치해 운전자가 시동을 끄기 전 반드시 버튼을 누르도록 하여 아이들의 하차 여부를 확인하는 방법)과 통학차량에 보조교사나 안전 인력을 투입해 승하차 안전지도를 강화하는 방법이 필요하다.

❷ 자유놀이

영유아가 다양한 영역에서 활동을 하는 실내 자유놀이 시간은 가장 많은 안전사고가 발생하는 시간이므로 교사는 더 많은 주의를 기울여야 한다. 먼저 교사는 모든 영유아를 볼 수 있도록 하며, 영역을 구성할 때는 구석지거나 비품으로 가려지는 곳이 없도록 해야 한다.

놀잇감의 수와 활동 공간은 여유 있게 배치하여 영유아의 충돌이나 다툼이 일어나지 않도록 해야 한다.

❸ 실외 놀이

실외 놀이터는 사고 발생 시 손상 범위가 클 수 있으므로 교사는 잠재위험을 경계하고, 즉시 대처할 준비를 하고 있어야 한다. 실외 놀이 시에도 교사는 가능한 많은 영유아가 보일 수 있는 자리에 위치하고, 기둥 뒤나 계단 밑과 같이 구석진 곳은 영유아의 접근을 차단한다.

실외활동 시에는 소집단의 영유아라 할지라도 반드시 두 명 이상의 교사가 함께 있도록 하여 위급한 상황이 발생했을 때, 한 교사는 다친 영유아를 돌보고, 다른 교사는 나머지 영유아를 돌봐야 한다. 실외활동 시 교사는 영유아가 끈이 달린 옷이나 긴 치마를 입었을 때는 가능하다면 간편한 옷으로 갈아입혀 데리고 나간다.

계절에 따라 너무 뜨거운 시간에는 실내활동을 제한하며, 자외선 차단 크림을 발라 주고, 모자, 햇빛 가리개, 긴 팔 셔츠, 긴 바지 등을 활용하여 피부에 화상을 입는 것을 방지하고, 황사나 대기오염의 문제가 예상되는 날에는 실외활동을 자제한다.

❹ 간식과 점심

급식용품과 조리실은 위생적으로 관리하고, 반드시 뚜껑을 덮고 운반하며, 배식 시에는 손 씻기는 물론 머리와 복장을 정리하고 위생 장갑을 착용한다.

배식 중 음식물의 크기와 온도를 확인하고 음식물을 먹는 동안에도 충분한 관찰과 감독이 필요하며, 뜨거운 국물을 제공해야 할 경우 반드시 영유아의 이동 동선을 고려해서 국통을 배치하여 배식하도록 한다.

❺ 손 씻기와 이 닦기

화장실 사용 후, 식사와 간식 전, 실외 놀이 후, 애완동물 접촉 후, 신체 분비물 접촉 후에 영유아의 손은 먼지와 세균에 오염되기 쉬우므로 반드시 손을 씻어 청결하고 건강한 생활을 유지할 수 있게 지도한다.

교사는 음식을 다루거나, 먹고 마실 때, 영유아에게 음식을 먹일 때, 투약할 때, 출근 후, 용변 후, 쓰레기통 사용 후, 기저귀를 갈아 주거나 유아의 변기 사용을 도와준 후, 신체 분비물을 만진 후, 실내활동 후, 애완동물 접촉 후에 손을 씻어야 한다.

또한, 점심식사 이후 영유아와 교사는 반드시 이 닦기를 하여 충치를 예방하고 청결한 생활습관을 형성할 수 있도록 하며, 이때 교사는 올바른 이 닦기 방법을 영유아에게 지도하고 영유아의 칫솔도 세균이 전염되거나 번식하지 않도록 위생적으로 관리한다. 반면, 이가 나기 전 영아는 수유 후 가제 손수건을 끓였다 식힌 물에 살짝 적셔 잇몸을 닦아 주며, 이가 나기 시작하면 손가락 칫솔 등에 영아용 치약을 묻혀 잇몸을 마사지하고 이를 닦아 준다.

❻ 휴식과 낮잠

종일반의 경우 하루 한 번의 낮잠이나 휴식 시간을 계획한다. 낮잠 시간은 개인차가 있어 만 3~4세는 1시간 반 정도의 시간으로 계획하고, 만 5세의 경우 낮잠 대신 30분 내지 40분 정도 누워서 쉰 후 조용한 놀이를 하도록 하며, 잠이 많이 필요한 유아는 잘 수 있도록 하여 피곤함 때문에 오후 활동에 지장을 주지 않도록 한다.

낮잠용 이불은 자주 세탁하고, 이름을 표시하며, 잠자리 배치 시에는 어느 정도 간격을 두고 배치하여 호흡기 감염을 예방한다.

특히, 어린 영아는 잠을 자다가 갑자기 돌연사하거나, 이불에 질식하거나, 소화되지 않은 우유를 토하다가 질식할 수 있으므로 자는 영아를 규칙적으로 살펴봐야 하고 교사가 일정 시간 이상 보육실(교실)을 비우는 경우에는 원장이나 동료 교사 등 책임 있는 성인과 교체한 후 자리를 비워야 한다.

❼ 귀가지도

하루 일과 중 부모에게 필요한 내용을 전하고 협의하여 영유아 보육·교육기관과 집에서의 경험이 자연스럽게 연계되도록 한다.

가. 영유아의 인계과정

귀가 시 혼잡한 틈에 미아 발생, 유괴 사고 등 안전사고가 발생할 가능성이 크므로 영유아가 귀가 시 반드시 보호자를 확인하고, 영유아를 정해진 보호자에게 정확하게 인계하여야 한다. 이때 보호자가 영유아를 직접 데리고 교육기관을 오가는 경우와 차량을 이용하여 영유아를 등·하원 시키는 경우에 따라 영유아의 인계과정을 문서화하여 구체적인 절차와 방법을 체계적으로 명시해야 하며, 모든 영유아의 보호자에게 사전에 영유아의 이름, 귀가 시 영유아를 인계받을 보호자의 이름과 관계 및 연락처, 보호자의 서명 등이 포함되어 있는 귀가동의서를 받아야 한다.

모든 영유아(차량 이용 영유아 포함)는 지정된 보호자에게 인계하되 다른 성인에게 인계할 때는 반드시 보호자의 전화나 서면 확인을 해야 한다.

나. 어린이 통합버스 탑승지도

등원 시와 마찬가지로 귀가지도 시에도 운전자 외에 지도교사가 동승하고 교사와 영유아는 차량 운행 시작 전 모두 개별 안전띠를 착용해야 한다. 또한, 부모가 희망하더라도 영유아를 혼자 귀가시키지 않는다. 영유아가 어린이 통학버스를 이용할 시에는 다음의 차량안전수칙을 운전자와 교사 및 영유아가 알아보고 실천하도록 차량에 항시 부착해야 한다. 이를 통해 영유아 보육 · 교육기관 밖에서의 안전도 관리할 수 있다.

만 2세 안전사고 사례

- 2018년 7월 경기도 동두천시 어린이집 통학차량 안에서 4살 여아가 숨진 채 발견됨. 여아는 아침에 통학차량에 탑승한 뒤 4시 30분까지 아이가 없어진 것을 발견하지 못해 결국 폭염 속 차량 내부에 장시간 방치되면서 뜨거운 열기에 질식사함

출처: 한겨레뉴스(2018. 7. 19.).

차량안전수칙

〈운전자 준수 사항〉

- **운행 전**

– 차량 외부의 이상 유무를 확인하고 엔진 및 차체의 잡음은 없는가 확인한다.
– 차량 출발 전 탑승자의 안전벨트 및 문단속을 확인하고 차량 시동 후 엔진 및 각종 계기판 이상 유무를 확인한다.

- **운행 중**

– 창문 밖으로 머리, 손을 내미는 영유아는 주의시킨다.
– 안전운행을 위하여 교통안전규칙을 철저히 지키고, 정차는 후방의 차량에 최대한 방해되지 않는 곳에 하며, 운행 중에는 휴대폰, 이어폰 등을 사용하지 않는다.

- **운행 후**

– 타이어 압력 및 트랙은 양호한가 확인하고 주차 브레이크는 정상인가 확인한다.

〈교사 준수사항〉

– 차량에는 영유아를 보호할 수 있는 교사가 탑승하고 영유아와 교사는 안전벨트를 착용하며, 운행 중에는 영유아가 절대로 일어나지 않도록 한다.
– 차량에는 탑승하는 영아의 수만큼 영아용 보호장구를 갖추고 차량 내 구급상자의 모든 약품의 유효기간을 확인하며, 차량 내 비상소화기의 충전 상태를 확인한다.
– 차를 출발 또는 후진시키기 전에 영유아가 어디 있는지 살핀다.
– 영유아는 항상 보호자에게 직접 인계한다.
– 등원 시 영유아가 차량 탑승을 하지 않은 경우 학부모와의 확인 전화를 통해 영유아의 안전을 확인한다.
– 등 · 하원 차량 운행 후 마지막에 반드시 차량 내부를 확인하여 영유아의 안전 하차를 확인한다.

〈영유아 준수사항〉

– 차 안에서 장난을 치거나 뛰어다니지 않아야 하고 큰 소리를 지르거나 자리에서 일어나는 행동, 의자 위에 올라가거나 차가 달리고 있을 때 차 문을 여는 행동 등은 하지 않는다.
– 유리창 밖으로 손이나 머리를 내밀지 않고 앞좌석을 발로 차지 않는다.
– 차에서 내릴 때에는 차가 완전히 멈춘 다음 문이 열릴 때까지 기다린다.
– 의자에 등에 대고 바른 자세로 앉아 안전띠를 매도록 하며 차 안에 쓰레기를 버리지 않는다.
– 차량에 갇혔을 경우 대처하는 방법으로 핸들에 있는 클랙슨을 두 손으로 힘껏 누르도록 하여 도움을 요청한다.

Chapter 04

영유아 보육·교육기관에서의 안전교육 계획 및 방법

본 장에서는 영유아 보육 · 교육기관에서의 안전교육의 내용을 인식하고
다양한 매체를 통한 교수학습방법과 평가방법 및 교사의 역할에 대해 알아보고자 한다.

<영유아와 함께 알아보는 알쏭달쏭 퀴즈 2>

1. 집에서 기르는 강아지와 고양이는 자주 ○○을 시키고, 집안을 ○○시킨다.
2. 노란불이 깜빡거리면 우리 모두는 다음 신호의 ○○○을 기다린다.
3. 불이 나면 즉시 ○○으로 나간다.
4. 주차된 자동차 뒤에서 ○○○○을 하지 않는다.
5. 가족들과 산이나 들에 ○○○를 갈 때는 모르는 식물을 만지지 않는다.
6. 모르는 아저씨가 맛있는 음식이나 ○○○을 사 준다고 하면 따라가지 않는다.

〈정답〉
① 목욕 / 환기 ② 초록불 ③ 집 밖 ④ 숨바꼭질 ⑤ 나들이 ⑥ 장난감

영유아는 일상생활에서 여러 안전사고의 원인을 파악하고 자신의 몸을 돌보는 방법을 습득해 나간다. 따라서 교사는 영유아에게 안전을 위한 정확한 정보를 제공하고 안전한 습관과 태도를 형성할 수 있도록 영유아의 발달 특성 등을 고려하여 적합한 안전교육을 실행하여야 한다. 이번 장에서는 영유아 보육 · 교육기관에서 안전교육을 계획하고 실행하는 방법에 대해 알아보고자 한다.

1 영유아 보육 · 교육기관에서의 안전교육

1) 영유아 안전교육의 필요성

영유아기는 신체 기능의 미성숙으로 인한 신체조절능력과 운동 기능이 미흡한 시기이다. 더불어 인지적 · 정서적 능력의 발달이 제한적이어서 위험 상황을 판단하고 예측할 수 있는 능력이 부족하여 안전사고 발생 위험이 크다.

따라서 영유아를 돌보는 양육자는 영유아를 위한 안전한 환경을 제공하고 적절하게 감독함으로써 사고의 위험으로부터 영유아를 보호해야 한다. 또한, 영유아를 보호 · 관리함으로써 안전사고율을 낮추는 안전한 생활을 위한 기초교육을 실시하는 등의 안전교육이 강조되어야 한다. 특히, 영유아의 발달 특성을 고려할 때 영유아를 위한 안전교육은 발달에 적합해야 하며, 지속적으로 이루어져야 한다(중앙보육정보센터, 2009).

영유아기에 안전교육을 실시해야 하는 중요한 이유는 영유아기가 건강하고 안전한 습관을 형성하기에 최적의 시기(Cornacchia, Olsen, & Nickerson, 1991)이기 때문이다. 영유아는 자기 주변을 탐색하고, 성인의 행동을 모방하며, 자신을 둘러싼 주변 환경과 상호작용하면서 배워 나간다. 그러므로 영유아는 일상생활 속에서 여러 안전사고의 원인을 파악하고 자신의 몸을 돌보는 방법을 습득해 나가게 된다. 따라서 교사는 영유아에게 안전을 위한 정확한 정보를 제공하고 안전한 습관과 태도를 형성할 수 있도록 도와주어야 한다. 영유아기에 잘 형성된 안전한 행동은 어른이 되어서도 평생동안 습관이 될 수 있다(Kendricks, Kaufmann, & Messenger, 1988). 영유아가 자신의 몸과 타인의 몸을 소중히 여기고, 위험에 대해 알고, 이를 회피하는 방법을 터득하여 안전하게 생활하는 습관과 태도를 기르는 것은 영유아를 사고로부터 지키고 보호할 뿐 아니라 안전을 증진시키므로 매우 중요하다(윤선화 · 정윤경 · 이경선, 2010).

따라서 영유아가 안전교육을 통해 얻은 지식이나 태도는 단순한 지시나 감독에 의한 것보다 영구적인 효과가 있으므로 영유아를 대상으로 하는 안전교육에서는 안전한 생활을 실천하는 데 필요한 지식과 위험 요소를 예측하고 예방하거나 신중하게 행동하는 태도, 그리고 안전하게 행동할 수 있는 기술교육이 포함되어야 한다(윤선화 외, 2010).

〈표 4-1〉 영유아 안전교육의 교육내용

교육내용	개념
안전지식	안전한 상황에 대한 이해로써 기본적인 안전규칙과 안전한 상황의 특징 및 잠재적 위험성에 대해 아는 것. 예: 교통안전 표지판을 이해하거나 교통안전 규칙을 아는 것.
안전태도	자기를 통제할 수 있는 능력으로, 자기통제력을 익히기 위해서는 안전에 대한 기본적인 지식과 기술을 바탕으로 안전하게 행동할 수 있는 능력 및 그에 따른 운동능력을 기르며 습관화하도록 하는 것. 예: 찻길이나 도로와 인접한 곳에서 놀지 않는 태도를 가지거나 교통기관을 안전하게 이용하는 습관을 기르는 것.
안전기술	안전능력의 배양으로 안전한 상황의 정보를 적절히 인지하고 처리할 수 있는 능력 및 그에 따른 운동능력을 기르는 것. 예: 길을 건널 때 횡단보도 앞에 멈춰서 좌우를 살핀 후 건너거나, 달려오는 차가 있을 경우 차가 지나간 다음 차가 오지 않는 것을 확인한 후에 길을 건너는 것.

출처: 김영실 · 윤진주 · 김정주(2013). 개정 영유아안전관리.

우리나라의 경우, 영유아 안전교육의 필요성에 따라 영유아를 위한 안전교육 실시가 법적으로 의무화되어 있다. 이에 국내외의 영유아 안전교육의 법적 근거를 알아보고자 한다.

(1) 영유아 안전교육의 법적 근거

❶ 국내

영유아 보육 · 교육기관에서의 안전교육은 「아동복지법」, 「아동복지법 시행령」, 「영유아보육법」, 「유아교육법」에서 그 법적 근거를 찾아볼 수 있다. 「아동복지법」 제31조 제1항에서 「영유아보육법」에 따른 어린이집 원장, 「유아교육법」에 따른 유치원 원장은 교육대상 아동의 연령을 고려하여 대통령령에 따라 매년 성폭력 및 아동학대 예방, 실종 · 유괴의 예방과 방지, 감염병 및 약물의 오남용 예방 등 보건위생관리, 재난대비 안전, 교통안전에 관한 교육계획을 수립하여 교육을 실시하도록 하고 있다(2015. 12. 29. 개정). 또한, 제2항과 제3항에서는 「영유아보육법」에 따른 어린이집의 원장은 제1항에 따른 교육계획 및 교육실시 결과를 관할 시장, 군수, 구청장에게, 유치원 원장은 관할 교육감에게 매년 1회 보고하도록 규정하고 있다.

구체적인 안전교육 기준은 「아동복지법 시행령」 제28조와 〈별표 6〉에 제시하였다. 「영유아보육법 시행규칙」 제23조(어린이집의 운영 기준)에 따르면 어린이집의 원장은 소방계획을 작성하고 매월 소방훈련을 실시하여야 한다. 또한, 어린이집의 원장은 「아동복지법」 제31조 제1항에 따라 매년 안전교육계획을 수립하여 영유아에게 안전교육을 실시한 후, 그 사실을 특별자치도지사, 시장, 군수, 구청장에게 보고하여야 하며, 보육교직원에게도 안전교육을 하여야 한다고 규정하고 있어 최근 안전교육에 대한 중요성이 반영된 것을 알 수 있다.

〈표 4-2〉 교육기준(「아동복지법 시행령」 제28조 제1항 관련 교육기준(2018. 3. 6. 개정)

구분	성폭력 및 아동학대 예방교육	실종·유괴의 예방·방지 교육	감염병 및 약물의 오·남용 예방 등 보건위생관리 교육	재난대비 안전교육	교통 안전교육
실시 주기 (총시간)	6개월에 1회 이상 (연간 8시간 이상)	3개월에 1회 이상 (연간 10시간 이상)	3개월에 1회 이상 (연간 10시간 이상)	6개월에 1회 이상 (연간 6시간 이상)	2개월에 1회 이상 (연간 10시간 이상)
교육 내용	1. 내 몸의 소중함 2. 내 몸의 정확한 명칭 3. 좋은 느낌과 싫은 느낌 4. 성폭력 예방법과 대처법	1. 길을 잃을 수 있는 상황 이해하기 2. 미아 및 유괴 발생 시 대처 방법 3. 유괴범에 대한 개념 4. 유인·유괴 행동에 대한 이해 및 유괴 예방법	1. 감염병 예방을 위한 개인위생 실천습관 2. 예방접종의 이해 3. 몸에 해로운 약물 위험성 알기 4. 생활 주변의 해로운 약물·화학제품 그림으로 구별하기 5. 모르면 먼저 어른에게 물어보기 6. 가정용 화학제품 만지거나 먹지 않기 7. 어린이 약도 함부로 많이 먹지 않기	1. 화재의 원인과 예방법 2. 뜨거운 물건 이해하기 3. 옷에 불이 붙었을 때 대처법 4. 화재 시 대처법 5. 자연재난의 개념과 안전한 행동 알기	1. 차도, 보도 및 신호등의 의미 알기 2. 안전한 도로 횡단법 3. 안전한 통학버스 이용법 4. 바퀴 달린 탈것의 안전한 이용법 5. 날씨와 보행안전 6. 어른과 손잡고 걷기
교육 방법	1. 전문가 또는 담당자 강의 2. 장소·상황별 역할극 실시 3. 시청각 교육 4. 사례 분석	1. 전문가 또는 담당자 강의 2. 장소·상황별 역할극 실시 3. 시청각 교육 4. 사례 분석	1. 전문가 또는 담당자 강의 2. 시청각 교육 3. 사례 분석	1. 전문가 또는 담당자 강의 2. 시청각 교육 3. 실습교육 또는 현장학습 4. 사례 분석	1. 전문가 또는 담당자 강의 2. 시청각 교육 3. 실습교육 또는 현장학습 4. 일상생활을 통한 반복 지도 및 부모 교육
위 조를 위반하여 교육을 실시하지 아니한 자에게는 300만 원 이하의 과태료를 부과한다.					

❷ 국외

우리나라가 가입한 국제기구 중에서 UN 아동권리협약과 OECD 아동안전권고 조치, WHO 아동과 청소년의 손상 예방과 안전을 위한 액션플랜 안에서 안전교육의 실시 근거를 찾아볼 수 있다.

가. UN 아동권리협약

아동이 권리를 가지고 향유할 수 있는 주체로 인식되면서 UN은 세계가 아동을 보호할 책임에 대한 고려로서 1979년 '국제 아동의 해'를 선포하였고, 아동의 안전한 사회적 보호에 대해 국제적 합의를 이끌어 내기 위해 1989년 11월 20일 UN에서 '아동권리협약'을 제정하였다. 'UN 아동권리협약'은 지구촌 모든 아동의 권리를 지켜주기 위한 국제사회의 약속으로 아동의 권리 보호를 목적으로 만들어진 국제사회 최초의 협약이다.

우리나라는 1991년 11월 20일 UN 아동권리협약에 비준함으로 아동권리의 4대 원칙인 '무차별의 원칙, 아동 최선의 이익 원칙, 아동의 생존 · 보호 · 발달의 원칙, 아동참여의 원칙'을 준수해야 할 국제법상의 의무를 지게 되었다.

또한, UN 아동권리위원회에 2차 보고서(1998)를 제출하고 아동보호체계를 강화하라는 권고를 받았으며, 1996년 OECD 가입 시 '아동의 안전을 위한 조화롭고 체계화된 안전수단을 강구'하라는 권고를 받는 등 국제적 기준에 부합하는 아동보호체계를 확립의 필요성이 제기되었다.

50조항의 아동권리협약에서는 아동의 안전하게 살 권리와 안전교육을 받을 권리를 명시하고 있다. 구체적인 조항은 다음과 같다.

제6조
1항: 당사국은 모든 아동이 고유의 생명권을 가지고 있음을 인정
2항: 당사국은 가능한 최대한도로 아동의 생존과 발달을 조장

제24조
2항 (가): 유아와 아동의 사망률을 감소시키기 위한 조치
(마): 모든 사회구성원, 특히 부모와 아동은 사고 예방에 관한 기초지식을 활용에 있어서 정보를 제공받고 교육을 받으며 지원을 받을 것을 확보하는 조치

나. OECD 아동안전권고 조치안

OECD 소비자 정책위원회는 1983년 '아동을 위한 안전조치 권고문'을 채택하여, 회원들이 이를 이행하도록 촉구하였다. 우리나라에서도 1996년에 OECD에 가입하면서 이의 준수를 권고받았다. 아동안전권고문의 구체적인 내용은 다음과 같다.

- 제품 안전규정 및 기준
- 안전사고 정보 수집 및 연구
- 제품 표시, 홍보 및 안전교육 실시
- 국가적 그리고 국제적 수준에서 효율성 검토

다. WHO 아동과 청소년의 손상 예방과 안전을 위한 액션플랜

세계보건기구 WHO는 2000년 3월 손상 및 폭력 예방과 안전증진 업무를 전담하는 조직인 손상폭력예방부를 설치하여 도로교통사고, 화재, 추락, 익사 등 각종 안전사고와 폭력으로 인한 사고에 대한 프로그램을 개발하여 전 회원국에게 보급하고 있다.

특히, 2005년 3월 WHO와 국제아동연합기금 UNICEF는 아동과 청소년의 사고 예방을 위한 국제회의를 열어, 아동과 청소년의 안전사고 예방을 위한 실행계획을 수립하였고, 2006년에는 WHO의 손상 폭력예방부에서 아동과 청소년 사고 예방을 위한 10개년(2006~2015년) 계획과 액션플랜을 수립하였다(윤선화, 2004). 그중 중요한 액션플랜이 바로 아동과 청소년의 손상과 폭력 예방을 위한 효과적이고 강력한

프로그램을 개발하고 보급하는 것이다. 아동과 청소년의 사고 예방을 위한 우수한 프로그램과 사례에 대해서 국가적인 측면과 국제적인 측면에서 보급하고 알려서 사고 예방에 기여하는 것이다.

2 영유아 안전교육 교수학습방법

영유아에게 안전교육을 실시하기 위한 가장 효과적인 방법은 양육자가 직접 가르쳐 주는 것도 좋지만, 영유아의 발달상황과 환경에서의 다양한 경험이나 활동을 통하여 자연스럽게 안전을 유지하고 안전한 생활습관을 형성하도록 필요한 지식, 기술, 태도 등을 안내하는 것이 더욱 중요하다.

1) 영유아 안전교육과 연결된 통합교육

일반적으로 영유아교육은 표준보육과정 및 누리과정으로 운영되며, 통합으로 이루어지고 있다. 즉, 영유아의 발달뿐만 아니라 흥미, 환경구성, 주변 탐색, 교사와 영유아의 상호작용 속에서 통합적으로 실행된다. 김영옥(2008)은 통합교육과정을 어떤 기준에 의해 분리 · 독립되어 있는 교육과정 요소를 상호 관련짓고 통합함으로써 하나의 의미 있는 체계로 발전시키려는 시도라고 보았다. 그러므로 통합교육과정 운영은 결과적으로 교과내용과 영유아 경험 간의 밀접한 관계 속에서 연속성을 갖게 함으로써 전인발달에 긍정적인 영향을 미치는 것이다. 영유아 안전교육을 위해서는 가정의 일상생활에서부터 영유아 보육 · 교육기관의 학습활동, 사회생활에서의 대인관계에 이르기까지 다양한 활동을 포함하고 있다. 이에 자유선택활동을 중심으로 안전교육의 통합주제망 [그림 4-1]을 구성해 보고자 한다.

통합 안전

이야기 나누기
- 놀이수칙 정하기(놀이)
- 가정의 위험한 곳에 안전스티커 붙이기(가정)

언어
- 응급처치용어알기(응급처치)
- 교통안전 낱말카드 읽어보고 써보기(교통)
- 재난단어카드(재난)

수 · 조작
- 내가 좋아하는 프로그램 조사하기(미디어)
- 안전식품 분류하기(식품)

신체 / 음률
- 지진대피훈련(재난)
- 바른 먹거리 송(식품)
- 「따라가면 안 돼요」 동요 개사하여 부르기(대인)

과학
- 구명조끼를 입어 보고 물에 뜨는 것과 가라앉는 물건 구분하기(놀이)
- 바람의 세기 알기(재난)

역할
- 학대, 실종, 유괴 상황시 도움 요청방법을 극놀이로 표현하기(대인)
- 포장마차놀이(식품)

미술
- 교통 표시판 만들기(교통)
- 약품상자 만들기(약물오남용)

쌓기
- 비상계단 만들기(화재)
- 동물원 꾸미기(동식물)
- 약국 꾸미기(약물오남용)

요리
- 식용식물로 샐러드 만들기(동식물)
- 신호등 샌드위치(교통)

게임 / 견학
- 미디어 O, X 퀴즈(미디어)
- 소방서 견학하기(화재)
- 도로교통안전협회견학(교통)

[그림 4-1] 안전교육의 통합주제망

예를 들어, 동식물 안전에 대해 영유아에게 설명할 경우 〈표 4-3〉처럼 수업을 진행할 수 있다. 처음에는 동식물 안전의 개념과 목적 및 필요성에 대해 알아보고 대처방안을 실행해 보도록 한다. 그 후 사후활동에서 동식물 안전 포스터나 표어 제작해 보기, 동식물 안전으로 사행시 짓기, 동식물 안전에 대한 손유희, 동시, 동요 찾기, 동식물 안전교육을 위한 노래 개사하기를 해 볼 수 있다. 늘 동일한 수업 방식으로 이루어지기보다는 새로운 방법으로 영유아의 흥미를 이끌 수 있을 것이다. 이를 위해 교사는 동식물 안전 주제망을 만들어서 계획하거나 영유아의 흥미 정도에 맞춰 동식물 안전을 위한 동화주제망을 만들어 볼 수 있다. 이와 관련된 동식물 안전 교재교구를 제작하여 흥미 영역에 배치한다면 한 번의 안전교육으로 끝나는 것이 아니라 수시로 동식물 안전에 대해 이야기 나눌 수 있다. 또한, 교사는 동식물 안전에 대한 학습활동 계획서를 다양하게 계획하고 실행하며 평가하는 과정에서 영유아에게 동식물 안전에 대한 지식과 태도 및 가치를 길러줄 수 있을 것이다. 물론, 교사가 참고한 문헌도 따로 구분하여 제시한다면 영유아 교육현장에서 교사들 간의 협력과 공유가 이루어질 것이다. 이에 대한 구체적인 내용은 〈표 4-3〉처럼 구성한다.

〈표 4-3〉 영유아의 동식물 안전교육에 대한 통합적 접근방법

포트폴리오 목차	활동내용
동식물 안전교육	동식물 안전에 대한 개념, 목적, 필요성, 대처방안에 대해 안다.
포스터와 표어	동식물 안전을 위한 포스터 제작과 표어를 만들어 본다.
사행시 짓기	동식물 안전을 위한 사행시 짓기를 해 본다.
통합활동	동식물 안전과 관련하여 손유희, 동시, 동요를 찾아본다.
노래 개사하기	동식물 안전교육을 위하여 노래 개사를 해 본다.
주제망 구성	각 영역별로 통합적 주제망을 구성해 본다.
안전콜라주	동식물 관련 동화를 읽고 안전 돌봄 콜라주를 구성한다.
동화책 주제망	동식물 안전과 관련한 동화 중에서 한 개만 골라서 동화책으로 영역별 주제망을 구성한다.
교재교구 제작	동식물 안전을 위한 교재교구를 제작한다.
활동계획서	동식물 안전의 교재교구를 가지고 실제적인 교수학습 활동계획서를 구성한다.
참고문헌	동식물 안전에 대한 여러 분야(교재, 사이트, 동영상)의 내용을 구분해 놓는다.

그만한 게 다행이지 뭐~

이야기 나누기

1. 주변에서 쉽게 접할 수 있는 동식물에 대해 이야기하기
2. 동식물에 대한 위험성 이야기하기

미술

1. 동물가면 만들기
2. 동물발자국 찍어 보기
3. 나뭇잎 찍어 보기

요리

1. 붕어빵, 국화빵 만들기
2. 동물쿠키 만들기

신체 / 음률

1. 음악에 맞춰 율동하기
2. 동물모습 흉내 내기

언어

1. 낱말카드(동물, 식물)
2. 퀴즈를 통해 주주가 위험을 당했던 일들을 알아보기

역할

1. 독성식물을 접한 후 대처행동 해 보기
2. 주인공이 되어 보고 위험한 상황에 행동 따라하기

견학 / 게임

1. 동물원과 식물원 견학하기
2. 행동과 일치하는 동물 맞추기 게임
3. 미로 찾기 게임

쌓기

1. 동물 집 만들기
2. 식물 기르는 화분 만들기

과학

1. 그림자 찾기
2. 해로운 동물, 이로운 동물 알아보기
3. 나뭇잎 생김새 탐색하기

수 · 조작

1. 동물과 먹이를 연결시키기
2. 크기순으로 피라미드 만들기
3. 동식물 그림과 씨앗 분류하기

[그림 4-2] 동식물 안전 동화주제망

[그림 4-3] 동식물 안전 관련 동요 찾기 및 개사하기

[그림 4-4] 동식물 안전 관련 동시

〈표 4-4〉 동화로 알아보는 안전 돌봄의 콜라주

<table>
<tr><td>제목</td><td>아기돼지 삼 형제 (만 3세)</td><td>내용</td><td colspan="2">동식물 안전 / 대인 안전</td></tr>
<tr><td colspan="2">책 제목</td><td>지은이</td><td>출판사</td><td>출판년도</td></tr>
<tr><td colspan="2">아기돼지 삼 형제</td><td>제이콥스</td><td>베틀북</td><td>2005년</td></tr>
<tr><td>작품</td><td colspan="4"></td></tr>
<tr><td>내용</td><td colspan="4">〈작품 설명〉
이 작품은 아기돼지 삼 형제의 이야기이다.
주재료는 아이클레이로 아기돼지 삼 형제와 늑대를 만들었으며, 첫째 돼지의 집은 노끈을 이용해 지푸라기 집을 만들었고, 둘째 돼지 집은 나무를 사용해 나무집, 셋째 돼지는 찰흙과 돌을 사용해 벽돌집을 만들었다.
숲속과 꽃들은 실제감을 줄 수 있게 조화를 사용하였고, 찰흙으로 땅을 표현하였다.

〈돌봄 설명〉
우리 주변에는 우리를 위협하는 위험한 것들이 도사리고 있다. 아기돼지 삼 형제는 자신을 지키기 위해 집을 지었는데, 첫째 돼지는 게으름을 피우면서 안전에 유의하지 않고 하늘하늘한 짚으로 집을 만들었다. 금방이라도 쓰러질 것 같은 짚으로 만들어 늑대가 찾아와도 안전하지 못했다. 둘째 돼지는 나무로 집을 지었지만, 역시 튼튼하지 못하여 늑대에게 위협을 받았다. 셋째 돼지는 부지런히 벽돌을 차곡차곡 쌓아가며 늑대가 찾아올 것을 대비하고 자신의 안전을 위해 튼튼한 벽돌집을 지었다. 그래서 늑대에게서 안전할 수 있었다.
이렇게 첫째 돼지와 둘째 돼지처럼 안전에 유의하지 않는다면 우리는 위험 요소로부터 위협을 받을 것이다.</td></tr>
</table>

〈표 4-5〉 동식물 안전 교재교구 계획안

<table>
<tr><th colspan="2">활동명</th><td>우리 주변의 동식물 알아보기</td><th>연령</th><td>만 3세</td></tr>
<tr><th colspan="2">주제</th><td>동식물 안전</td><th>영역</th><td>과학</td></tr>
<tr><th colspan="2">활동목표</th><td colspan="3">• 육지동물, 해양동물, 곤충과 식물에 대해 알아본다.
• 이로운 동식물과 해로운 동식물에 대해 알아본다.</td></tr>
<tr><th colspan="2">준비물</th><td colspan="3">판넬 3개, 여러 가지 색의 펠트지, 벨크로지, 글루건, 가위, 실, 육지동물, 바닷물고기, 곤충과 식물에 대한 환경판 도안</td></tr>
<tr><th colspan="2">제작방법</th><td colspan="3">① 각각의 판넬판 전체에 벨크로지를 붙여 감싼다.
② 벨크로지를 붙인 판넬판에 하나는 육지동물 환경을, 하나는 바닷속 환경을 또 하나는 곤충과 식물의 환경판을 구성한다.
③ 각 종류의 동물과 식물과 곤충과 물고기를 각 종류별로 펠트지를 사용하여 만든다.
④ 먼저 만들어 놓은 환경판에 동식물을 구분하여 완성한다.</td></tr>
<tr><th colspan="2">사진</th><td colspan="3"></td></tr>
<tr><th rowspan="3">활동 방법</th><th>도입</th><td colspan="3">(손 유희로 주위 집중) '작은 동물원'으로 주의집중을 한다.
① 육지 동물에 대해서, 해양 동물에 대해서, 곤충과 식물에 대해서 알아본다. – PPT
② 우리 주변에서 이로운 동식물과 해로운 동식물에 대해 알아본다.</td></tr>
<tr><th>전개</th><td colspan="3">① 육지의 여러 종류의 동물 중에 이로운 동물과 해로운 동물을 구별해 본다.
② 바다의 여러 종류의 해양 동물 중에 이로운 물고기와 해로운 물고기를 구별해 본다.
③ 여러 종류의 곤충과 식물 중에 이로운 곤충과 식물, 해로운 곤충과 식물을 구별해 본다.</td></tr>
<tr><th>결말</th><td colspan="3">우리 주변에 이로운 식물과 귀여운 동물도 많지만, 위험한 동식물도 많다는 것을 알 수 있었다.
• 유의점: 모양은 예쁘지만, 독을 가진 동식물이 많음을 영유아에게 인지시키고 항상 조심하도록 돕는다.</td></tr>
</table>

〈표 4-6〉 동식물 안전 교수학습 활동계획안

<table>
<tr><td>활동명</td><td colspan="3">동식물과 함께 지내기 약속</td></tr>
<tr><td>활동목표</td><td colspan="3">• 동식물과 함께 지내기 위해 필요한 약속을 지킨다.
• 동식물과 함께 지내기 위해 필요한 약속을 말하고 읽어본다.</td></tr>
<tr><td>대상연령</td><td>만 5세</td><td>준비물</td><td>종이, 연필, 크레파스</td></tr>
<tr><td colspan="3">활동방법</td><td>비고</td></tr>
<tr><td colspan="3">1. 동물들과 함께 지냈던 이야기를 나누어 본다.
– 동물들과 함께 지내보았던 경험이 있니?

2. 동물과 함께 지내면서 지켜야 할 약속을 알아본다.
– 동물과 함께 생활하려면 지켜야 할 약속이 있을까?
– 동물이 싫어하는 우리의 행동은 무엇일까?
– 동물과 함께 지내기 위해 필요한 약속은 무엇이 있는지 알아볼까?

3. 식물과 함께 지냈던 이야기를 나누어 본다.
– 식물과 함께 생활한 경험이 있니?
언제, 어떤 식물과 함께 지냈었니?
– 함께 생활했던 식물의 이름이 무엇이니?

4. 식물과 함께 생활하면서 우리가 지켜야 할 약속을 알아본다.
– 식물들의 어떤 점을 조심해서 함께 지내야 할까?
– 또 식물과 함께 지내면서 소심해야 할 약속은 없을까?
– 안전하게 식물과 지내려면 어떤 약속을 지켜야 할지 알아볼까?

5. 동식물과 함께 지내기 약속 활동을 한다.
– 동식물의 그림과 글자를 읽어 볼 수 있을까?
– 동식물과 안전하게 지내기 위해 지켜야 할 약속이 있니?
– 어떤 약속이 있는지 우리가 한번 규칙판(약속)을 만들어 볼까?

6. 동식물과 함께 생활하기 위한 규칙을 읽어보고 자신의 의견을 나눈다.
– 동식물과 안전하게 생활하기 위한 우리들의 약속에는 어떤 것이 있는지 이야기해 보겠니?
– 동식물과 안전하게 지내기 위한 약속이 있었니?
– 알아본 여러 가지 약속 중에 지키기 어려울 것 같은 약속은 무엇일 것 같니?</td><td></td></tr>
<tr><td>참고사항</td><td colspan="3">• 동식물을 길러 보지 않은 유아는 활동하기 어려울 수 있으므로 유치원(어린이집)이나 교실에서 동식물을 키워 보고 본 활동을 하면 좋다.</td></tr>
<tr><td>관련
확장활동</td><td colspan="3">• 동식물에게 내가 지킨 약속을 적어 보는 언어활동을 해 본다.
• 모둠별로 유치원(어린이집)에서 찾은 동식물과 함께 지내는 약속을 찾아보는 토의를 해 본다.</td></tr>
</table>

2) 영유아 안전교육 교재교구 선정 및 제작

영유아를 위한 안전교육 교재교구는 대체로 상황에 따른 영유아의 오감각을 활용한 탐색과 놀이 중심으로 이루어진다. 이 시기에는 대체로 부모와 교사가 구체적인 경험을 통한 개별화, 대 · 소집단의 상호작용을 통하여 감각운동능력, 일상생활에서의 위험의 인식, 언어활동을 통한 안전의 준비자세가 중요하다. 영유아 안전교육 교재교구를 선정 · 제작하는 경우에는 다음과 같은 점을 고려하는 것이 중요하다.

첫째, 영유아의 발달 수준을 고려했는가?

영유아의 발달 수준에 비해 너무 쉽거나 어려우면 안전에 대한 깊이나 안전기술에 대한 이해가 부족하기 쉽다.

둘째, 영유아의 교육목표와 내용선정이 적합한 것인가?

안전교육 교재교구 외형의 아름다움은 일시적인 충동을 일으키지만, 흥미는 지속할 수 없음을 알고, 교육목표와 내용선정에 주의를 기울여야 한다.

셋째, 영유아에게 다양하고 창의적인 놀이로 유도할 수 있을까?

정해진 틀과 정답만을 요구하는 교재교구보다 상황에 맞는 창의적인 문제해결력을 돕는 개방적이면서도 융통성이 있는 교재교구인지 파악한다.

넷째, 영유아에게 안전하고 위생적인가?

영유아 안전에서 가장 중요한 것이 바로 교재교구이다. 학습활동에서 교재교구의 비율이 아주 크기 때문이다. 재질과 제품의 안전성을 꼭 파악하여 독성 여부, 청결 여부, 관리감독이 중요하다.

다섯째, 영유아의 흥미를 유도하는가?

단순하고 재미없는 교재교구는 영유아를 지루하게 만들고, 반복적인 놀이를 방해한다. 진정한 영유아 중심, 흥미 중심, 주제 중심의 안전교육이 요구된다.

여섯째, 영유아가 사용하기에 적절한 크기이며 보관이 쉬운가?

영유아의 눈과 손의 협응력, 근육의 조절능력, 상호작용에 맞는 교재교구여야 하고, 아주 작은 교구의 경우 영유아의 안전을 고려하여 배치하는 것이 중요하다.

일곱째, 영유아 교재교구 비용이 적절한가?

교재교구로 선택할 때는 학습의 효율성과 능률(교사의 준비와 노력, 제작 시간과 비용, 물품의 안전성)이 영유아에게 얼마나 효과가 있을지 생각해야 한다.

여덟째, 영유아 교재교구가 견고한가?

영유아의 교재교구는 많은 시간 반복해서 사용되므로 사용 도중에 훼손되거나 파괴되는 경우가 있어 특히 안전이 요구된다. 이에 좋은 재료로 제작된 것을 구입하며, 지속적인 안전한 관리가 필요하다.

3) 영유아 안전교육의 지도방법

영아를 위한 안전교육 교재교구 지도는 가능한 개별적인 방법으로 시도하고, 유아의 경우에는 하루 일과 중 대 · 소집단 활동을 통하여 교재교구에 대한 오리엔테이션 진행 후 각자 실내 자유선택활동을 통하여 이루어지도록 한다. 또한, 실내활동이나 견학 활동이 있을 경우에는 사전교육을 통한 안내와 현장에서의 직접적인 안내가 가장 중요하다.

(1) 매체를 활용한 안전교육

영유아는 단순한 이야기 나누기 활동보다는 매체를 활용한 교사의 직접적인 설명과 시범을 통해 위험한 상황에서의 영유아 행동을 이끌어 내는 것이 중요하다.

[그림 4-5] 위험 상황에서의 영유아 행동교육

[그림 4-6] 교사의 안전교육 - 이야기 나누기

(2) 모델링을 활용한 안전교육

[그림 4-7] 횡단보도 건너기

일상의 안전한 생활습관은 영유아가 생활과 교육환경에서 자연스럽게 습득하는 것이 좋다. 이를 위해 부모나 교사는 지속적이고 반복적으로 안전에 대해 설명하여 자연스럽게 생활습관으로 형성할 수 있도록 도와야 한다.

(3) 역할놀이를 활용한 안전교육

영유아가 관심 있는 주제를 중심으로 가상놀이를 함으로써 적절한 상황에서 하는 말과 행동을 경험해 볼 수 있다. 그러므로 영유아기에는 다양한 역할놀이를 통해 실생활에서 직접 경험하기 어려운 일들을 간접적으로 체험할 수 있도록 하여 관심을 가지도록 한다. 예를 들어, 소방관 아저씨 역할놀이를 통하여 불이 났을 때 영유아가 해야 하는 행동, 대피 방법 등을 생각해 보고 실연해 보는 활동을 할 수 있다.

[그림 4-8] 소방관 역할놀이

[그림 4-9] 안전한 요리활동

(4) 상황중심 안전교육

상황중심 안전교육이란, 여러 가지 실제상황을 안전교육에 활용하는 교육이다. 예를 들어, 친구가 갑자기 아플 때, 긴급한 상황에 알아 두어야 하는 전화번호들, 교육기관에서 투약을 받을 때, 소방훈련 등 영유아가 알아야 하는 것들을 이야기 나누기와 토의 활동을 통하여 이끌어 낼 수 있다. 또한, 견학이나 실외 놀이에서 자연스럽게 이루어지는 안전교육도 해당한다. 이러한 방법은 영유아가 실생활에서 직접 경험하면서 이루어진다는 점에서 영유아의 동기를 유발할 수 있다.

[그림 4-10] 소방대피훈련

(5) 부모를 통한 안전교육

가정통신문이나 안전 관련 안내문 혹은 부모교육을 통해 이루어지는 안전교육은 영유아 보육 · 교육기관이 가정과 연계하는 장점이 있다. 기본생활습관은 반복적이고 지속적으로 이루어져야 형성된다는 점에서 가정과의 연계가 꼭 이루어져야 한다. 따라서 부모와 함께 안전에 관한 정보를 살펴보면서 안전교육을 지속해야 한다.

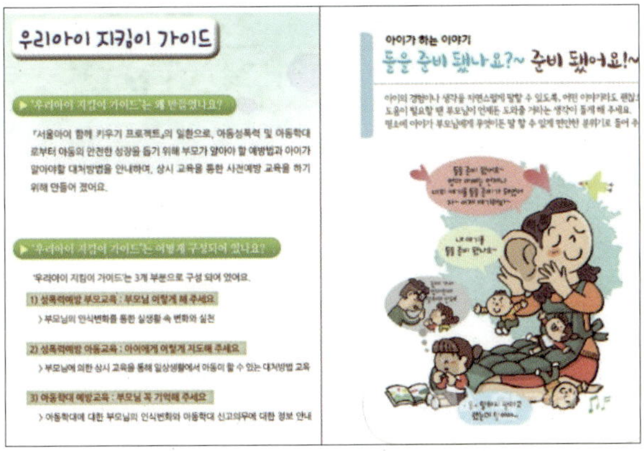

[그림 4-11] 가정통신문을 통한 안전교육

[그림 4-12] 부모안전교육

3 영유아 안전교육의 평가방법

안전교육활동의 평가는 어린이집 일과 속에서 이루어지도록 하며, 영유아의 생활습관 형성 및 태도 변화 정도를 알기 위해 다양한 평가방법으로 영유아를 평가해야 한다. 교직원은 영유아의 하루 일과를 관찰하면서 놀이공간 배치, 놀잇감의 위험 여부, 실내 · 외 교육실의 안전체크리스트, 놀이터 안전수칙과 점검, 투약의뢰서와 보고서, 놀잇감과 이불 소독 여부, 놀이과정에서의 문제 상황을 경험 여부 등을 구체적으로 기록할 수 있다.

(어린이집 보관용)

투약의뢰서

★ 금일 우리 아이의 투약을 선생님께 의뢰합니다.

○ 반 명:
○ 이름:
○ 보관방법:(냉장/실온)
○ 증상:
○ 투약용량:
○ 투약시간:

년 월 일 요일

의뢰자 (인)

(투약으로 인한 책임은 의뢰자가 집니다.)

(어린이집 보관용)

투약보고서

★ 영유아의 투약을 보호자의 의뢰에 따라 아래와 같이 투약하였음을 알려드립니다.

반		이름	
시간		용량	
특이사항			

년 월 일 요일

투약담당교사 (인)

(투약으로 인한 책임은 의뢰자가 집니다.)

영유아의 안전을 최우선으로 하는 썬 어 린 이 집

(보호자용)

투약보고서

★ 영유아의 투약을 보호자의 의뢰에 따라 아래와 같이 투약하였음을 알려드립니다.

반		이름	
시간		용량	
특이사항			

년 월 일 요일

투약담당교사 (인)

(투약으로 인한 책임은 의뢰자가 집니다.)

영유아의 안전을 최우선으로 하는 썬 어 린 이 집

[그림 4-13] 투약의뢰서와 투약보고서

안전돋보기

〈투약의뢰서와 투약보고서에 대한 이모저모〉

투약의뢰서는 영유아 보육 · 교육기관에서 영유아에게 약을 먹여야 할 때, 가정에서 부모가 작성한 내용을 토대로 투여량과 투여시간을 정확하게 알고, 실천하는 전달사항이라고 봅니다. 투약보고서는 투약의뢰서에 근거하여 영유아에게 정확한 투여량과 투여시간을 지켜서 실행한 내용을 투약보고서 두 장을 준비하여 메모 후, 가정통신용과 영유아 보육 · 교육기관 보관용으로 준비합니다. 만약에 투약의뢰서의 내용과 다르게 약을 먹일 경우에는 모든 책임을 영유아 보육 · 교육기관과 해당 교사에게 부여하게 됩니다. (예를 들어, 낮잠을 자는 아동, 아무것도 먹지 않은 아동)

이런 내용에 대하여 해마다 학기 초, 오리엔테이션을 할 때 투약의뢰서와 투약보고서를 매우 강조하여 사전교육이 잘 되어서 영유아의 건강과 안전을 지켰으면 합니다. 약을 부모로부터 수령했을 때, 약의 보관방법을 확인하시고, 실온과 냉장보관을 지키고, 약은 영유아의 손이 닿지 않는 곳에 보관해야 합니다.

〈투약의뢰서에 대한 궁금증〉

1. 투약의뢰서는 무엇인가요?
투약의뢰서는 영유아 보육 · 교육기관에서 아동에게 약을 먹여야 할 때, 교사가 준수해야 할 투여량 및 투여시간이 적힌 것으로 가정에서 부모가 작성한 것을 말합니다.

2. 꼭 투약의뢰서에 따라서 약을 먹여야 하나요?
반드시 투약의뢰서에 근거해야 합니다. 가끔 아동이 아프지 않아도 이전에 먹던 약을 그대로 아동 가방에 넣어 주는 부모님이 있을 수 있습니다. 따라서 약을 먹어야 하는 양이나 시간은 투약의뢰서에 적힌 대로 해야 합니다. 투약의뢰서에 근거하지 않고 약을 먹인 경우, 만약 문제가 발생한다면 그 책임소지가 문제가 됩니다.

3. 교사는 투약 후 어떻게 해야 하나요?
교사는 약을 투약한 후, 투약시간과 투약량을 메모하여 가정으로 보냅니다. 간혹 투약시간을 지키지 못한 경우가 의도치 않게 생길 수(예를 들어, 약을 먹을 시간에 낮잠을 자는 아동) 있습니다. 이럴 때는 부모님께 안내를 드리는 것이 현명합니다.

4. 투약의뢰서 작성에 대해 번거롭게 생각하는 부모에게는 어떻게 해야 하나요?
부모가 투약의뢰서를 작성하는 것은 의무입니다. 그러므로 부모가 의무를 지키지 않고 교사에게 책임을 물을 수 없습니다. 학기 초, 오리엔테이션을 할 때, 부모들에게 투약의뢰서에 대해서 해마다 강조하여 말씀드릴 필요가 있습니다.

5. 약을 투약할 때 주의할 점이 있나요?
우선 약이 있으면 투약의뢰서를 꼭 확인하세요. 그리고 약 중에는 냉장보관을 요구하는 것이 있으니, 꼭 냉장보관할 수 있도록 하세요. 그리고 약을 투여하고 가정으로 보내기까지 약은 아동의 손이 닿지 않는 곳에 보관하세요.

출처: 보육교사와 ○○컨설턴트 상담 내용, 2015

4. 영유아 안전교육에서의 교사의 역할

영유아의 발달 시기와 활동 범위에 따라 교사의 역할은 많은 것이 요구된다. 질병 예방을 위한 손 씻기, 적정한 실내 온도 유지, 부모의 요구, 실외 환경 안전 모니터하기, 안전습관을 위한 교직원 및 부모와 영유아 교육하기, 교육시간 동안의 영유아 관찰하기부터 영유아 보육 · 교육기관과 양육자의 안전생활이 시작된다.

교직원은 영유아 보육 · 교육기관에서 각 영유아의 의학적 자료와 상세한 발달적 건강이력을 얻어야 한다. 그래서 영유아 상태에 관한 정보를 통하여 안전문제에 더 민감하게 반응할 필요가 있다. 전체적인 영유아의 정보를 가지고 있지 않아서 일어나는 일을 가정해 볼 때, 육안으로 매우 건강해 보이는 영유아는 특별한 건강요구를 가지고 있지 않다고 생각하기 쉽다. 그러나 벌침 알레르기가 있다는 것을 몰랐다면 영유아가 벌에 쏘였을 때 쇼크를 받거나 생명을 위협당하는 응급사태에 직면하게 될 것이다. 혹은 영유아가 초기에 장기간 입원해 있었다는 사실을 아는 것은 영유아의 분리불안이나 교직원과 접촉했을 때 반항심을 이해하는 데 도움이 될 수도 있다.

영유아 보육 · 교육기관의 교직원은 응급조치, 인공호흡, 질식에 대한 응급조치 방법과 일반적인 영유아 질병을 이해할 수 있어야 한다. 또한, 개별 영유아의 건강 정보를 얻는 것은 물론 영유아를 돌봄에 있어 특정한 요구를 다루는 방법을 배워야 한다. 예를 들어, 영유아 보육 · 교육기관에 천식을 가진 영유아가 있다면 담당의사와 현재 사용하는 약을 검토하고, 천식 제동기와 고통의 신호에 대한 참고자료 등을 인지하고 있어야 한다. 또한, 아플 때는 어떤 것이 영유아에게 최선의 방법인지를 부모에게 묻고, 적절한 정보를 줄 수 있는 영유아의 건강 제공자에게 조언을 구해야 하며, 영유아가 고통스러워 할 때 무엇을 해 줘야 하는지도 알아 두어야 한다. 이렇게 적절한 정보와 응급처치방법을 통해 교사와 영유아는 자신 있게 그 상황을 처리해 나갈 수 있을 것이다.

각 교직원은 매일의 생활에 기초하여 영유아의 안전요구를 언급할 때 민감하게 의식적·체계적으로 관리해야 한다. 대부분의 교사는 아침에 영유아와 인사하며 외형적인 부분에 반응하지만, 영유아의 전체를 살피고 특별히 눈에 띄는 변화가 있는지 매일 관찰하면서 개별적으로 영유아에 대해 알게 된다. 즉, 전형적인 피부색, 표정, 목소리, 외모, 분위기, 기질, 고통과 아픔에 대한 반응, 활동수준, 행동패턴 등은 건강을 포함한 안전의 중요한 단서가 된다.

교사는 늘 영유아를 주의 깊게 관찰해야 하는 것이 안전한 생활의 첫 단계이고, 하루의 일과가 안전해야 즐거운 성장을 이룰 수 있다. 다음의 〈표 4-7〉은 감염병 및 약물오남용 예방 등 보건위생관리교육에 대한 실시결과 보고서의 한 예이다.

〈표 4-7〉 안전교육 실시결과 보고서

<table>
<tr><td>주제</td><td colspan="3">감염병 및 약물오남용 예방 등
보건위생관리교육</td><td>주최</td><td>단비어린이집</td></tr>
<tr><td rowspan="3">교육담당</td><td colspan="2">담당교사</td><td>권소라</td><td>일시</td><td>2019. 9. 23. ~ 2019. 9. 28.</td></tr>
<tr><td rowspan="2">소속</td><td>☐ 자체</td><td>단비어린이집</td><td rowspan="2">참여
인원</td><td rowspan="2">유아: 45명 / 교사: 4명
(총 49명)</td></tr>
<tr><td>☐ 위탁</td><td></td></tr>
<tr><td>교수자료</td><td colspan="5">그림 자료, 멀티 자료, 구급상자</td></tr>
<tr><td>내용</td><td colspan="5">각 반 보육실에 생활안전과 관련한 각종 자료를 활동영역에 비치하고 교사가 유아들과 함께 약물오남용에 대하여 이야기 나누기를 시도한다.

[활동 1: 약의 종류에 대해 알아요.]
1) 약의 모습에 대한 유아의 경험에 대해 이야기 나누어 본다.
2) 여러 가지 약의 종류에 대해 알아본다.

[활동 2: 필요한 약은 달라요.]
1) 여러 가지 약이 필요한 경우에 대해 이야기 나눈다.
2) 약을 잘못 사용했을 때의 부작용에 대해 알아본다.
3) 반드시 어른이 주는 약만 사용해야 함을 안다.

[활동 3: 만지면 안 돼요. 먹으면 안 돼요.]
1) 가정용 화학제품을 만지면 일어날 수 있는 위험한 상황에 대해 알아본다.
2) 화장품과 같은 화학약품이 우리 몸에 들어가면 일어날 수 있는 위험한 상황에 대해 알아본다.
3) 집 안에서 사용하는 제품을 만질 때 주의해야 할 점에 대해 알아보고, 어른들에게 꼭 물어보고 만져야 함에 대해 알아본다(www.kidkids.net).</td></tr>
<tr><td>평가</td><td colspan="5">유아와 약물오남용에 대해서 알아보고 이야기 나누며 활동하였다. “나는 딸기 맛 약을 좋아해요.”라며 약을 과자처럼 생각하는 유아가 있어 투약 시 주의점에 대해 이야기 나누며, 부모와 교사가 주는 약만 먹도록 안내하였다. 유아가 평상시에도 약을 조심하고 함부로 먹거나 만지지 않도록 놀이를 통해 계속적인 활동을 이어나가야겠다.</td></tr>
<tr><td>교육사진
첨부</td><td colspan="5">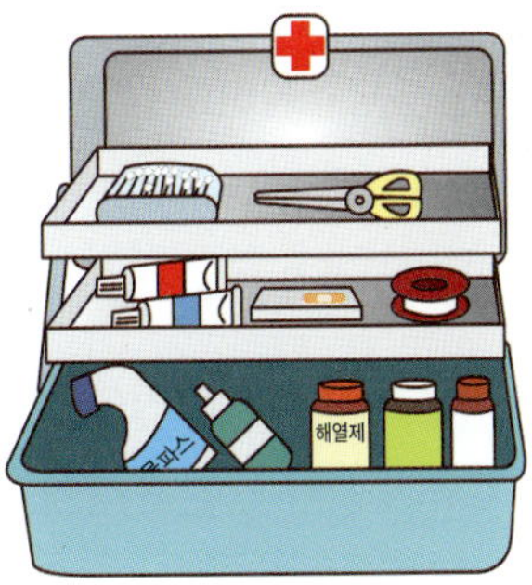 </td></tr>
</table>

5 영유아 보육 · 교육기관에서의 안전사고 대처

1) 어린이집 안전공제회

어린이집 안전공제회는 2009년 11월 「영유아보육법」 제31조 2에 의해 어린이집의 안전사고를 예방하고 어린이집 안전사고로 인해 생명, 신체 또는 재산상의 피해를 입은 영유아 및 보육교직원 등에서 발생하는 사고에 대해 신속하고 적정하게 보상하며, 체계적인 예방사업 추진을 위해 설립되었다. 2012년 이후 전국 모든 어린이집이 안전공제회에 가입, 공제상품 및 사고 예방 프로그램에 대한 서비스를 받고 있다. 어린이집에서 안전사고 발생 시에는 어린이집 안전공제회에 사고를 보고하고 공제급여를 청구하면 보상을 받을 수 있다. 또 보육교직원 인식 제고를 위해 육아종합지원센터와 어린이집 안전공제회가 주관하여 보육교직원 안전교육을 실시하고 있다.

2) 보험 가입의 의무화

(1) 영유아 생명, 신체 피해보상 관련 공제 가입

모든 어린이집은 입소 아동 전원에 대하여 의무적으로 보험에 가입한다. 단, 보호자가 이미 가입한 경우에는 중복 가입할 필요가 없으므로 그러한 영유아의 경우에는 보험 가입을 입증할 수 있는 서류(보험증서 사본)를 첨부하여 비치해 둔다.

모든 어린이집에서는 보육통합정보시스템을 통해 어린이집 안전공제회(이하 '공제회'라 함) 회원 및 공제회 '영유아 생명 · 신체 피해' 공제에 가입하고, 영유아 등 입소 아동의 생명 · 신체 피해보상을 위한 공제료를 납부하여야 한다. 공제료는 어린이집이 부담한다. 또한, 집단급식소로 신고 · 운영하는 어린이집이나 어린이놀이시설 관리주체인 어린이집은 해당 법률(「액화석유가스의 안전관리 및 사업법」 제33조

등과 「어린이놀이시설 안전관리법」 제21조 등)에 따라 공제회의 해당 공제('가스 사고 배상책임' 공제, '놀이시설 배상책임' 공제)의 가입을 의무화한다.

(2) 화재보험 가입

모든 어린이집은 의무적으로 가입하되, 공제회의 '화재공제' 가입이 가능하다. 보험(공제)료는 어린이집 부담이 원칙이며, 내용으로는 화재로 인한 손해배상책임의 이행 대비, 공동주택 내 가정어린이집의 경우 공동주택 화재보험 가입으로 가능하나, 교재교구 등 집기를 위한 화재보험(공제)은 추가 가입이 가능하다.

공제회의 화재 공제에 가입하면 「사회복지사업법」 제34조의 3에 따라 화재보험에 가입해야 하는 의무를 이행한 것으로 간주한다.

(3) 자동차 가입

가입대상은 차량을 운행하는 모든 어린이집으로 차량 운행으로 인한 손해배상책임의 이행 대비하며, 보험료는 어린이집 부담 원칙이다. 자가용 자동차는 유상운송허가(25인승 이상 차량)와 유상운송 특별약관 가입 시만 유아가 보험혜택이 가능하므로 소형 차량의 경우 보상받을 수 있는 보험에 가입한다.

(4) 기타 보육교직원 관련 보험

어린이집의 대표자는 보육교직원을 위하여 「국민연금법」에 따른 국민연금, 「국민건강보험법」에 따른 건강보험, 「고용보험법」에 따른 고용보험 및 「산업재해보상보험법」에 따른 산재보험에 가입하여야 한다.

가입할 보험기관으로는 학교안전관리공제회, 학교재해복구공제회 등이 있다.

Chapter 05

영유아 보육·교육기관에서의 실내·외 안전관리

본 장에서는 영유아 보육 · 교육기관에서의 안전관리의 개념을 이해하고,
영유아 보육 · 교육기관에서 발생할 수 있는 안전사고의 유형을 살펴보며
실내 · 외 시설에서의 안전사고 유형 및 안전관리 방법을 알아보고자 한다.

<교사가 알아야 할 알쏭달쏭 퀴즈 1>

1. 가정에서 보내온 영유아의 약은 ○○○에 보관한다.
2. 황사가 심한 날에는 ○○○○ 대신 대체활동을 권한다.
3. 유아 보육 · 교육기관의 등하원 차량운행에서는 ○○○○을 꼭 준수한다.
4. 영유아 등원 시에 가져오게 되는 ○○○○이나 장난감은 따로 보관한다.
5. 투약의뢰서와 함께 가져온 약을 복용 후에는 꼭 ○○○○○를 작성하여 보낸다.
6. 땅콩이나 작은 이물질에 의해서 기도 폐쇄가 일어날 때는 ○○○○○이 좋다.

〈정답〉

① 투약함(냉장고) ②실외놀이 ③ 차량수칙 ④ 불량식품 ⑤ 투약보고서 ⑥ 하임리히법

「영유아보육법」 제3조 보육이념에서는 "영유아의 이익을 최우선으로 고려하고 안전하고 쾌적한 환경에서 건강하게 성장해야 한다."라고 명시하고 있다. 영유아 보육·교육기관은 영유아가 가정 외에 가장 오랜 시간을 머무르는 곳으로 건강하게 성장 발달하는 데 적합한 환경이 되기 위해서 무엇보다도 영유아의 안전이 최우선 되어야 한다.

1 영유아 보육·교육기관에서의 안전관리의 개념 및 필요성

영유아의 발달 특성상 사물이나 상황을 탐색하려는 욕구나 호기심이 많고 활동적이지만 사물을 보고 판단하는 것은 자기중심적이어서 안전사고에 매우 취약하다. 영유아의 안전을 위협하는 위험 요소는 기관의 일과 곳곳에 잠재되어 있어 안전사고 발생 가능성이 항상 존재한다. 그러므로 보육교직원은 영유아를 철저히 보호·지도하고 관리해야 하며, 실내·외 제반시설 및 환경을 미리 점검하여 사고 원인을 제거하고 지속적으로 관리하여 안전한 환경을 마련해 주어야 한다. 영유아에게 신체적 안전은 물론, 건강에 위협을 주지 않는 안전한 환경을 제공하는 것이 최우선이다.

2 영유아 보육·교육기관에서의 안전관리 유형 및 실태

어린이집 안전공제회가 집계한 전국 어린이집 안전사고 현황을 살펴보면 안전사고 건수가 거의 해마다 늘고 있으며, 하루 평균 20건에 달하는 크고 작은 안전사고가 발생하는 것으로 나타났다. 어린이집 안전공제회로 2018년도에 보고된 어린이집

사고 통계를 보면 사고 유형별로는 넘어짐(30.8%), 물체에 부딪힘(25.1%), 사람과 부딪힘(6.9%) 순으로 나타났고 할퀴, 긁힘, 물림, 당김, 떨어짐이 뒤를 이었다. 넘어짐 사고의 경우 보행능력이 잘 발달되지 않은 만 1~3세에 높게 나타났으며, 화상, 꼬집음, 할퀴, 끼임은 영아에게 더 높게 나타났고, 유아의 경우 사람과의 부딪힘이 많이 나타났다.

영유아 사고 발생 비율을 살펴보면, 유아(53.7%)가 영아(38%)보다 사고 발생 비율이 높은 것으로 나타났다. 영아가 유아보다 사고 빈도가 적게 나타나기는 했으나 사고의 정도는 영아가 유아보다 더 크게 나타나는 경향을 보인다. 남아의 사고가 전체의 61.2%로 여아보다 발생 비율이 높게 나타나고 있다.

상해 유형에 대한 통계를 살펴보면 찢어짐 및 찰과상, 타박상 사고가 60% 이상 차지하며, 치아 손상, 골절, 탈구, 화상 등이 그 뒤를 이었다. 이외에도 벌에 쏘이거나 목에 가시가 걸리는 사고, 자석 및 장난감 등의 이물질을 삼키는 사고 등이 있었다. 특히, 상해 유형 중 사고 발생 이후의 예후가 좋지 않은 화상 사고의 경우 급식, 샤워기, 정수기, 텀블러 등의 관리 부주의로 인해 주로 발생하는데 화상 사고 발생 빈도는 다른 사고에 비해 상대적으로 낮으나 사고의 심도는 다른 유형에 비해 크다. 따라서 영유아 보육 · 교육기관에서 보육 중에 필요한 급 · 간식 조리기구, 정수기, 글루건, 스팀청소기 등 화상 사고를 유발하는 교구 및 기구에 대한 철저한 관리가 필요하다(영유아보육학회, 2019).

3 실내 환경구성 및 안전관리

영유아 보육 · 교육기관에서 사용되는 모든 시설, 설비는 영유아의 신체 지수와 발달적 요구, 능력 등을 고려하여 안전하고 편리하게 사용할 수 있도록 설치 · 관리되어야 한다.

1) 현관

[그림 5-1] 반투명 현관문

현관은 외부인의 출입을 제한하기 위해 잠금장치와 인터폰을 설치하고 방범 카메라와 적외선 센서 등을 필요에 따라 설치해야 하며, 방문자의 신원을 확인한 후 내방할 수 있다는 안내문을 현관문 등에 게시하여 출입을 통제해야 한다.

현관문은 2/3 이상이 투명하거나 투시가 가능하도록 하여 안전사고 시 알아차릴 수 있고 출입 확인이 가능해야 하며, 자동문이나 미닫이문은 화재 시 작동하지 않을 수 있으므로 피하는 것이 좋다. 현관문을 자동문으로 설치할 경우 누름장치를 유아의 키보다 높게 설치해야 한다.

2) 보육실

보육실은 교육활동이 이루어지는 주된 공간으로 영유아가 머무르는 시간이 많은 만큼 안전사고 위험이 크다. 어린이집 물리적 환경 개선으로 안전하고 쾌적한 보육환경을 조성하기 위해 보육실 면적 기준(현재 평균 2.64m)을 영유아 발달상황을 고려하여 2022년까지 재설정할 예정이다(한국영유아보육학회, 2019).

보육실 바닥은 표면이 미끄럽지 않은 바닥 재료를 사용해야 하며, 바닥에 카펫을 깔았을 경우 매일 진공청소기 등으로 먼지를 제거해야 한다. 시설의 벽과 천장 마감은 불연 재료로 설치해야 하며, 카펫과 커튼도 방염처리가 되어야 한다. 또한, 교실은 화재 시 대피가 용이하도록 1층에 배치되는 것이 바람직하며, 2층 이상에 위치한 교실 창문은 안전망을 설치하고, 창문의 높이는 영유아의 신체를 고려하여 영아반의 경우 50~60cm, 유아반은 60~70cm가 적당하다. 실내 온도는 18~28℃, 실내 습도는 30~80%를 유지하도록 해야 한다.

[그림 5-2] 전선 안전덮개

[그림 5-3] 손끼임 방지 보호대 설치

보육실의 영역별 안전관리 사항을 살펴보면 다음과 같다.

- 쌓기 영역: 선반의 윗부분에는 작은 블록을 놓고 아래 부분에는 큰 블록을 배치하며, 블록과 보조자료(자동차, 트럭 등)의 상태가 양호한 것이어야 한다.
- 역할 영역: 소꿉놀이 용품으로 유리나 세라믹 접시는 깨질 염려가 있으므로 플라스틱이나 금속제품이 좋고 거울도 안전거울을 사용하며, 역할 놀이시 사용하는 의상들은 적어도 2주에 한 번은 세탁한다.
- 언어 영역: 듣기 영역으로 카세트 등을 사용하는 경우 바닥으로 전선이 지나가지 않도록 하며, 부득이한 경우 벽 모서리로 단단히 부착시켜 영유아의 눈에 띄지 않게 하며, 전선 안전 덮개를 반드시 설치한다. 도서는 모서리가 날카롭지 않은지 확인한다.
- 조형 영역: 가위나 스템플러 등은 아이들의 손에 닿지 않는 일정한 곳에 보관해야 하고 사용하는 동안 교사가 아이들과 함께 활동하며 지도해야 한다.
- 기타 영역: 과학 영역, 수 영역에서도 안전이 고려된 표준 자료를 사용해야 한다. 작은 조각으로 이루어진 장난감은 질식의 우려가 있으므로 영아에게 제공하지 않아야 한다(3.5cm 이상의 크기만 제공).
- 휴식 및 취침 영역: 환기가 잘되는 위치에 공간을 마련해 주고 통풍과 전염의 위험을 줄이기 위해 침구 간격을 60cm 정도 떨어뜨려 확보한다.
- 비품: 책상, 의자, 교구장 등의 크기는 영유아의 나이와 신장에 맞고, 모서리는

둥글게 처리되어 있으며, 교구장은 유아가 잡아 당겼을 때 넘어지지 않도록 안정성이 있는지 확인해야 한다. 개인 사물함도 위생적으로 관리하며, 개인용 기저귀와 수건 등 각 가정에서 가져온 용품은 해당 유아에게만 사용하도록 한다. 가구는 모서리 장식이나 느슨해진 부품들이 없는지 확인해야 하며, 가구의 문을 닫아 유아가 갇히는 일이 없도록 한다.

- 장난감: 체크리스트와 놀잇감 안전점검표를 사용하여 위험성이 없는 장난감을 제공하며, 영유아가 사용할 학습자료는 안전검사를 받은 제품(KPS, KC 마크 확인)인지를 확인하고 구입해야 한다.

3) 계단

[그림 5-4] 난간 보호대

계단의 각 발판의 폭과 높이는 경사에 따라 조절해야 한다. 보통 한 발판의 높이는 약 9~13cm, 폭은 25cm가 적당하며, 난간의 높이는 영유아를 기준으로 대개 110cm 이상이다. 난간 보호대의 간격도 9~11cm 이하가 적당하며, 난간이 튼튼한지 수시로 점검해야 한다.

계단은 항상 밝게 조명되어야 하고, 계단에 그림이나 사진을 게시하는 경우, 영유아의 시선이 그림에 끌리게 되어 신체의 균형 감각을 상실할 수 있으므로 장식물을 걸지 않는 것이 좋다. 각 층을 연결하는 계단의 시작과 끝 발판에는 2.5cm 이상 눈에 띄게 표시하여 계단의 시작과 끝을 알려 주는 것이 좋다.

4) 화장실

화장실 바닥은 타일이나 미끄럼 방지 매트를 깔고 항상 깨끗하고 물기가 없어야 한다. 화장실 문은 2세 이후의 아동이 혼자서 잘 여닫을 수 있도록 하고, 문고리는 없게 하여 영유아가 화장실에 갇히지 않도록 한다. 변기의 높이는 바닥으로부터 30cm 정도로 설치하고, 영유아 5~6명당 하나가 필요하며, 영유아 8~15명까지는 적어도 두 개 이상이 준비되어야 하며, 용변을 볼 때 교사가 쉽게 감독할 수 있을 정도의 높이로 문을 설치한다. 세면대는 영유아가 수시로 사용하는 곳으로 화장실 출입구 근처에 설치하고 영유아 한 명이 세면대에서 사용하는 폭은 60cm 이상이며, 높이는 바닥에서 50cm 정도가 적당하다. 수온은 44~46°C로 하는 것이 좋고, 온도조절장치나 온수 밸브 잠금장치를 설치한다.

[그림 5-5] 미끄럼 방지 타일

[그림 5-6] 영유아 높이에 적절한 세면대

5) 조리실

조리실은 영유아의 식사를 담당하는 곳으로 식기를 소독하고 위생적인 취사와 조리를 위한 설비를 갖추어야 하며, 화기시설 설치 주변은 불에 타지 않는 재질로 되어있어야 한다. 식기류는 깨지거나 유해 물질이 나오지 않는 스테인리스 제품이 적당하며, 영유아가 직접 사용하는 국그릇은 온도 전달이 느린 이중 제품이 좋다. 락스, 중성세제, 칼, 포크, 가위, 채칼, 알루미늄 포일 등은

[그림 5-7] 컵 소독기

영유아의 손에 닿지 않는 서랍에 넣어 잠금장치로 잠그고, 가스 중간 밸브와 가스누설 자동차단장치를 설치하고 비상용 소화기를 항상 비치해 둔다. 식판, 그릇, 수저는 주 1회 이상 삶거나 자외선 살균을 하고 음식을 만드는 사람도 위생복을 탈의하는 것이 좋으며, 음식재료와 남은 음식물은 당일 폐기하여 음식물 보관에 주의를 기울여야 한다.

6) 유희실

우리나라 교육시설 기준령에 따르면 영유아 1인당 필요 실내 면적은 1.0~1.5평으로 규정되어 있다. 유희실은 영유아가 마음껏 활동할 수 있는 공간이므로 넘어질 경우 충격을 줄일 수 있도록 탄력이 있고 미끄럽지 않은 바닥이 확보되어야 한다.

유희실 천장 높이는 바닥에서 3.0~3.4m가 적당하며, 천장에는 자동화재 경보장치나 스프링클러 등을 설치하는 것이 좋다. 유희실은 마음껏 활동할 수 있는 공간으로 벽, 바닥, 기둥의 모서리는 충격이 완화될 수 있고 미끄럽지 않은 재질로 설치하며, 교사가 유희실 전체를 한눈에 바라볼 수 있게 막힌 부분이 없도록 공간을 배치해야 한다. 만약, 지하에 위치한 경우 환기와 제습에 유의하고 출입구는 높낮이가 작도록 하고 문이 있는 경우 손끼임 방지 장치를 설치한다.

4 실외 환경구성 및 안전관리

실외는 햇빛이 잘 들고 태풍이나 돌풍, 폭설, 폭우 등으로 인한 자연재해의 위험성이 적은 곳이어야 한다. 특히, 실외 시설은 공간의 규모나 통로, 건물의 위치 등을 고려하고, 교사의 감독이 용이하고 영유아가 숨을 수 있는 후미진 곳이 없도록 배치한다. 어린 연령을 대상으로 하는 놀이터는 햇빛이 잘 드는 곳에 설치해야 하며, 설치 기준은 폭은 9m 이상, 건축물의 외벽으로부터 5m 이상, 인접 대지 경계선으로부터 3m 이상 떨어진 곳에 설치하도록 규정되어 있다(주택 건설 기준 등에 관한 규정 제46조). 실외 공간에 설치되어 있는 놀이기구 간의 통로는 1.5~2.5m 정도의 폭이 적당하며, 직선보다는 곡선 형태가 영유아의 뛰는 속도를 조절하기 쉬워 안전하다.

1) 모래놀이 영역

모래놀이 영역은 물에 비해 고정적이며 불투명하고 영유아의 촉감을 자극하는 특성이 있다. 모래웅덩이의 가장자리는 나무토막, 폐타이어, 모래주머니 등을 쌓고 사각형이나 타원형보다는 약간 변화된 형태로 만드는 것이 좋다. 공간 면적이나 영유아의 수에 따라 차이가 있으나 10여 명 이상의 영유아가 한꺼번에 놀 수 있는 공간이 있는 것이 좋다. 모래놀이 도구를 수시로 점검하고 도구정리함도 마련해 주며, 햇빛이 강할 때에는 지붕, 파라솔 등을 설치해 그늘을 만들어 두고 모래는 수시로 체로 쳐서 유리 조각이나 돌멩이 등 위험한 물질을 골라내야 한다.

[그림 5-8] 모래놀이터 차양막 접힘

[그림 5-9] 모래놀이터 차양막 펼침

2) 물놀이 영역

물놀이 영역은 배수가 잘 되고 수도 시설과 가까운 곳이나 모래 놀이터에 인접하게 배치한다. 또한, 다양한 놀이를 촉진시킬 수 있도록 다양한 크기의 용기, 빨대, 깔

대기, 계량컵, 양동이, 호스, 구멍이 다양한 통 등의 도구를 넣어 주는 것이 좋다.

물놀이 영역은 물기가 빨리 마르는 단단한 바닥이 좋으며, 물놀이 영역 주변에는 미끄럼 방지를 위한 고무매트를 까는 것이 좋다. 물의 깊이는 35cm를 넘지 않도록 하고 물놀이대는 만 3세가 50~55cm 정도, 만 4세가 55~60cm정도, 만 5세가 60~65cm 정도가 적당하다. 햇빛이 강한 장소에 물놀이 영역을 설치할 경우 쉴 수 있는 그늘을 마련해 주는 것이 좋으며, 간이 수영장 바닥은 머리가 바닥에 부딪힐 경우에는 안전할 수 있도록 푹신한 재질의 매트(우레탄, 스티로폼 등)를 깔아 준다.

물놀이 시간은 오전 10~12시, 오후 3~5시에 하여 강한 햇빛을 피하는 것이 좋고 물은 수시로 갈아 주어 깨끗하게 관리해 준다.

3) 놀이시설 영역

[그림 5-10] 넘어져도 안전한 바닥

고정된 놀이기구는 바닥에 단단히 고정하고 건물에서 최소한 4.5m, 울타리에서 1.8m 떨어지도록 설치하며, 놀이기구 주변 바닥에는 20~30cm 깊이로 충격 흡수용 자재를 깔아 주거나 고무판을 설치해야 한다. 놀이기구를 연결하는 볼트나 못은 부식 방지와 유아의 안전을 위해 덮개를 씌워야 하고 단단히 조여져 있어야 한다.

8세 이하 영유아의 경우 미끄럼틀의 높이는 1.8m 이하로 폭이 너무 좁지 않고, 경사는 30도 정도로 설치하여 내려오는 속도로 인해 영유아가 떨어질 위험이 적도록 하며, 미끄러지는 면의 양옆에는 난간을 설치하여 옆으로 떨어짐을 방지한다. 미끄럼 끝 부분의 40cm 정도는 평평하게 설치해야 속도를 줄일 수 있고, 착지 지점 밑 부분 바닥에는 25cm 이상의 깊이로 톱밥이나 모래를 깔아 준다.

그네는 A자 형태의 받침목이 있어야 하고 벽으로부터 최소한 1.8m 이상 떨어져 있어야 안전하다. 그네 받침대당 두 개 이하로 그네를 매달아 자유롭게 타거나 내릴 수 있도록 하며, 그네는 양쪽의 받침대에서 최소한 70cm 간격을 띄워 매달고, 두 그네 사이의 간격도 70cm 정도 띄워 놓고, 높이는 땅바닥에서 그네 밑면까지 40cm가 적당하다. 시소는 땅에서 150cm 이상 올라가지 않도록 하고 무게의 균형이 정확하게 잡히고 흔들림이 없도록 설치하며, 땅에 닿는 부분에는 폐타이어를 묻어야 한다.

4) 동물사육장

동물사육장은 직사광선이나 바람을 막아 줄 수 있는 건조한 곳에 설치해야 하며, 물이나 사료를 공급하고 청소하기 편리한 곳에 설치하며, 직사광선과 바람 등을 막아 줄 수 있도록 건조한 곳에 설치해야 한다.

영유아에게 해를 입히거나 감염 또는 알레르기 반응을 일으키는 동물은 기르지 않도록 하고 동물의 배설물은 유아의 손이 닿지 않도록 관리하고 주 1회 이상 목욕을 시켜 청결을 유지하며, 정기적으로 예방접종을 해야 한다.

Chapter 06

영유아 보육·교육기관에서의 안전평가

본 장에서는 영유아 보육 · 교육기관에서의 안전영역 평가 기준을 제시하고 그에 따른 평가사항을 살펴봄으로써 안전한 보육환경 조성을 위한 방법을 모색해 보고자 한다.

<교사가 알아야 할 알쏭달쏭 퀴즈 2>

1. 매월 1회 불시에 실시해야 하는 것은 ○○○○이다.
2. 아동학대가 의심될 때는 ○○○또는 아동전문기관에 신고한다.
3. 영아 안전교육을 시행할 때는 ○○○으로 진행한다.
4. 영유아의 부모에게는 언제라도 영유아 보육 · 교육기관을 개방한다는 ○○○○○을 고지한다.
5. 영유아 보육 · 교육기관의 교직원은 비상시 역할수행을 위한 ○○○○○가 있다.
6. 영유아는 등원부터 하원까지 ○○의 보호하에 있어야 한다.

〈정답〉

① 소방훈련 ② 112 ③ 개별적 ④ 개방안내문 ⑤ 업무분장표 ⑥ 성인(교사)

국가 수준에 의한 안전관리지표에 따른 평가를 통해 영유아 · 보육기관에서 이루어지는 '안전'을 총체적으로 향상시킬 수 있다. 어린이집과 유치원에서는 2019년부터 이루어지는 평가제를 통한 일괄적인 안전관리를 하고 있다. 본 장에서는 영유아 보육 · 교육기관에서 이루어지는 안전평가에 대해 알아보고자 한다.

1 어린이집의 안전관리와 평가제 지표

어린이집의 안전관리는 보육의 질을 좌우하는 주요 요인 중 하나이다. 따라서 보육의 질적 수준을 제고하기 위한 노력의 일환으로 시행되고 있는 어린이집의 평가제에서도 안전이 비중 있게 다루어지고 있다. 이에 어린이집 평가제에 따른 3영역의 건강 · 안전을 제시하고자 한다(보육진흥원, 2019).

〈표 6-1〉 건강 · 안전 영역에서의 평가제 지표

영역3. 건강 · 안전 평가지표		
3-1 실내 · 외 공간의 청결 및 안전	3-1-1 실내 · 외 공간은 청결하고 쾌적하게 관리한다.	① 실 · 내외 공간을 청결하게 유지함 ② 실 · 내외 놀잇감을 청결하게 유지함 ③ 개별 침구를 청결하게 유지함 ④ 실내의 공기 질, 온도, 습도, 채광, 조명을 적정하게 유지함
	3-1-2 실 · 내외 공간과 설비를 위험요인 없이 안전하게 관리한다.	① 현관문, 출입문, 창문, 천장, 바닥, 벽면을 위험요인 없이 안전하게 관리함 ② 실 · 내외 공간의 고정식 및 이동식 시설 · 설비, 전기설비 등을 위험요인 없이 안전하게 관리함 ③ 세면대, 정수기의 온수 사용을 위험요인 없이 안전하게 관리함 ④ 영유아가 성인이 주로 사용하는 실 · 내외 공간에 출입하지 않도록 관리함

영역3. 건강 · 안전 평가지표		
3-1 실내 · 외 공간의 청결 및 안전	3-1-3 실 · 내외 공간의 놀잇감 및 활동자료와 위험한 물건을 안전하게 관리한다.	① 보육실 내 놀잇감 및 활동자료를 안전하게 관리함 ② 실 · 내외 공간에 비치된 놀잇감 및 활동자료를 안전하게 관리함 ③ 보육실 내의 위험한 물건을 안전하게 보관 · 관리함 ④ 실 · 내외 공간의 위험한 물건을 안전하게 보관 · 관리함
3-2 급 · 간식	3-2-1 영양의 균형을 고려한 급 · 간식을 제공하고 있다.	① 영양사가 작성한 식단에 따라 급 · 간식을 제공하고, 보존식을 보관함 ② 영유아의 연령 특성을 고려한 급 · 간식(양, 크기, 맛, 조리 형태 등)을 제공함 ③ 인스턴트 식품보다 자연식품 위주로 급 · 간식을 제공함 ④ 식품 알레르기 질환에 대한 지침을 마련하여 실행함
	3-2-2 식자재의 구입 · 보관 및 조리공간을 위생적으로 관리하고 있다	① 식자재는 신선한 것을 구입하고 이를 위생적으로 보관함 ② 유통기한 경과 식품(식자재 등)이 없음 ③ 조리실 공간(바닥, 벽, 천장 등)과 조리실 내 시설 · 설비(개수대, 조리대, 식기수납장, 가스레인지, 후드, 환풍기, 주방가전 등)를 청결하게 유지함 ④ 식기류(컵 등)와 조리실 비품(조리도구, 행주 등)을 위생적으로 관리함
	3-2-3 조리 및 배식과정을 청결하고 위생적으로 관리하고 있다.	① 조리가 위생적으로 이루어짐 ② 배식과정이 위생적으로 이루어짐 ③ 1회 조리된 음식은 당일 소모하고 재배식하지 않음 ④ 마실 물, 우유 등을 위생적으로 관리함
3-3 건강 증진을 위한 교육 및 관리	3-3-1 손 씻기, 양치질 등 청결한 위생습관을 실천한다.	① 교사는 손을 씻어야 하는 상황에서 반드시 손을 씻음 ② 영유아는 손을 씻어야 하는 상황에서 반드시 손을 씻음 ③ 식사 후 연령에 적합한 방법으로 이를 닦고 칫솔과 양치컵을 위생적으로 관리함 ④ 교사는 영유아의 배변 후 뒤처리를 위생적으로 함
	3-3-2 교사는 영유아의 건강 상태를 살펴보고 적절하게 지원한다.	① 아프거나 다친 영유아에 대한 지침을 구비함 ② 교사는 일과 중 영유아의 건강 상태를 주의 깊게 살펴보고 적절히 조치함 ③ 투약의뢰서를 관리하고, 부모에게 투약보고를 함 ④ 비상약품을 용도별로 구비하여 유효기간 내로 관리함
	3-3-3 영유아와 보육교직원의 건강 증진을 위한 예방관리와 교육을 실시한다.	① 개별 영유아의 건강검진 서류, 응급처치동의서를 작성 · 관리함 ② 영유아와 보육교직원을 대상으로 다양한 건강 및 영양 교육을 실시함 ③ 보육교직원의 건강검진이 정기적으로 이루어짐 ④ 영유아 및 보육교직원에 대한 감염병 관리수칙을 수립하여 실천함

영역3. 건강 · 안전 평가지표		
3-4 등 · 하원의 안전	3-4-1 교사는 영유아의 출석을 확인하며 인계규정에 따라 귀가지도를 한다.	① 영유아의 인계과정에 대한 체계적인 규정이 수립되어 있음 ② 영유아의 보호자에게 받은 귀가동의서를 구비하고 있음 ③ 교사는 매일 일과를 시작할 때 영유아의 등원 여부를 확인함 ④ 영유아의 인계과정이 규정에 따라 안전하게 이루어짐
	3-4-2 영유아는 등원부터 하원까지 성인의 보호하에 있다.	① 교사는 영유아의 안전을 위해 항상 전체 상황을 주시함 ② 교사는 일과나 장소가 바뀔 때마다 전체 영유아를 확인함 ③ 통합보육 시 담당교사는 담당 영유아의 인원과 특이사항을 파악함 ④ 영유아를 두고 자리를 비울 때에는 책임 있는 성인에게 인계함
	3-4-3 등 · 하원용 차량을 운행할 경우 안전요건을 갖추어 관리한다.	① 차량에 안전수칙, 영아용 보호장구, 개별 안전띠, 차량용 소화기, 잠자는 아이 확인 장치, 비상약품을 구비함 ② 운전자는 매일 차량 안전점검을 실시함 ③ 운전자와 차량에 동승하는 모든 성인은 어린이 통학버스 안전교육을 받음 ④ 운전자와 함께 차량에 동승한 성인은 영유아를 안전하게 보호함
3-5 안전교육과 사고예방	3-5-1 영유아를 대상으로 안전교육을 지속적으로 실시하고 있다.	① 영유아를 대상으로 발달에 적합한 안전교육을 정기적으로 실시함 ② 영유아가 정기 소방대피훈련에 참여함 ③ 영유아가 놀잇감 및 활동자료, 놀이기구를 안전하게 사용하도록 지도함 ④ 계절 및 날씨 관련 놀이 안전수칙을 준수함
	3-5-2 보육교직원은 안전교육을 받고 영유아 학대 예방 지침을 준수한다.	① 보육교직원을 대상으로 기본적인 안전교육을 정기적으로 실시함(영유아 학대 예방교육 포함) ② 비상시 보육교직원의 대처방안과 업무분장이 체계적으로 수립되어 있고, 보육교직원은 자신의 역할을 숙지하고 있음 ③ 응급처치(심폐소생술) 관련 교육에 참여한 보육교직원이 있음 ④ 영유아 학대 예방지침(체벌 금지 포함)을 준수함
	3-5-3 안전설비를 비상 시 효율적으로 사용할 수 있도록 관리하고 있다.	① 비상사태를 대비한 피난설비(비상구, 비상계단 또는 영유아용 미끄럼대, 피난구 유도등 등)를 비상시 원활하게 대피할 수 있도록 관리하고 있음 ② 비상사태를 대비한 소화설비(소화기 등)를 비상시 제대로 작동되도록 관리하고 있음 ③ 비상사태를 대비한 경보설비(단독경보형감지기, 가스누설경보기 등)를 비상시 제대로 작동되도록 관리하고 있음 ④ 보육교직원은 안전시설 및 설비(소화기 등)의 사용법을 숙지하고 있음

1) 실내 · 외 공간의 청결 및 안전

영유아가 일과 중 가장 오랜 시간을 보내는 어린이집의 보육실을 포함한 실내 · 외 공간은 늘 깨끗하고 청결하게 유지 · 관리됨으로써 성인에 비해 질병에 대한 저항력이 약한 영유아가 건강하게 지낼 수 있도록 모든 시설 및 설비를 영유아가 안전하게 생활할 수 있도록 설치하고, 보육교사는 이를 상시 점검하여 수리 · 보완이 필요할 시에는 즉시 처리하도록 한다.

본 지표에서는 실 · 내외 공간과 놀잇감을 청결하게 유지하고 개별 침구와 실내의 공기 질, 온도, 습도, 채광, 조명을 적정하게 유지하고 있는지를 3개의 항목으로 평정한다. 지표 평가기준으로는 우수(3개의 평가항목 중 'Y' 개수가 3개), 보통(3개의 평가항목 중 'Y' 개수가 2개), 개선필요(3개의 평가항목 중 'Y' 개수가 1개 이하)로 구분되며, 각 평가항목은 하위 평가요소의 'Y' 개수 충족 여부로 결정된다.

평가지표	평가항목	방법
3-1-1	실내 · 외 공간을 청결하고 쾌적하게 관리한다. ① 실 · 내외 공간을 청결하게 유지함 ② 실 · 내외 놀잇감을 청결하게 유지함 ③ 개별 침구를 청결하게 유지함 ④ 실내의 공기 질, 온도, 습도, 채광, 조명을 적정하게 유지함	관찰 관찰, 면단 관찰, 면담 관찰, 기록, 면담
3-1-2	실내 · 외 공간과 설비를 위험요인 없이 안전하게 관리한다. ① 현관문, 출입문, 창문, 천장, 바닥, 벽면을 위험요인 없이 안전하게 관리함 ② 실 · 내외 공간의 고정식 및 이동식 시설 · 설비, 전기설비 등을 위험요인 없이 안전하게 관리함 ③ 세면대, 정수기의 온수 사용을 위험요인 없이 안전하게 관리함 ④ 영유아가 성인이 주로 사용하는 실 · 내외 공간에 출입하지 않도록 관리함	관찰 관찰 관찰 관찰
3-1-3	실내 · 외 공간의 놀잇감 및 활동자료와 위험한 물건을 안전하게 관리한다. ① 보육실 내 놀잇감 및 활동자료를 안전하게 관리함 ② 실 · 내외 공간에 비치된 놀잇감 및 활동자료를 안전하게 관리함 ③ 보육실 내의 위험한 물건을 안전하게 보관 · 관리함 ④ 실 · 내외 공간의 위험한 물건을 안전하게 보관 · 관리함	관찰 관찰 관찰 관찰

(1) 실내 · 외 공간을 청결하고 쾌적하게 관리한다.

영유아가 생활하는 보육실을 포함한 모든 실내 · 외 공간과 이에 설치된 시설 · 설비 및 가구, 영유아의 놀잇감과 개별 침구를 청결하게 관리하고, 일과 중의 환기 관리, 온도 및 습도 관리, 조명과 채광 관리를 통하여 영유아의 쾌적한 환경이 유지되어야 한다. 항목의 평가기준은 4개 평가요소 중 3개 이상을 충족해야 Y로 평정된다.

(2) 실내 · 외 공간과 설비를 위험요인 없이 안전하게 관리한다.

보육실을 포함한 모든 실내 · 외 공간과 이에 설치된 고정식 및 이동식 시설 · 설비를 위험요인 없이 안전한 상태로 관리하여야 한다. 또한, 영유아가 접근할 수 있는 전기설비와 전선, 세면대와 정수기에서 나오는 온수 등이 안전하게 관리되어야 하고, 성인이 주로 사용하는 실내 · 외 공간은 영유아의 출입을 제한하고 위험요인이 없도록 관리한다. 항목의 평가기준은 4개 평가요소 중 3개 이상을 충족해야 Y로 평정된다.

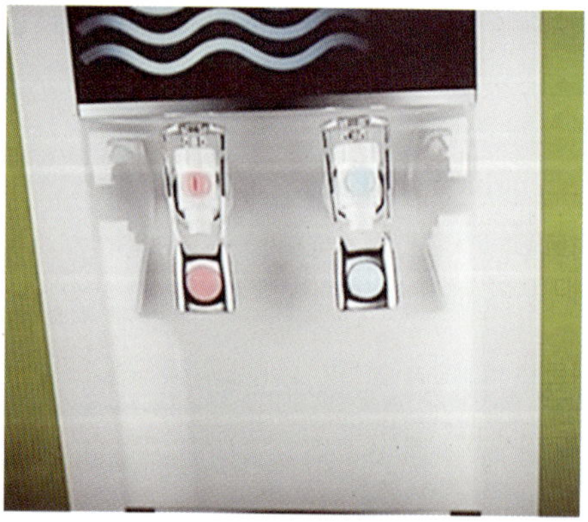

[그림 6-1] 정수기 조절장치

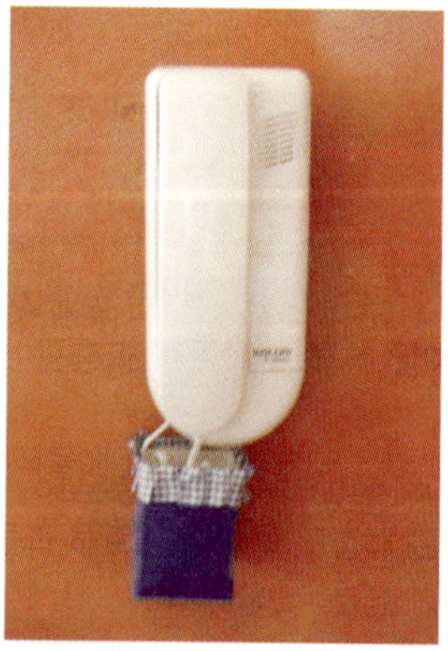

[그림 6-2] 전화선 정리

(3) 실내 · 외 놀잇감 및 활동자료와 위험한 물건을 안전하게 관리한다.

보육실 및 실내 · 외 놀잇감은 위험요인 없이 영유아가 안전하게 사용할 수 있어야 하며, 위험한 물건은 영유아의 손에 닿지 않도록 철저히 보관 · 관리되어야 한다. 어린이집에서의 놀잇감은 영유아의 발달 특성에 맞도록 안전한 것으로 구입하여 배치하고 매일 점검하여 위험요인이 없도록 하여야 한다. 또한, 어린이집 실내 · 외를 꼼꼼히 살펴 위험요인이 있는 물건을 별도로 안전하게 관리함으로써 영유아의 안전을 보호하도록 노력하여야 한다. 항목의 평가기준은 4개 평가요소 중 3개 이상을 충족해야 Y로 평정된다.

2) 급 · 간식

영유아기는 신체적으로 급속한 성장과 발달을 꾀하는 시기로 양질의 급 · 간식을 통하여 지속적인 성장을 지원해야 한다. '급 · 간식'은 좋은 먹거리의 공급과 더불어 식재료의 위생 상태, 청결 관리, 조리법을 통하여 영유아의 면역력 및 질병 예방에도 많은 영향을 미치기 때문에 '식품안전'과 더불어 가장 중요한 부분이다.

본 지표는 3개의 평가항목으로 평정된다. 영양 균형을 맞춘 안전한 급 · 간식이 제공되는지, 식자재의 구입 · 보관 및 조리공간이 위생적으로 관리되는지, 조리 및 배식과정이 위생적인지 등을 평가한다. 지표 평가기준으로는 우수(3개의 평가항목 중 'Y' 개수가 3개), 적합(3개의 평가항목 중 'Y' 개수가 2개), 개선필요(3개의 평가항목 중 'Y' 개수가 1개 이하)로 구분되며, 각 평가항목은 하위 평가요소의 'Y' 개수 충족 여부로 결정된다.

평가지표	평가항목	방법
3-2-1	영양의 균형을 고려한 급 · 간식을 제공하고 있다. ① 영양사가 작성한 식단에 따라 급 · 간식을 제공하고, 보존식을 보관함 ② 영유아의 연령 특성을 고려한 급 · 간식(양, 크기, 맛, 조리 형태 등)을 제공함 ③ 인스턴트 식품보다 자연식품 위주로 급 · 간식을 제공함 ④ 식품 알레르기 질환에 대한 지침을 마련하여 실행함	관찰, 기록 관찰 기록 기록, 면담

평가지표	평가항목	방법
3-2-2	식자재의 구입 · 보관 및 조리공간을 위생적으로 관리하고 있다. ① 식자재는 신선한 것을 구입하고 이를 위생적으로 보관함 필수 ② 유통기한 경과 식품(식자재 등)이 없음 필수 ③ 조리실 공간(바닥, 벽, 천장 등)과 조리실 내 시설 · 설비(개수대, 조리대, 식기수납장, 가스레인지, 후드, 환풍기, 주방가전 등)를 청결하게 유지함 ④ 식기류(컵 등)와 조리실 비품(조리도구, 행주 등)을 위생적으로 관리함	관찰 관찰 관찰 관찰, 면담
3-2-3	조리 및 배식과정을 청결하고 위생적으로 관리하고 있다. ① 조리가 위생적으로 이루어짐 ② 배식과정이 위생적으로 이루어짐 ③ 1회 조리된 음식은 당일 소모하고 재배식하지 않음 필수 ④ 마실 물, 우유 등을 위생적으로 관리함	관찰 관찰 관찰, 면담 관찰

(1) 영양의 균형을 고려한 급 · 간식을 제공하고 있다.

영유아의 연령 특성과 영양의 균형을 고려한 식단에 따라 자연식품 위주의 급 · 간식을 제공하고, 적절한 형태(크기, 맛, 조리 형태 등)로 조리된 급 · 간식을 충분한 양으로 제공하고, 식품 알레르기 질환에 대한 지침을 마련하여 특별한 요구가 있는 영유아도 안전하고 건강하게 급 · 간식을 제공받을 수 있도록 배려해야 한다. 항목의 평가기준은 4개 중 3개 이상을 충족해야 Y로 평정된다.

(2) 식자재의 구입 · 보관 및 조리공간을 위생적으로 관리하고 있다.

급 · 간식에 사용되는 모든 식자재는 반드시 신선한 것을 구입하여 유통기한 내에 사용되며, 식자재의 보관요령을 준수하여 적절한 장소에 보관하고, 영유아의 식사와 간식을 준비하는 곳은 공간과 시설 · 설비를 청결하고 위생적으로 관리하여 식중독과 질병에 예방할 수 있어야 한다. 항목의 평가기준은 4개의 평가요소 중 3개 이상(필수요소 포함)을 충족해야 Y로 평정된다.

(3) 조리 및 배식과정을 청결하고 위생적으로 관리하고 있다.

영유아에게 청결하고 위생적인 음식을 제공하기 위해 급 · 간식의 조리과정이 위생적으로 이루어져야 하고, 조리된 음식은 청결한 식기를 이용하여 위생적인 절차로 배식되며, 모든 조리된 음식은 당일 소모하고 재배식되지 않도록 하며, 영유아가 원할 때 언제라도 물을 마실 수 있도록 이용하기 쉬운 곳에 마실 물을 준비해 둔다.

또한, 모유나 우유를 관리하는 과정도 위생적으로 이루어져야 한다. 항목의 평가기준은 4개의 평가요소 중 4개 중 3개 이상(필수요소 포함)을 충족해야 Y로 평정된다.

3) 건강 증진을 위한 교육 및 관리

영유아는 위생습관을 실천함으로써 면역력을 증진시키고, 질병에 감염될 가능성을 낮출 수 있다. 발달 수준에 적합한 건강 · 영양교육을 통해 스스로 자신의 신체 및 정신건강에 관하여 인식하고 관리할 수 있는 기초를 형성하게 된다. 어린이집의 모든 구성원이 손 씻기와 이 닦기 등의 위생습관을 실천할 수 있도록 지원해야 한다. 영유아가 다치거나 병에 걸렸을 때에는 이를 사려 깊게 파악하여 심신을 돌보고 투약 등의 적절한 관리를 해 주어야 한다. 감염병 관리수칙을 정하여 영유아들이 서로 전염되지 않도록 유의해야 한다.

본 지표는 3개의 평가항목으로 평정된다. 영유아와 교직원이 손 씻기 등 개인위생을 실천하는지, 아프거나 다친 영유아에 대한 지원이 체계적으로 이루어지는지, 영유아와 교직원의 건강 증진을 위한 예방관리 및 교육이 이루어지는지 등을 중점적으로 평가한다. 지표 평가기준으로는 우수(3개의 평가항목 중 'Y' 개수가 3개), 보통(3개의 평가항목 중 'Y' 개수가 2개), 개선필요(3개의 평가항목 중 'Y' 개수가 1개 이하)로 구분되며, 평가요소의 'Y' 개수 충족 여부로 결정된다.

평가지표	평가항목	방법
3-3-1	손 씻기, 양치질 등 청결한 위생습관을 실천한다. ① 교사는 손을 씻어야 하는 상황에서 반드시 손을 씻음 ② 영유아는 손을 씻어야 하는 상황에서 반드시 손을 씻음 ③ 식사 후 연령에 적합한 방법으로 이를 닦고 칫솔과 양치컵을 위생적으로 관리함 ④ 교사는 영유아의 배변 후 뒤처리를 위생적으로 함	관찰 관찰 관찰 관찰
3-3-2	교사는 영유아의 건강 상태를 살펴보고 적절하게 지원한다. ① 아프거나 다친 영유아에 대한 지침을 구비함 ② 교사는 일과 중 영유아의 건강 상태를 주의 깊게 살펴보고, 적절히 조치함 ③ 투약의뢰서를 관리하고, 부모에게 투약보고를 함 ④ 비상약품을 용도별로 구비하여 유효기간 내로 관리함	기록 관찰, 면담 관찰, 기록 관찰, 면담
3-3-3	영유아와 보육교직원의 건강 증진을 위한 예방관리와 교육을 실시한다. ① 개별 영유아의 건강검진 서류, 응급처치동의서를 작성 · 관리함 ② 영유아와 보육교직원을 대상으로 다양한 건강 및 영양교육을 실시함 ③ 보육교직원의 건강검진이 정기적으로 이루어짐 ④ 영유아 및 보육교직원에 대한 감염병 관리수칙을 수립하여 실천함	기록 관찰, 기록, 면담 기록 관찰, 기록, 면담

(1) 손 씻기, 양치질 등 청결한 위생습관을 실천한다.

영유아와 교사는 손을 씻어야 하는 상황에서 반드시 손을 씻어야 하며, 점심식사 후 연령에 적합한 방법으로 이를 닦으며, 칫솔과 양치컵을 사용 후 위생적으로 관리하고, 영유아 배변 후 뒤처리를 위생적으로 한다. 항목의 평가기준을 4개의 평가기준 3개 이상을 충족해야 Y로 평정된다.

교사가 손을 씻어야 하는 상황	• 영유아에게 음식을 먹이기 전과 후 • 음식을 다루거나 먹고 마실 때 • 실외활동 후 • 변기 사용 후(기저귀를 갈아주거나 영유아의 변기 사용을 도와준 후) • 기타(투약하기 전과 후, 상처 소독하기 전과 후, 애완동물을 만진 후, 쓰레기통을 사용한 후, 신체 분비물을 만진 후, 손이 더러워진 경우)

영유아가 손을 씻어야 하는 상황	• 음식을 먹기 전과 후 • 실외활동 후 • 대소변 이후 • 기타(손이 더러워졌을 때, 애완동물을 만진 후, 신체분비물을 만진 후)
영아의 연령별 이 닦기 방법	• 영아(0~만 1세) – 이가 나기 전의 영아는 수유 후 가제 손수건에 끓였다 식힌 물을 살짝 적셔서 잇몸을 닦아 주고, 이가 나기 시작하면 손가락 칫솔 등에 영아용 치약을 묻혀 잇몸을 마사지하고 이를 닦아 줌 • 영아(만 2세) – 대체적으로 칫솔을 입안에 넣어서 닦는 동작을 할 수 있는 정도이나 영아가 스스로 이 닦기를 하도록 격려하고 뒷마무리는 교사가 개인차를 고려하여 도움을 줌
영유아 배변 후 뒤처리 방법	교사는 영유아의 배변 후 뒤처리를 할 경우 휴지 등으로 충분히 닦고, 사용한 휴지는 즉시 휴지통에 넣어 2차 오염을 방지하고, 배변을 실수한 영유아의 경우에는 가능한 한 물로 씻기고 여벌 옷으로 갈아 입힌다. 영아의 경우에는 기저귀를 기저귀갈이대나 화장실 등 지정된 공간에서 갈아준다.

(2) 교사는 영유아의 건강 상태를 살펴보고 적절하게 지원한다.

영유아는 면역력이 약하여 질병에 걸리기 쉽고, 몸이 아파도 자신의 증세를 자각하지 못하거나 이를 주변 성인에게 명백히 표현하기 어렵다. 따라서 교사는 수시로 일과 중에 아프거나 다친 유아가 있는지 주의 깊게 살펴보고, 아프거나 다친 영유아에 대해서는 어린이집 지침에 따라 신속히 지원해 주어야 한다. 항목의 평가기준은 4개의 평가요소 중 3개 이상을 충족해야 Y로 평정된다.

(3) 영유아와 보육교직원의 건강 증진을 위한 예방관리와 교육을 실시한다.

영유아기는 건강에 대한 기초가 형성되는 시기이므로 영유아의 건강 증진을 위한 예방관리와 건강교육이 이루어져야 한다. 또한, 영유아의 보육을 담당하는 교직원 역시 스스로의 신체 및 정신건강을 유지 · 증진시킬 수 있는 능력을 갖추어야 한다.

이에 어린이집에서는 영유아와 교직원을 위한 건강 및 영양교육을 적절하게 이루어질 수 있도록 지원해야 한다. 항목의 평가기준은 4개 평가요소 중 3개 이상을 충족해야 Y로 평정된다.

응급처치동의서

영유아 보육 · 교육기관에서 다음 절차에 따라 응급처치를 하는 경우, 그 권한을 귀 기관에 위임할 것을 동의합니다.

년 월 일

보호자 성명: (인)

〈응급처치 절차〉

1. 사고 발생 시 가장 먼저 부모님께 연락합니다.

(시간/기간) (전화번호)
어머니와는 <u>오전, 오후</u> 동안에 ____________ 로 연락됩니다.

아버지와는 <u>오전, 오후</u> 동안에 ____________ 로 연락됩니다.

2. 부모님과 신속하게 연락되지 않을 경우, 부모님이 정해 주신 다음의 연락처로 연락 드립니다.

(이름) (전화번호)
① __________ 는 ______________ 로 연락할 수 있습니다.
영유아와의 관계: ___________

② __________ 는 ______________ 로 연락할 수 있습니다.
영유아와의 관계: ___________

3. 필요한 경우 119 구조대에 연락할 것이며, (영유아 보육 · 교육기관에서 지정하는 의료기관이나, 부모님이 정하신 __________________ 의료기관)으로 응급수송할 것입니다.

4. 의료기관 수송 후에는 다음의 의료보험 관련 정보를 주어 신속하게 치료받을 수 있도록 합니다.

의료보험 종류 __________ 번호 __________ 기관 __________

영유아의 안전을 최우선으로 하는 **썬 어린이집**

[그림 6-3] 응급처치동의서

4) 등 · 하원의 안전

어린이집에서는 등원부터 하원에 이르기까지 영유아를 안전하게 보호할 책임이 있다. 영유아는 성인의 안전한 보호하에서 하루 일과를 즐겁게 경험하고 심신의 성장과 발달을 이루어나갈 수 있게 된다. 등 · 하원 시 어린이집의 지정된 보호자 간에 영유아의 인계절차와 관련 규칙을 수립하여 보호자에게 안내하고 준수할 수 있도록 해야 한다.

본 지표는 4개의 평가항목으로 평정하며, 하루 일과 중 영유아에 대한 성인의 보호와 차량 운행 안전에 대해 중점적으로 평가한다. 지표 평가기준으로는 우수(3개의 평가항목 중 'Y' 개수가 3개), 보통 (3개의 평가항목 중 'Y' 개수가 2개), 개선필요 (3개의 평가항목 중 'Y' 개수가 1개 이하)로 구분되며, 각 평가항목은 하위 평가요소의 'Y' 개수 충족 여부로 평정된다.

평가지표	평가항목	방법
3-4-1	교사는 영유아의 출석을 확인하며 인계규정에 따라 귀가지도를 한다. ① 영유아의 인계과정에 대한 체계적인 규정이 수립되어 있음 ② 영유아의 보호자에게 받은 귀가동의서를 구비하고 있음 ③ 교사는 매일 일과를 시작할 때 영유아의 등원 여부를 확인함 ④ 영유아의 인계과정이 규정에 따라 안전하게 이루어짐 필수	기록 기록 관찰, 면담 관찰, 면담
3-4-2	영유아는 등원부터 하원까지 성인의 보호하에 있다. ① 교사는 영유아의 안전을 위해 항상 전체 상황을 주시함 ② 교사는 일과나 장소가 바뀔 때마다 전체 영유아를 확인함 ③ 통합보육 시 담당교사는 담당 영유아의 인원과 특이사항을 파악함 ④ 영유아를 두고 자리를 비울 때에는 책임 있는 성인에게 인계함 필수	관찰 관찰 관찰, 면담 관찰
3-4-3	등 · 하원용 차량을 운행할 경우 안전요건을 갖추어 관리한다. ① 차량에 안전수칙, 영아용 보호장구, 개별 안전띠, 차량용 소화기, 잠자는 아이 확인 장치, 비상약품을 구비함 ② 운전자는 매일 차량 안전점검을 실시함 ③ 운전자와 차량에 동승하는 모든 성인은 어린이 통학버스 안전교육을 받음 ④ 운전자와 함께 차량에 동승한 성인은 영유아를 안전하게 보호함 필수	관찰, 면담 기록 기록 관찰, 면담

아동의 안전한 귀가를 위한 약속동의서

본 동의서의 내용은 ○○어린이집과 부모님(아동명)과의 아동 안전에 대한 서약입니다.

〈이행의무에 대한 서약 내용〉

1. 모든 등 · 하원은 가정(시작과 끝)을 원칙으로 합니다.

2. 영유아를 절대로 혼자 등 · 하원 시키지 않겠으며, 혹시라도 이를 어길 경우 발생하는 안전사고에 대하여는 부모가 전적으로 책임을 집니다.

3. 지정된 보호자가 아닌 다른 성인에게 인계하게 될 경우에는 반드시 귀가동의서를 다시 작성하여 제출해야 합니다. 갑자기 변경된 경우 즉시 어린이집으로 연락하며 이를 준수하지 않아 발생하는 안전사고는 부모가 책임을 집니다.

4. 정규 수업시간 외 학원 등으로 원외 활동하는 영유아는 각 기관으로부터(귀가동의서)를 제출하여야 합니다.
   (우리 기관에서 ○○학원으로 이동하는 경우 반드시 학원 교사의 인솔이 필히 이루어질 것)

• 기간 :　　년　　월　　일 ~　　년　　월　　일
• 귀가방법 : □ 도보　□ 자가용　□ 기타 (　　　)
• 등원 시간 : 오전　　　시　　　분
• 하원 시간 : 오후　　　시　　　분
• 하원은 누구와 함께 합니까?
  – 1차 인계자 (성명　　　　☎　　　　)
  – 2차 인계자 (성명　　　　☎　　　　)
  – 3차 인계자 (성명　　　　☎　　　　)

〈영유아의 인계과정에 대한 구체적인 절차와 방법〉

• 등 · 하원 차량을 이용하거나 부모가 직접 영유아를 등 · 하원 시킵니다.
• 반드시 지정된 보호자에게 영유아를 인계하겠습니다.
• 부모가 희망하더라도 영유아를 혼자 귀가 시키지 않겠습니다.

〈특이사항〉

–가능한 한 처음 동의서에 기재하신 대로 영유아가 안전하게 인계됨을 원칙으로 합니다

• 부득이하게 부모님의 상황 변화에 따라 등 · 하원의 약속시간은 변경될 수 있습니다.
• 기록된 사항대로 영유아의 등 · 하원이 안전하게 진행되도록 약속을 부탁드립니다.

201○년　　월　　일
보호자　　　　(인)

하나캐슬 어린이집

[그림 6-4] 안전을 위한 귀가동의서

(1) 교사는 영유아의 출석을 확인하며 인계과정에 따라 귀가지도를 한다.

영유아가 하루 일과를 안전하게 보낼 수 있도록 지원해야 하며, 영유아를 인계하는 구체적인 절차를 마련하여 준수하고, 교사는 일과 중 항상 상황을 주시하여 영유아를 안전하게 보호하고 자리를 비울 때는 책임 있는 성인에게 인계하도록 한다. 항목의 평가기준은 4개의 평가요소 중 3개 이상(필수요소 포함, 필수요소 미충족 시 N 평정)을 충족해야 Y로 평정된다.

(2) 영유아는 등원부터 하원까지 성인의 보호하에 있다.

어린이집에서 등 · 하원 차량을 운행할 경우 차량 안전사고가 발생하지 않도록 안전하게 관리되어야 한다. 영유아용 보호장구 등을 설치 기준에 맞게 구비하고 매일 안전점검을 통해 차량을 안전하게 운행할 수 있도록 관리하며, 차량 운행 시 차량기사와 동승한 성인 보호자는 차량 승하차와 이동과정에서 모든 영유아가 안전할 수 있도록 주의 깊게 보호하여야 한다. 항목의 평가기준은 4개의 평가요소 중 3개 이상을 충족해야 Y로 평정된다(필수요소 미충족 시 N으로 평정).

(3) 등·하원용 차량을 운행할 경우 안전요건을 갖추어 관리한다.

어린이집에서 등 · 하원 차량을 운행할 경우 차량 안전사고가 발생하지 않도록 안전하게 관리되어야 한다. 영유아용 보호장구 등을 설치 기준에 맞게 구비하고 매일 안전점검을 통해 차량을 안전하게 운행할 수 있도록 관리하며, 차량 운행 시 차량기사와 동승한 성인 보호자는 차량 승하차와 이동과정에서 모든 영유아가 안전할 수 있도록 주의 깊게 보호하여야 한다. 항목의 평가기준은 4개의 평가요소 중 3개 이상(필수요소 포함)을 충족해야 Y로 평정된다(단, 등 · 하원용 차량을 운행하지 않을 경우는 Y로 평정, 필수요소 미충족 시 N 평정).

● 안전인증 검사기준

구분	체중 범위(kg)
0그룹	10kg 미만
0+그룹	13kg 미만
I 그룹	9~18kg 이하
II 그룹	15~25kg 이하
III 그룹	22~36kg 이하

※ 영아용 보호장구는 자동차용 어린이 보호장치 중 영아의 체중 범위에 해당되는 안전인증 검사기준(W1, W2)을 선택, 사용하여야 함.

[그림 6-5] 안전인증 마크와 자동차용 검사기준

5) 안전교육과 사고예방

어린이집에서는 영유아가 여러 가지 위험으로부터 자신의 안전을 보호할 수 있는 능력과 기술을 가지도록 지도하여야 한다. 이를 위해 영유아의 연령 등 발달 특성에 맞는 안전교육계획을 수립하여 교육을 실시하여야 하며, 전체 영유아를 대상으로 정기적으로 소방대피훈련을 실시하여야 한다. 어린이집에서는 영유아, 교직원 및 시설 보험에 가입하여 불가피한 피해가 발생하였을 시 사고의 피해를 복구할 수 있도록 노력하여야 한다.

본 지표는 3개의 평가항목으로 평정하며, 영유아 대상 안전교육의 지속적 실시, 교직원 안전교육과 영유아 학대 예방지침 준수, 비상시 안전설비의 효율적 사용 관리 등을 평가한다. 지표 평가기준으로는 우수(3개의 평가항목 중 'Y' 개수가 3개), 보통(3개의 평가항목 중 'Y' 개수가 2개), 개선필요(3개의 평가항목 중 'Y' 개수가 1개 이하)로 구분된다.

평가지표	평가항목	방법
3-5-1	영유아를 대상으로 안전교육을 지속적으로 실시하고 있다. ① 영유아를 대상으로 발달에 적합한 안전교육을 정기적으로 실시함 ② 영유아가 정기 소방대피훈련에 참여함 ③ 영유아가 놀잇감 및 활동자료, 놀이기구를 안전하게 사용하도록 지도함 ④ 계절 및 날씨 관련 놀이 안전수칙을 준수함	기록, 면담 기록, 면담 관찰 관찰, 면담
3-5-2	보육교직원은 안전교육을 받고 영유아 학대 예방지침을 준수한다. ① 보육교직원을 대상으로 기본적인 안전교육을 정기적으로 실시함(영유아 학대 예방교육 포함) 필수 ② 비상시 보육교직원의 대처방안과 업무분장이 체계적으로 수립되어 있고, 보육교직원은 자신의 역할을 숙지하고 있음 ③ 응급처치(심폐소생술) 관련 교육에 참여한 보육교직원이 있음 ④ 영유아 학대 예방지침(체벌 금지 포함)을 준수함 필수	기록, 면담 기록, 면담 기록, 면담 관찰, 기록, 면담
3-5-3	안전설비를 비상시 효율적으로 사용할 수 있도록 관리하고 있다. ① 비상사태를 대비한 피난설비(비상구, 비상계단 또는 영유아용 미끄럼대, 피난구 유도등 등)를 비상시 원활하게 대피할 수 있도록 관리하고 있음 ② 비상사태를 대비한 소화설비(소화기 등)를 비상시 제대로 작동되도록 관리하고 있음 ③ 비상사태를 대비한 경보설비(단독경보형감지기, 가스누설경보기 등)를 비상시 제대로 작동되도록 관리하고 있음 ④ 보육교직원은 안전시설 및 설비(소화기 등)의 사용법을 숙지하고 있음	관찰 관찰 관찰 관찰

(1) 영유아를 대상으로 안전교육을 지속적으로 실시하고 있다.

어린이집에서 영유아가 일상생활에서 안전하게 생활할 수 있도록 적합한 내용의 안전교육을 정기적으로 실시하여야 한다. 연령을 고려하여 매년 안전교육계획을 수립 · 실행 · 평가해야 하며, 정기적으로 소방훈련 등 비상대피훈련을 실시하여 영유아의 대피능력을 키울 수 있도록 해야 한다. 일과 중에 놀이기구와 놀잇감을 안전하게 사용하도록 지도하고 계절이나 날씨에 맞게 놀이할 수 있도록 지원해 주어야 한다. 항목의 평가기준은 4개의 평가요소 중 3개 이상을 충족해야 Y로 평정된다.

〈표 6-2〉 연간 안전교육계획안

월	주제	항목	내용
3	성폭력 및 아동학대 예방교육	★	위탁(보육교직원-굿네이버스)
	실종 · 유괴 예방방지교육	●	낯선 사람을 따라가지 않아요.
	약물오남용 예방교육		만지면 안 돼요. 먹으면 안 돼요.
	재난대비 안전교육		안전하게 생활해요.
	교통 안전교육	●	안전하게 등원해요.
	소방안전	●	소중한 불 위험한 불/ 소방대피훈련
4	성폭력 및 아동학대 예방교육	●	이런 장난은 싫어!
		★	성희롱예방교육 외 ~(보육교직원)
	실종 · 유괴 예방방지교육		멈추기 생각하기 도와주세요.
	약물오남용 예방교육	●	장난감 속의 나쁜 비밀
	재난대비 안전교육	●	봄의 불청객 황사
	교통 안전교육	★	위탁 – 교통안전공원
	소방안전	●	불이 났을 때 어떻게 해야 할까요? /소방대피훈련
5	성폭력 및 아동학대 예방교육		아기는 어떻게 태어났을까?
		★	외부위탁 (굿네이버스)-4~7세
	실종 · 유괴 예방방지교육		길을 잃었어요.
	약물오남용 예방교육	★	위탁(완주보건소)
	재난대비 안전교육	●	신나는 놀이터 안전하게 놀아요.
	교통 안전교육	●	차 안에서 지켜야 할 약속
	소방안전	●	불이야, 불 /소방대피훈련

월	주제	항목	내용
9	성폭력 및 아동학대 예방교육	●	소중한 나의 몸
	실종 · 유괴 예방방지교육	●	싫어요. 안 돼요. 도와주세요!
	약물오남용 예방교육		비타민 약 잘 알고 먹어요.
	재난대비 안전교육		
	교통 안전교육		
	소방안전	●	소화기로 불을 꺼요. /소방대피훈련
10	성폭력 및 아동학대 예방교육		
		★	성희롱예방교육 외 ~(보육교직원)
	실종 · 유괴 예방방지교육		
	약물오남용 예방교육	●	잘 쓰면 약 못 쓰면 독
	재난대비 안전교육	★	위탁-놀이 및 화재안전 (교통안전공원)
	교통 안전교육		안전하게 타요. (자전거, 스케이트)
	소방안전	●	삐뽀삐뽀, 소방차가 지나가요. /소방대피훈련
11	성폭력 및 아동학대 예방교육		몸도 마음도 아파요.
	실종 · 유괴 예방방지교육	●	싫어요. 안 돼요. 도와주세요! 2
	약물오남용 예방교육		
	재난대비 안전교육	●	땅이 흔들려요.
	교통 안전교육		날씨에 따른 보행안전
	소방안전	●	뜨거운 것을 조심해요. /소방대피훈련

월	주제	항목	내용	월	주제	항목	내용
6	성폭력 및 아동학대 예방교육		좋은 느낌, 나쁜 느낌	12	성폭력 및 아동학대 예방교육		
	실종 · 유괴 예방방지교육		문을 열면 안 돼요.		실종 · 유괴 예방방지교육		
	약물오남용 예방교육		달콤한 초콜릿의 유혹		약물오남용 예방교육	●	콜록콜록, 담배는 싫어요.
	재난대비 안전교육	●	비가 와서 물이 넘쳐요.		재난대비 안전교육		눈이 올 때 조심조심
	교통 안전교육		교통 표지판을 알아요.		교통 안전교육	●	나를 지키는 보호장구
	소방안전	●	소방대피훈련		소방안전	●	전기는 위험할 수 있어요./소방대피훈련
7	성폭력 및 아동학대 예방교육		남자와 여자	1	성폭력 및 아동학대 예방교육		나는야 내 몸 지킴이
	생활 안전교육	★	위탁–물놀이 안전교육 (교통공원)		실종 · 유괴 예방방지교육	●	혼자가는 길
	약물오남용 예방교육	●	에구구, 배가 아파요.		약물오남용 예방교육		
	재난대비 안전교육		번개가 쳐요.		재난대비 안전교육		
	교통 안전교육	●	비 오는 날 안전		교통 안전교육	●	띠르릉, 자전거 안전교육
	소방안전	●	킁킁, 가스 냄새 /소방대피훈련		소방안전	●	옷에 불이 붙었어요. /소방대피훈련
8	건강교육	★	구강검진 및 건강교육 – 완산보건소 (만 4~5세)	2	성폭력 및 아동학대 예방교육		난 무엇이든 할 수 있어요.
8	실종 · 유괴 예방방지교육	●	길을 잃었어요.	2	실종 · 유괴 예방방지교육	●	실종예방퀴즈
	약물오남용 예방교육		따라가지 않을게요.		약물오남용 예방교육	●	감기 조심해요.
	재난대비 안전교육	●	즐거운 물놀이 안전한 물놀이		재난대비 안전교육		
	교통 안전교육				교통 안전교육		
	소방안전	●	119에 신고해요. /소방대피훈련		소방안전	●	소방안전퀴즈 /소방대피훈련

- 안전교육을 할 때에는 사전에 실시계획서를 작성하며, 실시 후에는 결과보고서가 있어야 합니다(담당교사는 바로 정리한 후 제출해 주시기 바랍니다).
- 매주 1회 이상 안전교육이 들어갈 수 있도록 계획하고, 영아는 개별로 진행합니다.
- 위탁으로 안전교육을 실시하는 경우에는 교육이 끝난 후 바로 정리해 주세요.

출처: ○○어린이집(2015). 연간 안전교육계획.

〈표 6-3〉 소방대피훈련 내용 및 평가

<table>
<tr><td>실시일자</td><td>2014년 3월 27일 목요일</td><td colspan="3">제1회</td></tr>
<tr><td>실시시간</td><td>11시 00분~11시 20분</td><td colspan="3">총 훈련시간 20분</td></tr>
<tr><td>참가인원</td><td>보육교직원 20명 / 영유아 250명</td><td colspan="3">총 참가자 270명</td></tr>
<tr><th colspan="2">훈련내용</th><th>양호</th><th>불량</th><th>조치사항</th></tr>
<tr><td colspan="2">1) 비상벨 또는 사이렌 소리가 모두 들을 수 있는 음량이었는가?</td><td>○</td><td></td><td></td></tr>
<tr><td colspan="2">2) 대피 경로는 효율적이었는가?</td><td>○</td><td></td><td></td></tr>
<tr><td colspan="2">3) 대피 장소는 안전한 곳이었나?</td><td>○</td><td></td><td></td></tr>
<tr><td colspan="2">4) 역할에 따라 조직적으로 수행되었는가?</td><td>○</td><td></td><td></td></tr>
<tr><td colspan="2">5) 내부 또는 외부와의 연락체계는 신속하게 이루어졌는가?</td><td>○</td><td></td><td></td></tr>
<tr><td colspan="2">6) 보육교직원 모두 소화기를 다룰 수 있었는가?</td><td>○</td><td></td><td></td></tr>
<tr><td>내용</td><td colspan="4">• 대피훈련 하루 전날이나 당일 영유아와 실시하는 훈련에 대해 이야기를 나눈다.
• 비상구 표시와 대피 경보를 알려 주며 비상시 대피하는 방법을 알려 준다.
• 비상벨이 울리면 놀던 것을 멈추고 빨리 교실 앞으로 모인다.
• 선생님을 따라 어떤 대피 경로를 통해 대피할 것인가를 알린다.
• 화재 경보기를 울리고 훈련 상황임을 알게 하여 영유아가 당황하지 않고 대피하게 한다.
• 구급약품 담당교사는 응급처치를 위한 간단한 구급약품과 기구를 준비한다.
• 영유아와 교사는 비상대피 경로를 따라 대피 장소로 긴급히 이동한다.
• 교사는 앞에서 영유아를 대피 장소로 안내하고 함께 나온 영유아의 이름을 불러 인원을 확인한다.
• 최종확인 담당교사는 대피 인원을 보고받아 원장에 보고한다(교실 및 화장실, 복도에 남아 있는 영유아가 있는지 반드시 점검하고 교실 문을 닫은 후 밖으로 나온다).
• 반별로 교실에 들어가 훈련에 관해 평가하고 훈련 도중 다친 친구는 없었는지, 화재 경보가 울린 후 얼마나 빨리 밖으로 나올 수 있었는지 영유아와 함께 이야기 나눈다.</td></tr>
<tr><td>사진</td><td></td><td colspan="3">평가
처음 실시한 소방대피훈련이었지만 교사와 영유아가 침착하게 대피훈련에 임했다. 대피할 때 소지품을 챙기려 하지 말고 몸만 재빨리 나오도록 하고 걸음이 빠르지 않은 영아는 교사나 자원봉사자의 도움을 받아 대피하도록 해야겠다.</td></tr>
</table>

출처: ○○어린이집(2015). 소방대피훈련.

(2) 보육교직원은 안전교육을 받고 영유아 학대 예방지침을 준수한다.

어린이집에서는 비상상태 발생 시 대처할 수 있는 지침과 업무분장이 수립되어 있으며, 모든 교직원은 자신의 역할을 숙지하고 안전관리 시설 및 소화기 등의 설비를 적절하게 작동시킬 수 있어야 한다. 어린이집의 교직원은 안전교육을 정기적으로 받아야 하며, 영유아 학대 예방지침을 알고 이를 준수해야 한다. 특히, 교직원 중에는 응급사태 시 심폐소생술을 실시할 수 있는 교육을 받은 사람이 있어 불가피한 사고가 발생하였을 때 보다 안전하게 영유아를 보호할 수 있어야 한다. 항목의 평가기준은 4개 평가요소 중 3개 이상(필수요소 포함, 필수요소 미충족 시 N 평정)을 충족해야 Y로 평정된다.

〈표 6-4〉 비상업무분장표

담당자	업무	화재 및 재난 발생 시	안전사고 발생 시	돌발상황 발생 시
원장	• 지휘명령총괄	• 지휘명령총괄	• 지휘명령총괄	• 지휘명령총괄
주임 교사 (신나는)	• 소방시설 유지 • 문서관리	• 연간소방교육계획 • 비상사태 시 비상벨 및 원 내 전달 • 전원 차단, 관계기관 통보	• 학부모와 관계기관 통보 • 응급처치 및 지정 병원으로 긴급 후송	• 119 신고 및 원 내 전파 • 관계기관 통보
교사 (즐거운)	• 시설 및 설비 최종점검	• 자체 소방시설을 활용한 소화활동 • 건물 내 단속 및 비상문 개방 • 소화활동 시 장애물 제거와 복구 • 주요 서류와 물건 반출	• 시설 및 설비 안전점검 • 사고 문서 관리	• 건물 내 단속 • 비상문 개방
교사 (정다운)	• 화장실, 현관 및 실외 최종 점검	• 인명구조 • 대피유도	• 화장실 시설 및 설비 안전점검 • 실외 시설 및 설비 안전점검	• 대피유도
교사 (행복한)	• 후송	• 구급약품 관리 • 응급처치 및 지정 병원으로 긴급 후송	• 응급처치 및 지정 병원으로 긴급 후송	• 응급처치

출처: 단비어린이집 운영계획서(2014).

(3) 안전설비를 비상시 효율적으로 사용할 수 있도록 관리하고 있다.

어린이집에서는 비상사태를 대비한 피난설비, 소화설비, 경보설비 등이 잘 작동되도록 관리하고 있으며, 영유아보육기관의 교직원은 안전시설 및 설비(소화기) 등의 사용법을 숙지하고 있어야 한다. 항목의 평가기준은 4개의 평가기준 중 3개 이상을 충족해야 Y로 평정된다.

어린이집 보험 관련 법령

- 「영유아보육법 시행규칙」 제23조 별표(어린이집 안전공제회)
- 「액화석유가스의 안전관리 및 사업법 시행규칙」 제52조 제57조(보험가입)
- 「어린이놀이시설 안전관리법」 제21조(보험가입) 및 동법시행령 제13조(보험의 종류)
- 「화재로 인한 재해보상과 보험가입에 관한 법률」 제4조(건물소유자 손해배상 책임), 제5조(보험가입의무)
- 「자동차손해배상 보장법」 제5조(보험 등의 가입의무)

출처: 2017년도 어린이집 보육사업안내.

2 유치원의 안전관리와 평가지표

유치원 평가 기본계획의 추진 목적은 현장 중심 유치원 평가로 유아교육 질 제고 및 교육 서비스 개선, 학부모의 알 권리 및 유치원 선택권 보장으로 되어 있다.

관련 근거는 「유아교육법」 제19조, 「유아교육법 시행령」 제20조, 제21조, 제22조에 의하여 시행되며, 추진방향의 내용으로는 도 교육청 주관 유치원 평가 기본계획 수립 및 추진, 교육공동체의 성찰 중심 자체평가로 유아교육의 질 개선, 평가방법 개선으로 현장부담 경감, 유치원 평가결과 공개를 통한 학부모의 알 권리 충족에 있다. 유치원 평가절차는 [그림 6-6]과 같다.

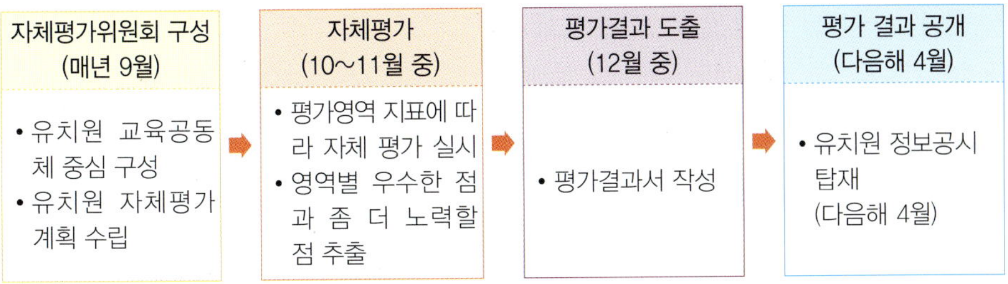

※ 소규모 병설유치원은 초등학교 평가위원회와 연계 가능[겸임 원장(감), 보건, 안전, 예산 등 영역별 담당자 포함]

[그림 6-6] 유치원 평가절차

출처: 전라북도교육청(학교교육과). 2020 유치원 평가 기본 계획.

이에 유치원에서는 유아와 교직원의 심신의 건강을 유지하고 정상적인 성장과 발달을 위하여 안전한 환경을 제공해야 하는 것은 당연하다.

평가주기는 매년으로 하고 실시시기는 10월부터 12월에 이루어지며 평가대상은 도 내의 모든 공 · 사립유치원이다. 평가방법으로는 매년 자체평가를 실시하되 유치원 실정에 맞는 자체평가위원회를 구성하여 성찰중심 평가로 평가 영역별 우수한 점과 좀 더 노력할 점을 추출한다. 전체적인 유치원 평가지표에는 4개의 평가영역, 17개의 지표, 33개의 항목으로 이루어진다. 평가 항목별로 충족 여부에 따라 체크리스트 방식에 의해 충족(Y), 또는 미충족(N)으로 평가된다.

〈표 6-5〉 유치원 평가영역 및 평가지표에 따른 평가방식

영역	평가지표		평가방식
Ⅰ. 교육과정 등 영역 (5지표, 11항목)	1-1 교육계획 수립 1-2 일과운영 1-3 교수 · 학습 및 평가	1-4 교사와 유아 상호작용 1-5 방과후 과정 운영	충족 / 미충족 Y□ / N□
Ⅱ. 교육환경 및 운영관리 영역 (4지표, 6항목)	2-1 놀이 공간의 다양성 2-2 시설 · 설비의 적합성	2-3 놀이 자료의 구비 및 관리 2-4 행 · 재정관리	충족 / 미충족 Y□ / N□
Ⅲ. 건강 · 안전 영역 (4지표, 9항목)	3-1 시설 및 환경 3-2 건강 및 안전 증진	3-3 급 · 간식 건강 및 안전 3-4 등 · 하원 안전	충족 / 미충족 Y□ / N□
Ⅳ. 교직원 영역 (4지표, 7항목)	4-1 원장의 전문성 4-2 교직원의 전문성	4-3 교사의 업무지원 4-4 교직원 복지	충족 / 미충족 Y□ / N□

출처: 전라북도교육청(학교교육과). 2020 유치원 평가 기본 계획.

1) 유치원의 안전관리 평가지표

유치원의 안전관리는 유아와 교직원을 대상으로 이루어지는 내용으로 실·내외 공간의 적절한 배치와 시설의 안전한 관리 여부, 모든 부분의 안전교육 실행 여부, 국가수준의 교육과정에 따른 안전교육의 계획과 및 실행 여부, 부모교육자료, 교직원과 유아의 건강관리, 유아와 교직원 및 시설에 대한 보험가입, 교직원의 성범죄 경력조회, 안전을 위한 비상연락망 구축, 비상약품의 비치 및 관리, 담당교사의 응급처치교육 이수, 급·간식의 영양균형, 조리 및 배식과정의 위생, 급·간식 시간 및 이후 관리가 청결, 유아의 안전한 등·하원 지도 및 통학버스 관리 및 운행에 대한 관리를 확인하고 있다. 〈표 6-6〉은 유치원 건강·안전' 영역에 해당하는 평가항목을 기록하였고, 〈표 6-7〉은 유치원 자체평가 결과서이다.

〈표 6-6〉 유치원의 '건강 · 안전' 영역에 대한 평가지표

Ⅲ. 건강 · 안전 영역 (4지표, 9항목)	
평가지표	평가항목
3-1 시설 및 환경	3-1-1. 실내외 공간을 청결하고 안전하게 관리한다.
	3-1-2. 수도, 전기, 가스, 안전시설 등을 안전하게 관리한다.
3-2 건강 및 안전 증진	3-2-1. 질병 및 상해 관리가 적절히 이루어진다.
	3-2-2. 건강 및 안전 증진을 위한 예방 관리 및 교육이 이루어진다.
3-3 급 · 간식 건강 및 안전	3-3-1. 영양의 균형을 고려한 급 · 간식을 제공하며, 식자재 관리가 적절하게 이루어진다.
	3-3-2. 조리 및 배식과정이 안전하고 위생적이다.
	3-3-3. 급 · 간식 시간 및 이후 관리가 위생적으로 이루어진다.
3-4 등 · 하원 안전	3-4-1. 등 · 하원 지도가 안전하게 이루어진다.
	3-4-2. 어린이통학버스 관리 및 운행이 안전하게 이루어진다.

출처: 전라북도교육청(학교교육과). 2020 유치원 평가 기본 계획.

〈표 6-7〉 유치원 자체 평가 결과서

<table>
<tr><th>영역</th><th>평가지표</th><th>평가항목</th><th>충족/미충족</th><th>비고</th></tr>
<tr><td rowspan="12">Ⅲ.
건강
·
안전</td><td rowspan="2">3–1
시설 및 환경</td><td>1. 실내외 공간을 청결하고 안전하게 관리한다.</td><td>□Y / □N</td><td></td></tr>
<tr><td>2. 수도, 전기, 가스, 안전시설 등을 안전하게 관리한다.</td><td>□Y / □N</td><td></td></tr>
<tr><td rowspan="2">3–2
건강 및
안전 증진</td><td>1. 질병 및 상해 관리가 적절히 이루어진다.</td><td>□Y / □N</td><td></td></tr>
<tr><td>2. 건강 및 안전 증진을 위한 예방 관리 및 교육이 이루어진다.</td><td>□Y / □N</td><td></td></tr>
<tr><td rowspan="3">3–3
급 · 간식
건강 및 안전</td><td>1. 영양의 균형을 고려한 급 · 간식을 제공하며, 식자재 관리가 적절하게 이루어진다.</td><td>□Y / □N</td><td></td></tr>
<tr><td>2. 조리 및 배식과정이 안전하고 위생적이다.</td><td>□Y / □N</td><td></td></tr>
<tr><td>3. 급 · 간식 시간 및 이후 관리가 위생적으로 이루어진다.</td><td>□Y / □N</td><td></td></tr>
<tr><td rowspan="2">3–4
등 · 하원 안전</td><td>1. 등 · 하원 지도가 안전하게 이루어진다.</td><td>□Y / □N</td><td></td></tr>
<tr><td>2. 어린이통학버스 관리 및 운행이 안전하게 이루어진다.</td><td>□Y / □N</td><td></td></tr>
<tr><td colspan="4">특장점 기술(우수한 점, 좀 더 노력할 점)</td></tr>
<tr><td colspan="4"></td></tr>
</table>

2) 유치원 안전관리 평가활용 및 기대효과

유치원에서는 평가영역 및 평가지표에 따른 평가방식에 따라 매년 자체평가를 실시하는데 자체평가 결과서 작성활용과 기대효과는 다음과 같다.

〈자체평가 결과서 작성활용〉

- 영역별 자체평가를 통한 전반적 검토 및 지표별 정량평가 실시
- 유치원 운영 전반의 우수한 점, 좀 더 노력할 점 작성
- 교육공동체의 적극적인 의견 수렴으로 교육발전을 위한 제안
- 유치원 교육력 제고 및 개선을 위한 자료로 활용
- 다음해 유치원 정보공시 자료로 활용(다음해 4월 정보공시)

(단, 인사이동 등으로 인한 담당자 변경 시 업무 인수 · 인계를 철저히 하여 정보공시에 누락되지 않도록 유의한다.)

〈기대효과〉

- 유치원의 자율적 운영실태 진단과 개선 및 자긍심 고취
- 유치원에 대한 정보제공을 통한 학부모의 선택권 보장 및 만족도 향상

유치원의 평가는 전체 유치원의 질적 수준 제고를 위한 피드백 자료로 적극 활용함과 동시에 유아들의 건강하고 안전한 유치원 생활의 발전 방향 모색을 도모하며 평가의 중요한 컨설팅의 자료가 되기도 한다.

〈표 6-8〉 유치원 평가지표 배점 및 평가방법

제3주기('14～'16년)

평가영역(배점)	평가지표(배점)	평가요소
Ⅰ. 교육과정(30)	1. 교육목표 및 교육계획 수립의 적절성(10)	3
	2. 일과 운영 및 교수학습방법의 적합성(15)	3
	3. 평가방법 및 활용의 적절성(5)	2
Ⅱ. 교육환경(15)	4. 실 · 내외 교육환경 구성 및 활용의 적합성(10)	3
	5. 교재 · 교구의 제공 및 관리의 적절성(5)	1
Ⅲ. 건강 및 안전(15)	6. 유아의 건강관리 및 지도의 적절성(10)	3
	7. 유아의 안전관리 및 지도의 적절성(5)	3
Ⅳ. 운영관리(30)	8. 교직원의 근무여건 및 전문성 제고(10)	3
	9. 예산편성 및 운영의 적절성(5)	2
	10. 가정 및 지역사회와의 연계(5)	3
	11. 방과후 과정 운영의 적절성(10)	3
Ⅴ. 창의적 인재 육성(10)	12. 유치원 특색사업의 적절성(10)	
총계	12개(100점)	30

제4주기('17～'19년)

평가영역(항목 수)	평가지표	항목 수
Ⅰ. 교육과정(9)	1–1. 교육 계획 수립 및 실행	2
	1–2. 일과 운영	3
	1–3. 교수학습방법	1
	1–4. 교사–유아 상호작용	1
	1–5. 유아 간 상호작용 시 교사 역할	1
	1–6. 평가	1
Ⅱ. 교육환경 및 운영관리(10)	2–1. 실내 공간 구성	2
	2–2. 실외 공간 구성	1
	2–3. 기관 운영	3
	2–4. 가정 및 지역사회와의 연계	2
	2–5. 방과후 과정	2
Ⅲ. 건강 · 안전(12)	3–1. 실내 · 외 공간의 청결 및 안전	2
	3–2. 급 · 간식	3
	3–3. 건강 증진을 위한 교육 및 관리	2
	3–4. 등 · 하원의 안전	2
	3–5. 안전교육 및 사고 대책	3
Ⅳ. 교직원(11)	4–1. 원장의 리더십	3
	4–2. 교직원의 근무환경	3
	4–3. 교직원의 처우와 복지	3
	4–4. 교직원의 전문성 제고 노력	2
총계	20개	42

출처: 전라북도유아교육진흥원(2017). 제4주기 유치원 평가기본계획.

평가방식으로는 평가항목에 따른 각 평가항목별로 충족 여부에 따라서 체크리스트방식에 의해 충족(Y), 또는 미충족(N)으로 체크되고, 평가지표 내 '충족' 개수에 따라 3개 등급으로 (우수, 적합, 개선필요) 중 1개를 부여하고, 평가항목별 충족비율이 '우수'는 75% 이상, '적합'은 50~75% 미만, '개선필요'는 50% 미만으로 구간 설정을 권장한다. 단, 1개라도 '개선필요' 등급을 받을 경우 타 영역의 등급과 상관없이 'D' 등급이다. 〈표 6-9〉 평가영역 등급에 따른 유치원 등급은 다음과 같다.

〈표 6-9〉 평가영역 등급에 따른 유치원 등급

유치원 등급	등급 부여기준	예시
A	모든 영역에서 '우수' 등급인 유치원	• '우수' 영역 4개
B	3개 영역 이상 '우수' 등급이고, '개선필요' 등급이 없는 유치원	• '우수' 3개, '적합' 1개 영역
C	2개 영역 이하 '우수' 등급이고, '개선필요' 등급이 없는 유치원	• '우수' 2개, '적합' 2개 영역 • '우수' 1개, '적합' 3개 영역 • '적합' 4개 영역
D	1개 영역 이상 '개선필요' 등급인 유치원	• '개선필요' 영역 1개 이상

출처: 전라북도유아교육진흥원(2017). 제4주기 유치원 평가기본계획.

PART 3

영유아 안전교육 내용 및 실제

안전신호등 이야기: 영유아와 교사는 녹색(초록색) 신호등입니다.

횡단보도에서 신호등이 초록불이면 영유아의 보호자는 다음과 같이 안내합니다.

"초록불이지만 자동차의 움직임을 봐야 해."
"운전자와 눈을 맞추자." "이제 손을 들고 안전하게 건너자."

보호자의 안내를 통해 영유아는 "살피고 건너자."라는 초록 신호등의 의미를 알게 되고, 운전자와 눈을 맞추고 손들고 건너기(문제해결방법)를 해 봄으로써 직접적인 상황을 통해 학습하게 됩니다.
성인과의 경험과 실제 사례를 통하여 영유아는 안전의 의미를 이해하게 되고, 교사의 생활 속 안전한 생활습관이 영유아에게 이어져 안전은 곧 생활의 기본이 되며, 영유아의 발달과 상황에 대한 안내 길잡이가 됩니다.

제7장 가정 안전교육
제8장 놀이 안전교육
제9장 교통 안전교육
제10장 화재 안전교육
제11장 재난 안전교육
제12장 대인 안전교육
제13장 감염병 및 약물오남용 예방 등 보건위생관리교육
제14장 미디어 안전교육
제15장 응급처치

Chapter 07

가정 안전교육

본 장에서는 영유아가 가장 많이 머무르는 환경인 가정환경에서
안전사고의 발생 가능성이 큰 장소와 유형별 예방방법을 알아보고,
영유아 보육 · 교육기관에서 실시할 수 있는 가정 안전교육 내용을 살펴보고자 한다.

온누리반 친구들에게

우리 오늘 안전교육시간에 위험한 물건에 대해 이야기 나누었지?
집에서도 놀이할 때 주위를 둘러보면 생각보다 위험한 물건이 많이 있단다. 엄마, 아빠가 사용하시는 칼, 가위, 세제나 언니, 오빠가 사용하는 자, 연필, 커터칼 등의 문구도 위험할 수 있단다. 만약, 사용해야 한다면 어른들께 도움을 요청하고 함부로 사용하지 않도록 하는 거 알지? 어린이집에서는 선생님이 너희의 안전을 살피고 가정에서는 엄마, 아빠께서 안전하게 지켜주실 거야. 오늘도 집에서 안전하게 놀이해!

-온누리반을 많이 사랑하는 선생님이-

가정 안전교육은 영유아가 가장 많이 머무르는 공간인 가정 안에서 발생하는 안전사고를 예방하기 위한 방법이다. 영유아에게 가장 안전한 공간이라 여겨지는 가정에서 발생하는 안전사고에 대비하고, 가정 안전사고 발생 시 대처방안에 대해 알아야 할 필요성이 있다. 본 장에서는 가정 안전사고의 유형과 안전하게 생활하는 방법을 이야기하고자 한다.

1 가정 안전교육의 개념 및 필요성

가정은 가족구성원에게 편안하고 안전한 공간으로 인식된다. 특히, 가정은 영유아가 하루 중 가장 많은 시간을 보내는 장소이기도 하지만 영유아 안전사고가 가장 많이 발생하는 장소이기도 하다. 가정은 편안한 장소로 인식되어 가족구성원이 긴장하지 않은 상태로 일상생활을 하기 때문에 철저한 안전점검이 습관화되지 않으면 일상생활 중 많은 위험요인이 방치되어 가정에서의 안전사고가 계속 발생할 수 있다. 이러한 안전불감증으로 인해 가정이 영유아에게 신체적 · 심리적 장애를 가져올 수 있는 위험한 장소가 되는 것이다. 특히, 14세 미만의 안전사고 중 아동 사망의 주요 원인이 되는 사고 대부분은 예방이 가능한 것이기에 가정 안에서의 안전사고 역시 예방 및 대책이 필요하다.

대부분의 사람이 안전한 공간으로 여기는 가정에서의 안전사고를 예방하기 위해 안전사고를 유발하는 실내 환경의 개선 및 안전사고 발생 가능성이 큰 물품에 대한 보호자의 인식과 안전한 관리가 반드시 필요하다.

2 가정 안전사고의 유형 및 실태

한국소비자원 CISS(소비자위해감시시스템)에 2018년 접수된 안전사고를 사고 발생 장소별로 분석한 결과 16,343건(67.8%)이 가정에서 발생한 것으로 나타나 가정에서의 안전사고는 매년 70% 정도를 차지하는 것으로 나타나고 있다.

한국소비자원(2019)의 발표에 따르면 2016년부터 2018년까지 3년간 가정 내에서 발생한 아동 안전사고에서 연령대가 높을수록 활동 범위가 넓어져 가정 밖에서의 다양한 활동으로 인해 가정 외의 장소에서 사고 발생 비율이 증가하는 반면 연령대가 낮은 경우 상대적으로 가정 내에서 보내는 시간이 많아 다른 연령대보다 가정에서의 안전사고 비율이 높은 것으로 분석되고 있다. 따라서 성인들이 안전한 실내 · 외 환경을 제공하고 영유아 스스로 안전을 지킬 수 있도록 장소별 안전 유형 및 예방법 등의 안전교육이 필요하다.

가정에서 발생하는 사고의 경우 사고의 유형을 불문하고 1~3세의 사고가 가장 많이 나타나고 있다. 가정에서 발생하는 사고에서 1~3세를 제외한 나머지 연령의 경우에도 사고 유형에 따라 조금씩 다른 사고 발생 비율을 나타내고 있지만, 가정에서 영유아의 발달단계상 많이 나타날 수 있는 사고 유형을 주의 깊게 살펴보고 주의를 기울인다면 안전사고를 예방할 수 있을 것이다.

3 가정 안전교육의 내용 및 방법

1) 가정 내 안전사고 원인

가정 내 안전사고는 주로 성인에게 맞춰 지어진 주택의 구조, 물품, 잘못된 설비 및 시설물의 이용에 의해 영유아에게 일어나는 사고(미끄러짐, 추락, 화재, 삼킴 사고 등)가 대부분으로 가정 내 장소별로 안전사고의 원인은 다양하다.

가정에서 주로 발생하는 가정 안전사고의 유형, 특성 및 안전수칙을 살펴보면 다음과 같다(한국소비자보호원, 2019).

(1) 낙상 사고

2018년까지 3년간 한국소비자원을 통해 수집된 통계를 살펴보면 1세 미만 낙상 사고는 전체 사고의 44.4%로 영아기에 많이 발생하는 사고 유형 중 하나로 다른 사고 유형에 비해 영아기 비중이 높은 것으로 나타났다. 1~3세 아이들의 낙상 사고는 전체 사고의 24.2%를 차지하고 있다. 낙상 사고는 무엇인가를 타고 올라가서 떨어지는 등 그 유형이 매우 다양하다. 영아는 침대, 의자, 소파, 탁자 같은 가구에서 낙상을 당하기 쉽고, 3~5세가 되면 가구나 창문 위로 기어 올라가다가 떨어지는 사고가 빈번하게 발생한다. 영유아의 낙상 사고를 예방하기 위해서는 다음과 같은 상황을 주의해야 한다.

- 의자, 침대 등의 가구는 창문 가까이에 두지 않는다.
- 침대에는 안전바를 설치해 자다가 추락하는 일이 없도록 한다.
- 가정 내 모든 창문에 난간을 설치한다.
- 바닥은 미끄러운 물건이나 바퀴 달린 장난감, 물 등으로 인해 미끄러지지 않도록 치운다.
- 보행기를 태울 때에는 문턱에 걸려 넘어지거나 계단으로 굴러떨어지지 않도록 안전한 곳에서 태워야 한다.
- 영유아용 보조의자를 사용할 때는 안전벨트를 확인하고 보호자가 시선을 떼지 않아야 한다.

(2) 중독 및 질식 사고

중독 및 질식 사고는 가정 내 발생하는 사고가 가정 외에서 발생하는 사고보다 월등히 높은 안전사고(중독의 경우 가정 내가 85%를 차지)로, 3세 미만의 영유아에게서 많이 발생한다. 이는 3세 미만 영유아의 인지적 능력이 입에 넣어도 좋을 것과 넣어서는 안 되는 것을 구별하지 못하며, 손에 잡히는 것은 일단 입으로 가져가서 확인해 보려고 하는 발달 특성 때문이다. 한국소비자원(2019)의 안전사고 보고서에 의하면 완구 및 인형, 구슬, 동전, 건전지, 자석 등에 의한 영유아의 삼킴 사고가 매년 증가하고 있는 것으로 나타났다. 특히, 가정용 TV 리모컨이나 완구 등 가정에서 많이 쓰이고 있는 단추형 건전지로 인한 삼킴 사고가 급증하고 있는 것으로 나타났다. 단추형 건전지는 체내에서 타액과 반응하여 전기분해를 일으켜 조직을 손상시켜 심한 경우 사망에까지 이르게 한다. 이러한 삼킴 사고는 영유아에게 매우 위험한 상황으로 영유아가 자신의 상황을 표현하는 데 미숙해 보호자가 이물질 삼킴 등을 알지 못하여 이물질이 체내에 오래 머물러 있어 이로 인한 합병증을 유발할 위험성이 크다.

의약품이나 살충제 등을 삼키거나 오남용함으로써 발생한 중독 사고도 영유아기에 많이 나타나는 안전사고 중 하나이다. 감기약 및 의약품, 표백제, 살충제, 방습제, 섬유탈취제, 손 세정제 등은 영유아의 중독 사고를 유발하는 주요 품목으로 가정 내에서 보관 및 관리를 철저히 해야만 한다.

또한, 블라인드 사용이 일반화되면서 이로 인한 영유아의 질식 사고도 증가하고 있다. 영유아가 뛰어놀거나 기어오르면서 블라인드의 줄을 목에 걸고 노는 상황이 종종 있어 위험에 노출되어 있을 뿐 아니라, 목에 줄이 걸려 위험에 처해도 신속하게 대처할 수 있는 능력이 부족하기 때문에 보호자의 각별한 주의가 필요하다. 영유아의 중독 및 질식 사고를 예방하기 위해서는 다음과 같은 상황을 주의해야 한다.

- 영유아가 음식물을 입에 물고 다른 활동을 하지 않도록 한다.
- 접착성이 높거나 말랑말랑한 음식, 둥근 형태의 음식(예: 견과류, 사탕, 떡, 젤리, 콩, 포도, 방울토마토 등)은 작게 잘라서 먹인다.
- 장난감이나 리모컨의 주입구 나사를 세게 조여 영유아가 단추형 건전지를 빼

[그림 7-1] 단추형 건전지 안전의식 포스터

출처: 어린이집 안전공제회(http://www.csia.or.kr).

[그림 7-2] 단추형 건전지 위험 홍보 전단

출처: 어린이집 안전공제회(http://www.csia.or.kr).

지 못하도록 하거나 단추형 건전지를 미리 빼 둔다.

- 영유아가 쉽게 열지 못하도록 어린이보호포장을 사용한 제품을 구입한다.
- 화장품, 약, 락스, 표백제, 욕실 세정제, 유리 세정제, 식기건조기용 세제 등은 보관에 주의하고 영유아의 손에 닿지 않는 곳에 보관한다.
- 비닐봉지는 영유아의 손에 닿지 않는 곳에 보관하고 바람 빠진 풍선은 바로 치운다.

(3) 화상 사고

화상 사고는 가정에서 발생하는 3세 미만의 영유아 사고 가운데 심각한 후유증을 가지고 있는 안전사고이다. 이는 3세 미만 영유아가 위험한 상황에 대한 판단이 미숙하고 위험한 상황에서 대피할 능력이 부족한 인지적 능력과 밀접한 관계가 있다.

화상 사고가 발생하는 장소는 가정 내가 가장 많으며, 가정 내 주방기기나 열기구의 사용이 상대적으로 많은 주방에서의 화상 사고가 가장 높은 것으로 나타났다. 정수기와 전기밥솥, 다리미 등 주방에서 주로 사용하는 제품으로 인한 사고 외에도 전기고데기와 같이 안방과 거실에서 사용하는 제품으로 인한 사고도 지속적으로 증가하는 것으로 나타났다. 영유아 화상 사고의 경우 흉터나 조직의 손상 등으로 인해 신체적 · 정신적 후유증이 크게 나타나는 안전사고이므로 각별한 주의가 필요하다. 영유아의 화상 사고를 예방하기 위해서는 다음과 같은 상황을 주의해야 한다.

- 영유아를 안을 때는 뜨거운 것을 내려놓는다.
- 뜨거운 음식이나 음료는 항상 영유아의 손에 닿지 않게 보관한다.
- 다리미는 되도록 영유아가 집에 없는 시간 또는 자는 시간에 사용하고 사용이 끝난 후에는 영유아의 손에 닿지 않는 곳에 보관한다.
- 전기밥솥은 영유아의 손이 닿지 않는 높은 곳에 두고 사용한다.
- 전기 주전자 사용 시에는 전기선이 늘어지지 않도록 잘 정리한다.
- 정수기의 온수 스위치는 꺼두고 온수탭은 이중장치를 설치하여 영유아가 우연히 눌러도 온수가 나오지 않도록 한다.

(4) 익사 사고

익사 사고의 70% 이상은 바다나 강 등에서 발생하지만, 5% 정도는 가정 내에서 발생하고 있다. 특히, 가정 내 익사 사고는 1세 미만의 영아에게서 많이 발생하고 있는 것으로 나타났다. 생후 1~2개월 미만 영아 익사 사고의 절반은 욕조에서 목욕 도중 발생하며, 심지어 얕은 물이나 화장실 변기에서도 익사 사고가 발생한다. 영유아의 익사 사고를 예방하기 위해서는 다음과 같은 상황을 주의해야 한다.

- 영유아를 혼자 욕조에 두고 자리를 뜨지 않는다.
- 영유아는 보호자가 안거나 보조장치가 있는 욕조를 사용해 목욕시킨다.
- 변기 뚜껑은 항상 닫아 두도록 한다.

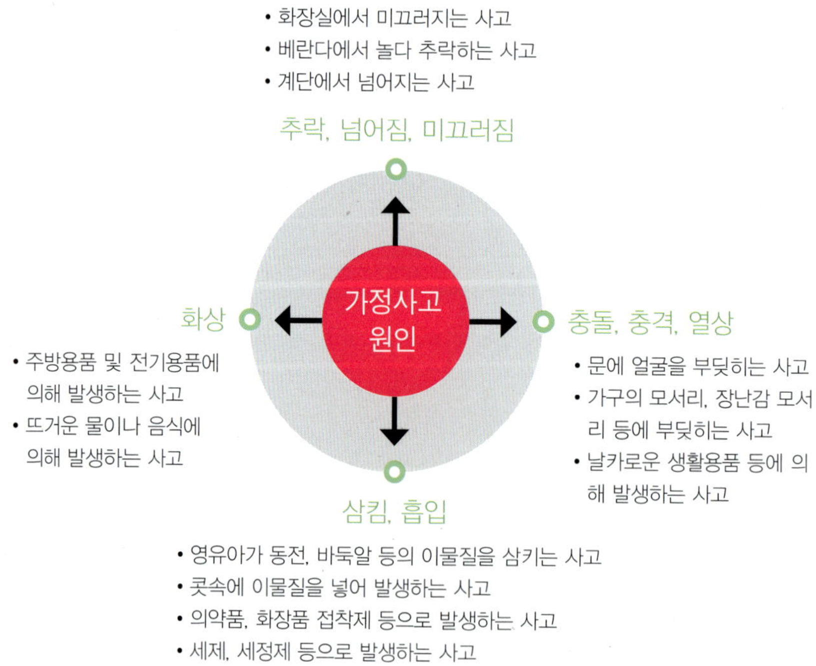

[그림 7-3] 가정 내 안전사고 원인

출처: 행정안전부(2012). 생활안전 길잡이.

2) 집 안 장소별 안전점검 사항

영유아가 있는 가정에서는 집 안 장소별로 발생하는 안전사고를 예방하기 위해 다음과 같은 사항을 점검해야 한다(김영실 · 윤진주 · 김정주, 2013).

(1) 방

- 창문 근처에는 발판이 될 만한 가구를 절대 놓지 않고 창틀 위에 영유아의 호기심을 자극하는 장난감이나 물건을 올려놓지 않는다.
- 커튼이나 블라인드 줄에 목이 감겨 질식할 수 있으므로 블라인드 줄은 영유아의 손에 닿지 않게 한다.
- 영유아의 손이 닿는 곳에는 아무것도 걸지 않고 걸었을 경우 안전하게 걸려 있는지 항상 확인해야 한다.
- 영유아용 침대는 안전기준에 맞는 것을 구입하고 푹신한 침구와 베개는 질식의 우려가 있으므로 유의한다.
- 영아는 엎드려 재우지 않고 영아가 성인과 함께 성인용 침대에서 자는 것은 낙상과 질식의 위험이 있어 피해야만 한다.
- 방안에 장난감을 늘어놓지 않고 장난감은 사용한 후 꼭 정리한다.
- 옷장 속이나 옷을 덮는 비닐 안에 들어가서 놀지 않는다.
- 옷장, 책꽂이 등이 흔들리는지 수시로 확인한다.

(2) 거실

- 전기 콘센트에 젓가락이나 쇠붙이를 넣지 않도록 안전덮개를 씌운다.
- 전선은 되도록 영유아의 손에 닿지 않게 감추고 길게 늘어지지 않도록 한다.
- 피아노 뚜껑이 위에서 아래로 떨어지면 영유아의 손가락이나 팔이 부러지는 사고가 발생할 수 있으므로 항상 잠금장치를 해 둔다.
- 탁자나 수납장의 모서리는 안전장치를 한다.
- 영유아가 계단으로 가지 않도록 안전문을 설치한다.

(3) 주방

- 싱크대 서랍은 영유아가 여닫지 못하게 안전장치를 해 둔다.
- 칼이나 가위 같은 날카로운 도구는 영유아의 손에 닿지 않는 곳에 보관하고 위험한 물건임을 알려 준다.
- 가스레인지를 함부로 만지지 못하게 하고 가스레인지를 사용하지 않을 때는 반드시 중간 밸브를 잠가 둔다.
- 냄비나 프라이팬의 손잡이를 싱크대 안쪽으로 돌려놓는다.
- 뜨거운 음식이나 국 등은 만지지 못하도록 하고 바닥에 두지 않는다.
- 취사 중일 때는 증기로 인한 화상 사고가 발생하지 않도록 영유아가 주방에 오지 못하게 하고 전기밥솥의 증기 구멍이나 뜨거운 주전자, 냄비 등은 영유아의 손이 닿지 않도록 한다.
- 영아가 식탁보를 잡아당기다가 그 위에 놓인 물건이 쏟아져 다치는 사고를 예방하기 위해 식탁보를 치워 둔다.

(4) 화장실 및 욕실

- 물을 사용하기 전에 반드시 물의 온도를 확인한다.
- 물에 젖은 손으로 전기를 만지지 않도록 하고 전기 콘센트에는 안전덮개를 씌운다.
- 욕실에 들어가기 전에 바닥의 물기를 확인하고 욕실 바닥과 욕조에는 미끄럼방지 처리를 하거나 미끄럼방지 매트를 깔아두고 화장실이나 욕실에서는 뛰거나 장난치지 않도록 한다.
- 영유아는 적은 양의 물에도 익사할 수 있으므로 욕조에 물을 담아 두지 않는다.
- 세면대가 영유아의 키에 맞지 않을 경우 미끄러지지 않는 받침대를 이용한다.
- 세제 등은 영유아 손에 닿지 않는 높은 곳에 보관한다.
- 세탁기 안에 들어가지 않도록 지도한다.

(5) 기타 안전점검 사항

- 구급 약상자는 영유아의 손에 닿지 않는 곳에 보관한다.
- 창문, 베란다에는 창문 보호대나 난간을 반드시 설치한다. 방충망은 안전하지 못하다는 것을 인식시킨다.
- 바닥에 엎질러진 물은 즉시 닦아 내어 미끄러지지 않도록 한다.
- 난방기구 주변에는 안전망을 설치한다.

3) 부모 안전교육

대부분의 부모는 자녀가 다치지 않고 건강하게 자라도록 자녀를 위해 안전한 환경을 제공하기를 원한다(Zigler, Kagan, & Hall, 1996). 그러나 가정에서의 안전사고는 가정이 영유아 안전의 사각지대라는 것을 간과하는 부모에 의해서 발생하는 경우가 많다. 가정이라는 환경적 위험요인에 대해 부모가 인지하지 못하고 가정에서의 안전에 대한 인지 결여가 간과할 수 없는 수준에 있어 이에 대한 부모교육의 필요성이 강조되고 있다(Jones, 1993).

안전사고 사례

❖ 4세 어린이, 안방서 블라인드 줄에 목 감겨 숨져

전남 여수의 한 아파트 안방에서 A 군(4)이 쓰러져 있는 것을 발견, 경찰에 신고했다. A 군은 발견 당시 목 부위에서 줄에 졸린 흔적이 발견됐으며, 의식과 호흡, 맥박이 없어 119구조대에 의해 병원에 옮겨졌으나 숨졌다. 경찰은 A 군이 창문에 설치된 블라인드 줄을 가지고 놀다가 줄에 목이 감겨 숨진 것으로 보고 정확한 사고 경위를 조사하고 있다. 지난 6월 부산에서도 4세 어린이가 거실에서 혼자 놀다가 블라인드 줄에 목이 감겨 숨지는 사고가 발생하는 등 주의가 요구되고 있다.

출처: 연합뉴스(2012. 9. 12.).

영유아에게 가정 내 안전사고에 대한 부모의 인식은 영유아의 안전에 영향을 미치는 결정적인 요인이며(Allen & Marotz, 1994), 부모는 영유아의 안전에 대한 일차적인 책임자이다. 부모는 안전교육을 통해서 자녀를 위험으로부터 스스로 보호할 수 있도록 기술과 지식을 가르치고, 안전한 생활을 위한 좋은 습관과 바람직한 태도를 갖추도록 돕고, 정확한 정보를 제공할 수 있다. 일반적으로 부모교육에 적극적으로 참여하는 부모는 그렇지 않은 부모에 비해 자녀의 학습과 발달에 더 잘 지원해 주고 이러한 부모의 지원은 아동의 바람직한 성장과 발달에 영향을 미친다(Epstein, 2001). 이러한 맥락에서 부모를 대상으로 하는 안전교육 역시 가정 내 안전사고 예방뿐만 아니라 안전사고 시 적절하게 대처할 수 있는 능력을 함양시켜 줄 수 있다.

안전사고 예방 및 응급처치 교육경험이 없는 부모에게서 자녀의 사고 발생률이 높게 나타났다(권준수, 2011). 영유아의 안전사고는 예측 가능한 범위에서 발생하며, 성인의 철저한 사전 대책이나 감독에 의해 관리될 수 있다(Berman et al., 1991). 따라서 부모를 대상으로 하는 안전교육은 가정 내 안전사고를 예방할 수 있을 뿐만 아니라 가정 내에서 안전사고가 발생했을 경우에도 부모가 적절하게 대처할 수 있는 능력을 갖추게 되어 영유아를 안전하게 보호할 수 있는 일차적인 보호막이 될 수 있을 것이다. 부모가 가정 내에서 존재하는 위험요인을 인식하고 위험을 줄이려 노력한다면 가정 내에서의 영유아 안전사고는 감소할 것이다.

4) 안전용품

영유아 안전사고를 예방하기 위해서는 연령별 안전교육뿐만 아니라 주변 환경을 안전하게 관리하는 것 역시 중요하다. 안전한 환경을 만들기 위해서는 영유아의 안전을 위해 만들어진 안전용품을 사용하는 것이 효과적이다. 영유아의 안전사고를 예방하기 위한 안전용품은 다음과 같다.

- 잠금 장치: 서랍, 냉장고, 세탁기, 전자레인지, 변기 뚜껑 등 아이들 손에 닿으면 위험한 곳에 부착해 사고를 예방한다.
- 문 고정 장치: 갑자기 닫히는 문이나 창문에 아이의 몸이나 손이 끼어 다치는 것을 방지해 준다.
- 창문 고정 장치: 아이들이 창문을 열고 베란다로 나가지 못하게 하기 위해 설치할 수 있다.
- 콘센트 안전덮개: 젓가락 등을 찔러 넣는 등의 감전사고 위험으로부터 아이들을 보호해 준다.
- 모서리 보호대: 영유아의 충돌사고 시 충격을 흡수해서 크게 다치는 것을 예방할 수 있다.
- 식탁 유리 미끄럼 방지 패드: 식탁 위에 놓인 유리가 미끄러져 깨질 경우 큰 상처를 입을 수 있기 때문에 이를 예방하기 위해 설치한다.
- 욕실 바닥 미끄럼 방지 패드: 욕실 바닥은 물기로 인해 미끄러질 위험이 있는 곳으로 미끄럼 방지 패드를 설치해 이를 예방한다.
- 가스레인지 스위치 커버: 영유아의 손에 닿는 위치에 놓인 가스레인지의 경우 스위치를 돌려 가스가 새는 등의 화재를 유발할 수 있으므로 커버를 사용해 예방한다.
- 안전문: 계단의 위아래 창문에 안전문을 설치하면 낙상 사고를 예방할 수 있다.

[그림 7-4] 콘센트 안전덮개

[그림 7-5] 식탁 유리 미끄럼 방지 패드

[그림 7-6] 창문 고정 장치

4 가정 안전교육의 실제

1) 가정 안전교육 주제별 통합망

가정 안전

이야기 나누기
- 가정에서 발생하는 사고 알아보기
- 가정의 위험한 곳에 안전스티커 붙이기(가정)

언어
- 『찌리릿 앗 뜨거워』 동화책을 읽고 이야기 나누기

수 · 조작
- 전기코드 모두 뽑기
- 콘센트 갯수 세어 보기

신체 / 음률
- 가정안전에 대한 주제로 개사하여 불러보기(「송아지」 동요)
- 가전제품 신체표현

과학
- 공기를 좋게 하기 위해 식물 키우기
- 가정에 전기가 들어오는 순서 알아보기

역할
- 엄마가 되어 위험한 상황 예방해 보기
- "나는 요리사"

미술
- 불 위험, 전기 위험 포스터 만들어 보기
- 가전제품 모자이크

쌓기
- 부엌 만들기
- 놀이방 꾸미기

요리
- 엄마와 함께 밥 짓기
- 팝콘 만들기

게임 / 견학
- 그림카드를 이용하여 뒤집기 게임하기
- 전기안전공사 견학

2) 표어 및 포스터

3) 동요 및 개사

작은별

윤석중 요 / 모차르트 곡

4) 가로세로 낱말풀이

				1			
				1			
		2					
3						4	
						6	
4			3				
			5				

〈가로열쇠〉

1. 방송국에서 보내는 전파가 소리나 음악으로 바뀌어 나오는 가전제품
2. 멀리 있는 사람과 통화할 수 있는 가전제품
3. 과일이나 채소를 갈아 으깰 수 있는 주방에서 사용하는 가전제품
4. 드라마나 만화를 볼 수 있는 가전제품
5. 바람개비 모양으로 더울 때 시원하게 바람을 불게 해 주는 가전제품
6. 물건을 올려놓기 위해 상 모양으로 만든 가구

				드			
				라	디	오	
				이			
		전	화	기			
믹	서	기				세	
		차				탁	자
						기	
텔	레	비	전				
			선	풍	기		

〈세로열쇠〉

1. 따뜻한 바람이 나와 젖은 머리카락을 말릴 수 있는 가전제품
2. 전기로 달리는 차
3. 전기의 선을 말하는 두 글자
4. 더러운 옷을 깨끗이 세탁할 수 있는 가전제품

5) 사행시

가: 가정에서는 부모님의 행동이 중요해요.

정: 정말로 영유아가 많이 배울 수 있는 것이

안: 안전한 규칙 그대로 행동하는 거래요.

전: 전기와 생활용품, 청소도구를 잘 사용할래요.

6) 동화를 활용한 통합망

우리집 전기 도둑

이야기 나누기
1. 「우리집 전기도둑」을 읽고 느낀 점 말해 보기
2. 전기를 안전하게 사용하는 방법은 무엇일까요?
3. 전기를 아껴요.

미술
1. 전기안전 포스터 만들기(콜라주 기법)
2. 양초 만들기

요리
1. 믹서기 감자전
2. 전자렌지 찐만두

신체 / 음률
1. 전기의 힘으로 움직이는 생활도구 표현하기
2. '소중한 전기' 동요 부르며 악기 연주하기

언어
1. 「우리집 전기도둑」 읽고 말하기
2. 가전제품 낱말카드
3. 진기인전 문장 만들기

역할
1. '이호네 집' 역할놀이
2. 이호와 기찬이의 자동차 경주

견학 / 게임
1. 전기박물관 견학
2. 전기코드 뽑고 돌아오기 게임(릴레이)

쌓기
1. 이호네 안전한 집 구성하기
2. 자동차 경주장 꾸미기

과학
1. 불을 밝혀라
2. 건전지의 생김새

수 · 조작
1. 전기포스터 퍼즐 맞추기
2. 에너지가 낭비되고 있는 가전제품 세어 숫자 쓰기

7) 교재교구 계획안

<table>
<tr><td colspan="2">활동명</td><td>집에서 이럴 땐 위험해요!</td><td>연령</td><td>만 2~3세</td></tr>
<tr><td colspan="2">주제</td><td>가정안전</td><td>영역</td><td>이야기 나누기</td></tr>
<tr><td colspan="2">활동목표</td><td colspan="3">① 집 안에서 위험한 장소가 어디인지, 위험한 물건은 무엇인지 이야기 나눈다.
② 위험한 상황에서 어떻게 해야 하는지 이야기 나누고 실제 상황에서 대처할 수 있는 능력을 키운다.</td></tr>
<tr><td colspan="2">준비물</td><td colspan="3">판넬, 보드지, 경첩, 나사못, 펠트지, 자석, 쇠젓가락, 재활용 티셔츠, 솜</td></tr>
<tr><td colspan="2">제작방법</td><td colspan="3">① 판넬 두 개를 보드지와 펠트지를 이용해서 포장한 뒤 경첩과 나사못으로 연결한다.
② 젓가락이 떨어지는 것을 막기 위해 아랫부분에 자석을 붙인다.
③ 티셔츠의 팔 부분을 잘라 안에 솜을 넣어 입체적으로 팔을 만든다.
④ 안전장갑과 손, 콘센트 마개 안에 자석을 넣어 조작하기 편리하도록 만든다.
⑤ 기타 글씨와 도안을 오려 글루건으로 꼼꼼히 붙인다.</td></tr>
<tr><td colspan="2">사진</td><td colspan="3">
</td></tr>
<tr><td rowspan="3">활동
방법</td><td>도입</td><td colspan="3">① 그림책 「이럴 땐 “위험해요!” 하는 거야」를 함께 읽으며 이야기 나눈다.
② 집에서 어떤 때 위험한 일을 경험했는지 이야기 나눈다.</td></tr>
<tr><td>전개</td><td colspan="3">① 교구를 보여 주며 어떤 상황인지 이야기 나눈다
– 전기의 성질과 감전 시 어떻게 되는지 이야기 나눈다.
– 가스 불과 뜨거운 냄비가 얼마나 위험한지 이야기 나눈다.
② 콘센트 마개와 안전장갑을 직접 조작해 볼 기회를 가진다.</td></tr>
<tr><td>결말</td><td colspan="3">앞으로 집에서 위와 같은 상황에서 어떻게 해야 하는지 약속하는 시간을 가진다.

〈유의점〉
교구를 만들 때 집 안의 환경과 최대한 비슷한 연출을 해서 안전교육이 각 가정에서 연계될 수 있도록 돕는다.</td></tr>
</table>

Chapter 08

놀이 안전교육

본 장에서는 놀이 안전사고의 실태 및 상황에 따른 안전교육의 내용을 살펴보고 영유아 보육 · 교육기관에서 실시할 수 있는 놀이 안전교육 내용을 살펴보고자 한다.

사랑하는 줄기반 친구들에게

우리가 유치원(어린이집)에서 가장 좋아하는 시간이 바로 놀이 시간이지? 놀이를 할 때도 반드시 지켜야 할 규칙이 있단다. 뛰지 않고 친구를 밀지 않기, 장난감을 빼앗거나 던지지 않기 등이야. 이러한 규칙을 지키지 않으면 놀이하는 중에도 다치고 친구들과 다투어서 마음이 상할 수도 있거든. 그러니 우리 줄기반 친구들은 실내놀이, 바깥놀이 할 때 안전규칙을 잘 지켜 안전하게 놀이하기로 하자. 자~ 약속!

-약속을 잘 지키는 줄기반을 사랑하는 선생님이-

놀이 안전교육은 놀이상황에서 발생하는 안전사고를 예방하기 위한 방법이다. 영유아의 일상생활 대부분을 차지하는 놀이상황에서 갑자기 발생하는 안전사고에 대비하여 가정과 영유아 보육 · 교육기관에서는 놀이 안전사고의 개념과 유형 및 사고 발생 시 대처방안에 대해 알아야 할 필요성이 있다. 이에 본 장에서는 놀이 안전사고의 유형과 안전하게 놀이하는 방법을 이야기하고자 한다.

1 놀이 안전교육의 개념 및 필요성

영유아에게 놀이란 생활 그 자체이며, 학습의 기본이다. 영유아 놀이의 긍정적인 측면을 고려하여 교사와 부모는 안전한 놀이공간과 시설을 마련하고 영유아가 안전하게 놀이할 수 있도록 지속적으로 관찰 · 지도해야 한다. 성인은 영유아의 안전을 위해 반드시 안전한 놀이환경과 놀잇감을 제공해야 하고, 영유아 보육 · 교육기관에서는 우선 영유아에게 안전한 놀이환경을 제공 · 유지하는 동시에 영유아에게 놀이 안전교육을 실시하여 놀이 시 발생할 수 있는 안전사고를 미연에 예방해야 한다.

놀이 안전사고는 놀이 유형과 놀잇감의 유형, 실내 · 외 물리적 놀이환경, 영유아기 발달적 미숙한 행동, 안전 규칙 불이행 등으로 발생한다. 따라서 영유아가 놀이를 하기 이전에 안전한 놀이기구의 선택과 취급방법, 관리 등을 고려한 쾌적하고 즐거운 놀이환경을 사전에 점검해 볼 필요가 있다(김계자, 2007).

가정이나 영유아 보육 · 교육기관에서는 영유아의 부주의나 실수로 인한 놀이 안전사고가 많이 발생한다. 따라서 가정 및 영유아 보육 · 교육기관에서는 놀이 중 영유아에게 발생하는 안전사고로부터 영유아 스스로가 자신을 보호하고, 안전한 생활을 영위할 수 있도록 실천적 능력을 길러 주어야 한다. 이를 통해 놀이과정에서 발생하는 놀이 안전사고를 예방하고 대처할 수 있다.

2 놀이 안전사고의 실태

행정안전부의 어린이 놀이시설 안전사고 분석결과(2018)에 따르면 2017년 발생한 어린이 놀이시설 안전사고 중 이용자의 부주의로 인한 사고가 97.8%로 가장 많았으며, 시설 결함 1.2%, 기타 순으로 나타났다. 최근 3년간 사고 원인별 추이를 살펴보면, 놀이시설에서 발생하는 대부분의 사고는 이용자의 부주의로 인해 발생되는 것으로 파악되어, 이용규칙 준수 및 지도관리가 필요한 것으로 분석된다.

연령별로 분석한 결과 활동량이 많은 학령기(7~14세) 아동의 사고가 79.2%로 취학전(1~6세) 영유아 사고 19.9%보다 약 4배 높은 것으로 나타났다. 성별로는 남아가 62.1%로 여아보다 1.6배 정도 사고 비율이 높은 것으로 나타났다.

사고의 형태는 추락이 78.0%로 가장 많았고, 충돌 10.2%, 넘어짐 7.5%, 미끄러짐 2.5% 순으로 나타났다. 최근 3년간 추락으로 인한 사고가 지속적으로 증가세를 보이고 있어 이용자의 각별한 주의가 필요한 것으로 분석된다.

3 놀이 안전교육의 내용 및 방법

1) 놀이 안전사고의 요인

영유아는 위험한 상황을 인식하고 그에 대처할 수 있는 민첩성과 조절능력이 부족하기 때문에 안전사고에 노출되기 쉽다. 놀이 안전사고의 유형은 일반적으로 물리적 환경 요인, 영유아에 의한 요인, 성인에 의한 요인으로 나눌 수 있는데 그 내용을 자세히 살펴보면 다음과 같다(윤선화, 2005).

첫째, 물리적 환경 요인은 영유아 보육 · 교육기관의 시설과 설비의 구조적인 문제, 영유아 보육 · 교육기관에서의 놀이안전 장치의 부족, 영유아에게 적합하지 않은 물리적 환경 요인으로 인해 영유아에게 안전사고가 발생한다.

둘째, 영유아에 의한 요인은 영유아의 발달적 미숙으로 인해서 안전사고가 발생할 수밖에 없다. 영유아가 자신이 한 행동의 원인과 결과를 이해하지 못해서, 놀잇감 사용의 부주의, 정서적인 불안과 스트레스, 타인 행동의 모방으로 사고가 발생한다.

셋째, 성인에 의한 요인은 부모, 교사와 영유아 보육 · 교육기관 직원들이 부주의하거나 영유아에 대한 감독 소홀, 안전지식과 이해 부족, 영유아에게 위험에 관한 의사전달 부족, 안전예방책 미비, 교사의 스트레스, 정서적 불안으로 발생하는 사고 등이 있다.

영유아가 안전하게 놀이하도록 영유아의 연령에 따라 다음과 같은 도움을 줄 수 있다.

〈표 8-1〉 연령별 놀이안전을 위한 보호

연령	놀이안전을 위한 보호
0세	하루 종일 성인이 보호해 줘야 한다.
만 1세	호기심이 왕성하며, 위험에 대한 인식이 전혀 없으므로 성인이 영유아의 놀이상황을 감독해야 한다. 영유아가 걷게 되면 손으로 집을 수 있는 물건은 입에 넣기 쉬우므로 입으로 들어가지 않게 주의해야 한다.
만 2세	놀잇감과 관련된 상처를 가장 많이 입는 시기이므로 항상 가까이에서 지켜보아야 하며, 특히 남아의 경우 더욱 주의해야 한다. 통계적으로 이 시기 이후부터는 남아가 여아보다 부상당하는 비율이 높게 나타나므로 놀잇감을 안전하게 다루는 방법을 적극적으로 지도해야 한다.
만 3~5세	놀잇감 사용과정에서 발생할 수 있는 위험을 이해할 수 있으므로 놀이할 때 안전규칙을 지키도록 지속적인 안전교육을 실시해야 한다.
만 6세 이상	초등학교에 다니는 시기로 교사나 부모의 직접적인 감독에서 벗어나는 시기이므로 안전규칙을 습관화하고 있는지 일관성 있게 지도할 필요가 있다.

출처: 류경화 · 정명순 · 지주영(2008). 영유아 건강교육의 이론 및 실제.

2) 실외 놀이안전

영유아는 놀이터에서 놀이기구에 오르다가 빠지거나 추락할 수 있으며, 움직이는 기구에 부딪히기도 한다. 설계나 관리가 잘못되어 놀이기구가 너무 좁게 비치되어 있는 경우 놀이기구에 충돌할 수 있고, 날카로운 부분에 다칠 수도 있다. 또한, 놀이터에서 차도로 나가다가 차에 부딪히기도 하고, 많은 영유아가 한꺼번에 기구를 사용하다가 사고가 나기도 한다. 도시화로 인해 영유아의 놀이공간이 없어지면서 위험한 도로나 주차장에서 놀이를 하다가 사고를 당하는 경우가 많고, 특히 보호장구를 착용하지 않아 크게 다치는 경우도 많다.

영유아가 실외 놀이터에서 이용하는 놀이기구에 따라 지켜야 할 규칙을 제시하면 다음과 같다(김민화 · 김근희 · 조경선 · 연혜민, 2011).

(1) 그네

- 줄을 서서 기다렸다가 한 번에 한 사람씩 순서대로 바꿔 탄다.
- 배를 깔고 엎드려서 타거나 서서 타지 않고 그네 한가운데 앉아서 두 손으로 그넷줄을 꼭 잡고 탄다.
- 그네를 타는 도중에 뛰어내리지 않고 그네가 완전히 정지한 후 타고 내린다.
- 그네를 잡고 흔들거나 그넷줄을 꼬지 않고 탄다.
- 그네 가까이에서 놀거나 그네를 타고 있는 장소의 앞으로 지나가지 않는다.

(2) 미끄럼틀

- 가방이나 장난감을 들고 타지 않고 엎드려 타거나 서서 타지 않는다.
- 앞사람이 올라간 다음 올라가고 다음 사람을 밀거나 당기지 않는다.
- 미끄럼판으로 거꾸로 올라가지 않고 반드시 계단을 이용해서 올라간다.
- 미끄럼틀에는 줄을 서서 차례대로 손잡이를 잡고 한 계단씩 올라간다.
- 앉아서 양손으로 미끄럼틀의 옆을 잡고 한 사람씩 앉아서 내려온다.

- 내려오기 전에 앞사람이 비켰는지 확인하고 내려온 후에는 뒤에 내려오는 사람과 부딪히지 않도록 빨리 비켜 준다.

(3) 시소

- 손잡이를 꼭 잡고 상대방을 마주 보고 앉아서 타며, 위에 서 있거나 뛰지 않는다.
- 내릴 때는 상대방에게 미리 알리고 정지한 후에 내린다.
- 내릴 때는 양발이 바닥에 닿은 후 일어나 한쪽으로 천천히 돌아서 내린다.
- 내릴 때는 손잡이를 꼭 잡고 천천히 올라가게 하여 상대방의 발이 땅에 닿도록 한 다음에 내린다.

(4) 회전 놀이기구

- 회전하는 도중에 뛰어내리거나 뛰어오르지 않고 회전 중에 멈추게 하려고 무리하게 붙잡지 않는다.
- 회전 중에 친구와 장난(예: 밀기)하지 않는다.
- 회전 놀이기구를 갑자기 고속으로 회전시키지 않는다.
- 회전 놀이기구를 발로 돌리지 않는다(발이 끼일 위험이 있다).
- 회전 놀이기구 밑으로 들어가지 않는다.

(5) 오르기 놀이기구

- 양손으로 정확하게 잡고 올라가고 다른 사람이 내려오는 방향으로 거꾸로 올라가지 않는다.
- 기구가 젖어 있을 때는 이용하지 않는다.
- 꼭대기에서 뛰어내리지 않고 내려올 땐 아래를 잘 살피고 눕거나 앉지 않는다.
- 밑에서 위에 있는 사람의 발을 잡거나 흔들지 않는다.
- 빨리 가기나 한번에 넓은 거리 가기 등의 시합을 하지 않는다.

놀이 시 안전한 옷차림

- 놀이할 때는 간편한 옷차림을 한다. 끈이나 모자가 달린 옷, 길게 늘어지는 옷은 피한다.
- 겨울철에 밖에서 놀이할 때는 방수된 옷을 입히고 두꺼운 옷보다는 여러 겹의 옷을 입힌다.
- 여름철에 밖에서 놀이할 때는 햇빛을 가릴 수 있는 긴 팔이나 긴 바지를 입히되 바람이 잘 통하는 시원한 소재의 옷을 입힌다.
- 강이나 바닷가에서 발이 다치지 않도록 신발을 신고 신발이 벗겨지지 않도록 슬리퍼가 아닌 뒤가 막힌 신발이나 샌들을 신게 해 준다.

출처: 윤선화 · 정윤경 · 이경선(2010).

안전사고 사례

- 2017년 1월 경기도 광주의 6세 남아가 구름다리 위에 누워서 놀던 중 앉으려고 하는 순간 뒤로 떨어져 부상을 입음
- 2017년 2월 강원도의 3세 여아가 미끄럼틀에 오른 뒤 발을 헛딛으면서 옆으로 떨어져 골절 부상을 입음

출처: 행정안전부(2018) 2017년 어린이 놀이시설 안전사고 분석결과.

3) 스포츠 안전

(1) 자전거

영유아가 자전거를 안전하게 즐기기 위해서는 자전거 역시 차라는 것을 이해시켜 주어야 한다. 따라서 자전거를 타기 전에 자전거 안전수칙을 익힐 수 있도록 도와주어야 한다.

- 자전거를 타기 전에 꼭 안전점검을 한다.
- 밤에는 자전거를 타지 않는다.
- 속도를 내지 말고 천천히 탄다.
- 차도나 사람의 통행이 많은 장소를 피하고 횡단보도와 비탈길에서는 자전거에서 내려 끌고 간다.
- 핸들을 좌우로 흔들어 비틀비틀 타거나 손을 놓고 타지 않는다.
- 운동화를 신고 바지를 입으며 머리에는 헬멧을 쓰고 무릎 보호대를 한다.
- 내릴 때에는 주위를 잘 살피고, 지나가는 사람이나 차와 부딪히지 않도록 한다.
- 자전거를 타고난 후에는 자전거 보관대에 보관하고 자전거를 탄 채로 엘리베이터에 타지 않는다.

(2) 킥보드나 인라인스케이트

- 타기 전에 바퀴가 고장 나지 않았는지, 브레이크가 제대로 작동하는지 점검하고 확인한다.
- 활동성이 편한 옷차림을 하고 보호장구를 착용한다(헬멧, 무릎 보호대, 팔꿈치 보호대, 손목 보호대)
- 내리막길은 가속이 되어 위험하므로 내리막길로 달리지 않는다.
- 모퉁이에서는 속도를 줄이고 자전거 등을 잡고 타지 않는다.
- 여럿이 손을 잡고 타거나 앞사람을 잡고 타지 않는다.

- 주정차 된 자동차 주변이나 차가 다니는 도로나 골목길에서는 타지 않는다.
- 차들이 다니지 않는 장소나 포장이 잘 된 평지에서 탄다.

4) 물놀이 안전

여름철 물놀이는 영유아가 가장 좋아하는 놀이 중의 하나이다. 그러나 물놀이의 경우 사전에 안전교육을 하지 않으면 영유아의 목숨을 위협할 수도 있는 위험한 놀이이다.

물놀이 안전사고를 예방하기 위한 10대 안전수칙은 다음과 같다(교육부, 2016).

- 수영을 하기 전에는 손, 발 등의 경련을 방지하기 위해 반드시 준비운동을 하고 구명조끼를 착용한다.
- 물에 처음 들어가기 전 심장에서 먼 부분부터(다리, 팔, 얼굴, 가슴 등의 순서) 물을 적신 후 들어간다.
- 수영 도중 몸에 소름이 돋고 피부가 땅길 때에는 몸을 따뜻하게 감싸고 휴식을 취한다 ※ 이 경우는 다리에 쥐가 나거나 근육에 경련이 일어나 상당히 위험한 경우가 많으므로 특히 주의한다.
- 물의 깊이는 일정하지 않기 때문에 갑자기 깊어지는 곳은 특히 위험하다.
- 구조 경험이 없는 사람은 안전구조 이전에 무모한 구조를 삼가야 한다.
- 물에 빠진 사람을 발견하면 주위에 소리쳐 알리고(즉시 119에 신고) 구조에 자신이 없으면 함부로 물속에 뛰어들지 않는다.
- 수영에 자신이 있더라도 가급적 주위의 물건(튜브 스티로폼, 장대 등)을 이용한 안전구조를 한다.
- 건강 상태가 좋지 않을 때나, 몹시 배가 고프거나 식사 후에는 수영을 하지 않는다.
- 자신의 수영 능력을 과신하여 무리한 행동을 하지 않는다.
- 장시간 계속 수영하지 않으며, 호수나 강에서는 혼자 수영하지 않는다.

◆ 수영장에서의 물놀이 안전

- 바닥이 물기로 미끄러우므로 뛰지 않고 걸어 다닌다.
- 물속에서 심한 장난을 하지 않는다.
- 물에 들어가기 전에는 꼭 몸을 씻도록 하고 수영장에서 물놀이 중 물속에서 소변을 보거나 침을 뱉지 않도록 한다.
- 수영 모자와 물안경을 쓰고 눈병이나 귓병이 난 영유아는 물놀이하지 않는다.

◆ 계곡에서의 물놀이 안전

- 계곡이나 강가에서 물놀이를 할 때는 물이 맑고 깨끗한지 살펴본다.
- 물살이 센 곳에서는 균형을 잃고 물에 휩쓸려 떠내려갈 수 있으므로 물놀이를 하지 않는다.
- 비가 오거나 바람이 부는 날에는 물놀이를 하지 말고, 특히 계곡이나 강 가까이 가지 않는 것이 안전하다.
- 신발이 떠내려가지 않도록 잠금장치가 있는 샌들을 신는다.

◆ 바닷가에서의 물놀이 안전

- 눈에 모래가 들어갈 수 있으므로 다른 사람에게 모래를 뿌리지 않도록 주의하도록 한다.
- 모래 속에 조개껍데기, 뾰족한 돌과 같이 날카로운 물질이 묻혀 있을 수 있으므로 항상 잠금장치가 있는 샌들을 신고 다니도록 한다.
- 파도가 높거나 물살이 센 곳에서는 물놀이를 하지 않는다.

4 놀이 안전교육의 실제

1) 놀이 안전교육 주제별 통합망

중심: 놀이 안전

이야기 나누기
- 실외 놀이터에서 지켜야 할 안전수칙
- 놀이에 알맞은 옷차림
- 장난감이 흩어져 있는 상황에서 나의 할 일

언어
- 놀이기구와 놀잇감에서 일어날 수 있는 위험한 느낌 말하기
- 놀잇감을 안전하게 사용하는 방법을 동생반에게 편지 쓰기
- 놀이기구 명칭 읽기

수 · 조작
- 각 놀이영역에서 지켜야 할 규칙 연결하기
- 놀잇감 바느질하기
- 교통수단별 구분짓기
- 교통수단 모양과 색깔 구분하기

역할 / 쌓기
- '안전지킴이' 되어 보기
- 나는 자전거 수리원
- '키즈카페' 만들기
- 놀이터 꾸며 보기

신체 / 음률
- 「차례차례」 새 노래 배우고 개사하기
- 놀잇감에 맞는 소리 연주하기
- 놀이기구에 알맞은 신체 표현

요리 활동
- 계란 거품 내어 보기
- 감자 으깨어 보기
- 야채 샐러드 섞어 보기

게임 / 견학
- 물풍선 나르기
- 세발자전거 게임
- 꿈돌이 랜드 견학
- 키즈카페 견학

과학 / 미술
- 비누방울 불어 보기
- 바람개비를 돌려 봐요
- 놀이수칙 포스터
- 토이스토리 VCR을 보고 장난감 그려 보기

2) 표어 및 포스터

3) 동요 및 개사

우리 집에 왜 왔니

작자 미상

4) 가로세로 낱말풀이

1		1			4	7	
		2	2		3		
5		6			3	4	

가	랑	비			고	무	줄
		석				지	
		치				개	
		기	차	놀	이		
			표		쑤		
					시		
시	운	전			개	구	리
소		봇				두	
		대					

〈가로열쇠〉

1. 가늘게 내리는 비
2. 여러 명이 한 줄로 길게 늘어서서 앞사람의 어깨나 허리를 잡고 따라 걷는 놀이
3. 개굴개굴 우는 동물
4. 고무 재질의 신축성이 좋은 줄
5. 자동차나 기계를 새루 만들거나 고쳐서 사용하기 전에 시험 삼아 운전함

〈세로열쇠〉

1. 납작한 돌을 세워 놓고, 떨어진 곳에서 작은 돌을 던져 맞혀 넘어뜨리는 놀이
2. 차, 버스, 기차 등을 타기 위해 사는 표
3. 이 사이에 낀 이물질을 제거하기 위해 사용하는 것
4. 가죽으로 만들며 두꺼운 밑창과 굽이 있는 신발 종류
5. 긴 널빤지의 양 끝에 사람이 타고 오르락내리락하게 만든 놀이용 기구
6. 전선이나 통신선을 떠받치고 있는 기둥
7. 비가 갠 뒤 하늘에 뜨는 일곱 빛깔 ○○○.

5) 사행시

놀 : 놀이를 할 때에는

이 : 이렇게 약속하면 좋겠어요.

안 : 안전하게, 건강하게,

전 : 전체 영유아의 행복을 위해!

6) 동화를 활용한 통합망

현수야, 위험해!

이야기 나누기

1. 놀이터에서 안전하게 놀 수 있는 방법은?
2. 놀이터에 있는 놀이기구의 종류 말하기

미술

1. 도장찍기(놀이터 풍경 그림)
2. 폐품을 이용하여 시소 만들기

요리

1. 도너츠 만들기
2. 샌드위치 만들기

음률

1. 「시소」 동요 배우기
2. 자전거 벨소리 내기

언어

1. 질서 지키는 법
2. 놀이터 놀이기구에 이름표 달기
3. 놀이수칙 만들기

역할

1. 스스로 할 수 있어요
2. 형이 되어 보아요

견학 / 게임

1. 공공놀이터 견학하기
2. 공공놀이터 기구 살펴보기
3. 안전하게 놀이기구 사용하기

쌓기

1. 놀이터 만들기
2. 종이벽돌 쌓기

신체

1. 안전놀이 체조하기
2. 계단 오르고 내리기

수 · 조작

1. 놀이터에 있는 놀이기구의 수 세어보기
2. '놀이기구의 바퀴는 몇 개인가요?' 숫자 찾기

7) 교재교구 계획안

<table>
<tr><td>주제</td><td>건강과 안전</td><td>대상연령</td><td>만 3~4세</td></tr>
<tr><td>교구명</td><td>안전하게 생활하기</td><td>흥미영역</td><td>수 · 조작 영역</td></tr>
<tr><td>활동명</td><td>안전하게 생활해요</td><td>활동인원</td><td>2~4명</td></tr>
<tr><td>활동목표</td><td colspan="3">• 안전한 행동과 그렇지 못한 행동을 구별할 수 있다.
• 그룹게임의 규칙을 이해하고 안전하게 놀이할 수 있다.</td></tr>
<tr><td>표준보육과정 관련요소</td><td colspan="3">• 탐구생활 영역: 수학적 기초능력 기르기 – 규칙성 이해하기
• 건강 영역: 안전하게 생활하기 –안전하게 놀이하기</td></tr>
<tr><td>활동자료</td><td colspan="3">게임판, 게임규칙판, 주사위, 말, 카드</td></tr>
<tr><td>제작방법</td><td colspan="3">〈게임판 만들기〉
① 우드락을 정사각형으로 잘라 부직포를 붙인 후 빨간색 라인 테이프로 그림이 들어갈 자리를 자로 재어 붙인다.
② 그림을 찾아서 뽑은 후 코팅을 해 사진 그림을 자리에 붙인다.

〈카드 만들기〉
① 미션을 쓸 네모를 그려 미션을 쓴다.
② 폭탄 그림을 뽑아서 코팅한다.
③ 미션 내용 카드와 폭탄 그림을 양면테이프로 붙인다.
④ 게임판에 붙일 부직포 카드 주머니를 만든다.

〈주사위 만들기〉
① 가로, 세로 4.5cm 정육면체 모양으로 만든다.
② 숫자는 1~6까지 한다.
③ 주사위에 붙일 부직포를 오려 글루건으로 붙인다.</td></tr>
<tr><td>활동방법</td><td colspan="3">① 한 명 혹은 두 명씩 팀을 정한다.
② 가위바위보를 해 게임을 시작할 순서를 정한다.
③ 차례대로 돌아가면서 주사위를 던져 게임을 시작한다.
④ 주사위를 돌려서 나온 수만큼 말을 이동시킨다(수만큼 이동했는데 그곳에 안전하지 못한 행동의 사진이 있으면 한 칸 뒤로 간 후 카드를 뽑아 카드에 쓰여 있는 행동을 수행한다).
⑤ 차례대로 주사위 돌려 도착지에 먼저 도착하는 팀이 승리한다.</td></tr>
<tr><td>참고 및 유의점</td><td colspan="3">• 유아가 질서 있게 게임할 수 있도록 사전에 게임 규칙을 자세히 알려 준다.
• 게임은 유아 연령에 알맞은 활동으로 고려하여 준비한다.</td></tr>
</table>

Chapter 09

교통 안전교육

본 장에서는 발달 특성상 교통안전에 취약할 수밖에 없는 영유아를 대상으로
교통안전의 개념 및 유형에 대해 살펴보고,
교통 안전교육의 실제적인 방법에 대해 알아보고자 한다.

가람반 친구들에게

오늘도 안전하게 집에 도착했니?
집에 가기 전에 선생님과 길을 건널 때 장난치지 않도록 약속했지? 친구들 사이에 약속이 있듯이 자동차와 우리 친구들도 지켜야 할 규칙이 있단다. 그 규칙 중 오늘은 길을 건널 때의 방법에 대해 이야기할게. 길을 건널 때는 횡단보도 앞에 서서 신호등을 보고 건너야 해. 빨간불, 노란불은 안 돼요. 초록불에 건너야 해요. 만약, 초록불이 깜빡인다면 건너지 말고 기다리는 마음의 여유를 가져야 해. 엄마, 아빠께도 꼬~옥 이야기해 주렴. 선생님은 사랑하는 너희가 다치지 않고 예쁘게 커 가는 모습을 꼭 보고 싶어.

-가람반을 많이 사랑하는 선생님이-

영유아는 성인에 비해 도로 이용률이 낮음에도 불구하고 도로 사고율은 성인의 4배로 높게 나타나고 있다(Zeedyk, Wallace, Carcary, Jones, & Larter, 2001). 생활 패턴의 변화에 따라 바깥 활동이나 여행 등의 빈번한 이동으로 교통사고가 증가하고, 특히 영유아는 발달 미숙으로 복잡한 교통 상황이나 환경을 판단하는 능력이 부족하고 공간 지각력이 성숙하지 않아 속도, 거리 및 시간에 대한 개념의 이해가 부족하여 여러 가지 위험에 노출될 수 밖에 없다(전남련 · 김진혜 · 권경미 · 권순남 · 강은숙 · 홍은미, 2010).

1 교통 안전교육의 개념 및 필요성

교통 안전교육이란 도로에서 보행 시 다양한 교통수단을 탑승할 때 지켜야 할 내용 및 태도, 교통 규칙의 이해, 교통사고 예방에 적극적으로 대처하는 자세와 나아가 성인이 되었을 때 교통안전의 사회적 책임을 다할 수 있는 내용을 포함한 기초교육을 의미한다(곽은복, 2008). 또한, 영유아를 위한 교통 안전교육이란 교통사고 위험으로부터 영유아를 격리하는 것이 아니라 영유아가 적극적으로 교통사고의 위험을 찾아내고, 인지하여 그것을 대처해 나갈 수 있는 행동을 길러 주는 것이다. 그러므로 영유아기 교통 안전교육의 방향은 위험 요소를 안고 있는 사고를 인식하고 그것에 대처할 수 있는 능력과 관련 지식을 익히게 하여, 장래 모범적인 교통사회인으로 생활할 수 있도록 교통안전의 올바른 태도를 기를 수 있도록 해야 한다(한국산업안전공단, 2000).

2 교통 안전사고의 실태 및 유형

2015년 기준으로 OECD 34개 회원국 중 인구 10만 명당 14세 이하 교통사고 사망자 수를 살펴보면, 아일랜드가 0.3명으로 가장 적고, 아이슬란드가 3.0명으로 가장 많았으며, 한국은 1.2명으로 OECD 회원국 평균(1.0명)에 비해 다소 높은 수준으로 나타났다. 우리나라는 2008년 행정안전부가 안전사고 예방을 위해 안전사고 예방 종합 대책을 발표하여 안전사고에 관련된 각종 법령을 정비하고 '어린이 교통사고 Zero' 운동 및 '어린이 교통안전 체험교육'을 실시하여 2010년 이후 14세 이하 교통사고 사망률이 감소하였다. 그럼에도 불구하고 교통사고는 최근 10년간 영유아 사고 사망 원인 중 1위를 차지하였고, 매년 수많은 영유아가 교통사고로 인한 사망 및 부상을 당하고 있어 이 점은 안심할 수 없다.

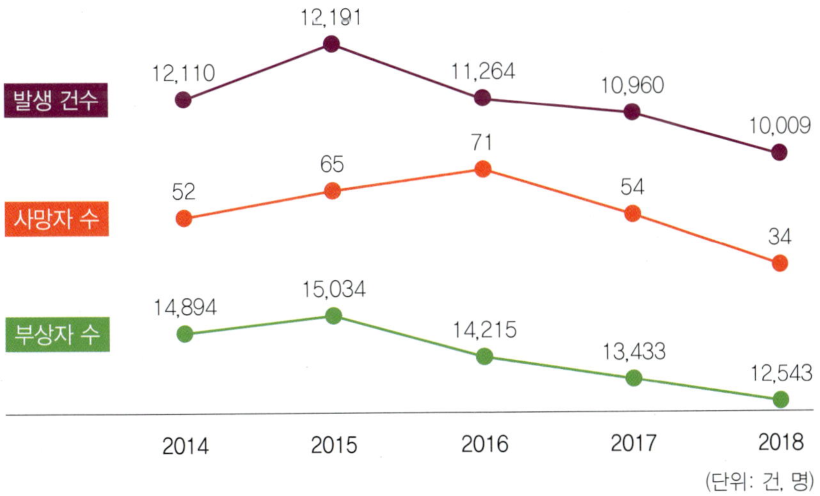

[그림 9-1] 최근 5년간 어린이 교통사고

출처: 도로교통공단 교통사고 분석 시스템(2018).

교통사고 분석시스템(TAAS)에 의하면 2018년 한 해 어린이 교통사고 부상자 수는 12,543명으로 2016년 14,215명, 2017년 13,433명보다 감소한 것으로 나타났고 사망자 수는 34명으로 역시 2016년 71명, 2017년 54명에 비해 감소한 것으로 나타났다. 보행 중 사고는 어린이 교통사고 유형 중 1위를 차지하고 있어 어린이의 보행지도 및 안전한 보행환경을 위해 성인의 노력이 필요함을 시사한다.

3 교통 안전교육의 내용 및 방법

교통사고 예방을 위한 교통 안전교육은 어릴 때부터 시작해야만 교통안전 습관이 올바르게 형성될 수 있기 때문에 교통안전에 관한 지식과 가치관 형성을 위하여 교통 안전교육은 영유아기부터 교육과정에서 체계적으로 실시되어야 한다. 이를 통해 생명존중 사상이나 교통안전문화가 자리잡을 수 있을 것이다. 즉, 교통 안전교육은 단지 영유아기에 교통사고 피해자가 되지 않도록 하는 것에서 끝나는 것이 아니라 성인으로 성장했을 때 교통안전의 사회적 책임을 다하는 운전자가 되는 기초를 형성해 주는 역할을 한다. 따라서 영유아 교통 안전교육의 방향은 위험요소를 포함하고 있는 사고를 인식하고 그것에 대처할 수 있는 능력과 관련 지식을 익히게 하여, 장래 모범적인 교통사회인으로 생활할 수 있도록 교통안전의 올바른 태도를 기르는 것이다(한국산업안전공단, 2000).

영유아기는 연령에 따른 발달의 차이가 매우 크고 그에 따른 교육방법에서도 많은 차이를 요구하기 때문에 효과적인 교통 안전교육을 실시하기 위해서는 발달단계별 특성을 비롯하여 영유아의 흥미와 필요성 등을 고려하여 계획을 수립해야 한다.

1) 안전하게 길 건너는 방법

길을 건널 때는 우선 멈춰 서서 좌우를 살핀다. 초록불이 켜지더라도 뛰지 말고 좌우를 번갈아 살핀 후, 횡단보도 오른쪽에 서서 운전자의 눈을 보며 손을 들고 차가 멈추었는지 확인하며, 건너는 동안 차를 계속 보면서 천천히 건넌다. 또한, 횡단보도가 아닌 곳에서 무단횡단을 해서는 안 된다.

안전하게 길을 건너기 위한 방법으로는 첫째, 인도경계석에 서 있는다. 도로와 너무 가까이에 서 있으면 매우 위험하므로 인도경계석 앞에 멈춰 서서 신호를 기다린다. 둘째, 초록불로 바뀌면 잠깐 기다린다. 초록불로 바뀌어도 건너기 전에 먼저 차가 완전히 멈추었는지 확인한 후 횡단보도를 건너도록 한다. 횡단보도를 이용해 길을 건널 때에는 언제나 먼저 차의 정지를 확인한 후 왼쪽, 오른쪽을 살핀 후 다시 왼쪽을 살펴 차가 완전히 멈춰 섰는지 확인하는 자세가 필요하다. 셋째, 초록불이 깜박거리면 다음 신호를 기다린다. 초록불이 깜박거릴 때 건너면 신호시간에 쫓기어 급히 서두르게 될 뿐 아니라 건너는 도중에 신호가 바뀔 수 있는 위험이 있다. 넷째, 정지된 자동차 가까이 건너지 않는다. 횡단보도의 중앙으로 길을 건너야 한다. 자동차와 가까운 곳에서 건너는 경우, 급출발을 하거나 브레이크가 밀리는 차량으로 인해 사고가 발생할 수 있다. 다섯째, 길을 건널 때 이리저리 뛰어다니지 않는다. 횡단보도에서 장난을 치며 이리저리 뛰어다니면, 보행하는 사람과 부딪히는 등 다른 사람의 안전한 보행을 방해하거나 신호 동안 길을 건너지 못할 수 있다. 여섯째, 무단횡단을 하지 않는다. 차가 많이 통행하지 않는 곳이라 하더라도 방심하는 것은 위험을 초래할 뿐 아니라 법을 무시하는 행위가 된다.

〈표 9-1〉 교통사고 유형과 예방대책

사고 유형	예방대책
무단횡단 사고	길을 건널 때는 반드시 손을 들고 항상 주위를 살피며 천천히 건너야 한다.
신호등 있는 횡단보도 사고	초록불이 들어와도 그냥 지나치는 차가 있으므로 꼭 눈으로 '차량멈춤'을 확인하고 천천히 건너야 한다.
신호등 없는 횡단보도 사고	차와 거리가 먼 오른쪽으로 걷는 것이 보다 안전하며, 길을 건널 때는 꼭 손을 들고 건너야 한다.
갑자기 뛰어나와 다치는 사고	어린이 교통사고의 80~90%에 해당하며, 길을 건널 때는 우선 걸음을 멈추고 좌우를 살핀 후 건넌다.
버스 앞 또는 뒤로 횡단할 때	운전자가 보이는 거리(버스에서 3m 정도)에서 좌우를 살핀 후 건너야 한다.
차 뒤에서 놀다가 발생하는 사고	멈춰 있는 차는 대부분 뒤로 움직이므로 절대로 차 뒤나 밑에서 놀면 안 되며, 차 밑으로 장난감 등의 물건이 들어가면 어른에게 도움을 요청해야 한다.
차를 타고 내릴 때 발생하는 사고	차에서 내릴 때는 미리 대기하여 차 문이 열리면 뛰지 말고 좌우를 살피고 내려야 하며, 옷이나 가방이 끼이지 않도록 한다.
자전거, 인라인 스케이트를 탈 때	자전거와 인라인스케이트는 충분히 연습한 후 무릎 보호대와 헬멧을 착용하며, 찻길이나 모퉁이를 돌 때는 차 또는 사람이 오는지 꼭 확인해야 한다. 자전거는 반드시 체격에 맞게 탄다(안장에 앉아 발끝이 땅에 닿는 것이 적당하다).

출처: 행정안전부(2012). 어린이 안전사고 예방을 위한 가이드 북.

2) 교통 표지판 익히기

유아가 교통이 무엇인지 이해하고 교통안전을 위해 여러 가지 약속이 있음을 알도록 한다. 교통 표지판은 모든 사람이 교통 신호 지키기를 할 때 약속된 신호체계임을 알려 준다.

(1) 주의표지판

주의표지판은 자동차나 보행자에게 주의하라고 알려 주는 표지로 노란색 삼각형에 글은 빨간색 테두리에 검은 무늬 표지판으로 구성되어 있다. 도로 상태가 위험하거나 도로 또는 그 부근에 위험물이 있는 경우에 필요한 안전조치를 할 수 있도록 알려 주는 표지판이다.

(2) 규제표지판

규제표지판은 자동차나 보행자의 행동을 제한하거나 금지시키는 표지로 굵은 빨간색 테두리와 흰색 바탕 위에 검은 무늬로 구성되어 있다. 도로 사용자에게 위험하니 다니지 말라고 알려 주는 표지판이다.

(3) 지시표지판

지시표지판은 자동차나 보행자에게 지시하는 대로 행동하라는 표지로 파란색 바탕에 흰색 무늬로 구성되어 있다. 도로교통의 안전을 위해 필요한 지시를 알려 주는 표지판이다.

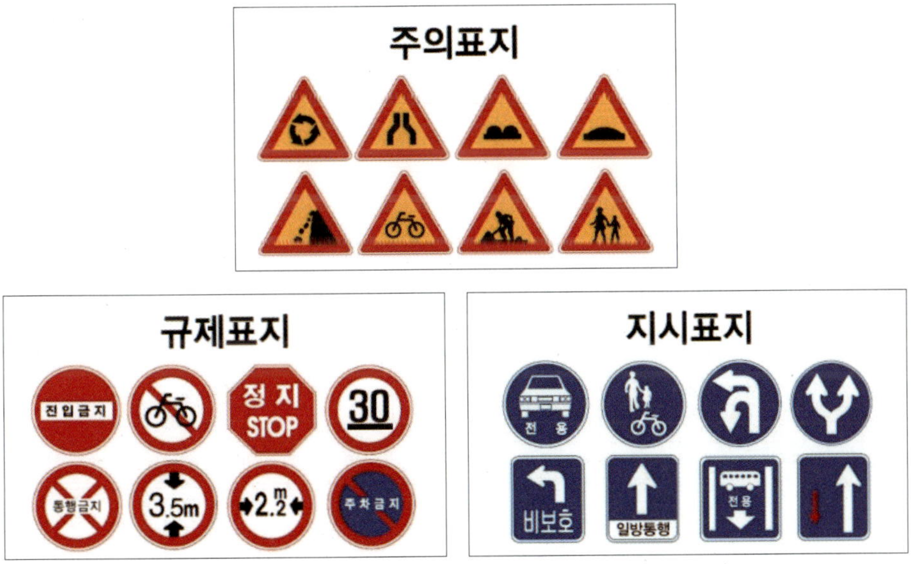

[그림 9-3] 교통 표지판

3) 교통사고 대처방법

만약 교통사고로 상해를 입었을 경우 영유아의 상해 정도와 건강 상태를 파악하여 응급처치를 하거나 구조요청을 하며, 대처방법은 다음과 같다(이기숙 · 장영희 · 정미라 · 윤선화, 2014).

① 부상자를 옮길 경우 가능한 팔, 다리, 목이 움직이지 않도록 하여 척추를 보호한다. 만약, 옮겨야 할 경우에는 영유아의 몸을 수평으로 유지하고 될 수 있는 한 몸이 움직이지 않도록 고정한다.

② 구조요청은 119로 하고 공중전화의 경우 긴급 전화버튼을 누르고 통화를 한다.

③ 영유아의 상태를 안전하게 유지시킨다. 영유아의 의식이 뚜렷한 경우에는 영유아를 안심시키고 의식이 없을 경우에는 기도를 열어 주고 호흡과 맥박의 상태를 확인하고 인공호흡을 실시한다.

④ 가벼운 부상이라도 의사의 진단을 받도록 한다. 교통사고는 발생한 순간에는 경미하다고 생각되어도 시간이 흐를수록 후유증이 발생할 가능성이 있기 때문이다.

⑤ 사고를 일으킨 운전자의 주소나 성명을 확인하고 교통사고를 일으킨 차의 번호, 차종, 색, 회사명 등을 확인하며, 운전자의 주소, 성명, 면허증 번호를 메모해 둔다. 특히, 목격자가 있는 경우 그 사람의 주소, 성명, 전화번호 등을 기록하고 증언을 부탁한다.

⑥ 교통사고를 경찰관에게 신고한다. 운전자는 교통사고를 일으킨 경우 즉시 신고할 의무가 있고 교통사고에는 반드시 치료비와 보험금 청구 등의 문제가 발생하므로 경찰의 교통사고 증명서가 필요하다.

안전사고 사례

- 2016년 4월 14일 용인의 한 어린이집 주차장에 주차된 SUV 차량이 미끄러지면서 원생 4살 이 모 양이 이 차량에 치여 숨졌다.

출처: MBC 뉴스(2016. 4. 15.).

- 서울의 한 내리막 골목길에서 어린이집 차량이 미끄러져 대문과 부딪힌 뒤 마주 오던 승용차와 충돌하는 사고가 발생했다. 어린이집 차량 내부에는 4~7세 어린이 7명이 타고 있어 자칫하면 대형사고로 이어질 수 있는 상황에서 아이들의 소중한 생명을 살린 것은 다름 아닌 안전벨트였다. 어린이 모두가 안전벨트를 착용하고 있었기에 충돌했을 때 튕겨 나가는 2차 피해를 방지할 수 있었다.

출처:YTN(2016. 3. 30.).

4 교통 안전교육의 실제

1) 교통 안전교육 주제별 통합망

중심: 교통 안전

이야기 나누기
- 교통안전에 대해 지켜야 할 점 알아보기
- 횡단보도를 안전하게 건너는 방법에 대해 이야기 나누기
- 교통 표지판을 보며 이야기 나누기

언어
- 동화 「거꾸리가 길을 건널 때」 읽어 보기
- '횡단보도 5원칙' 읽어 보기
- 동화 「거꾸리가 길을 건널 때」 주인공에게 편지 써 보기

요리
- 신호등 샌드위치 만들기
- 김과 치즈를 이용해 횡단보도 만들기
- 빨간색, 노란색, 초록색 밀가루 반죽하기
- 신호등 수제비 만들기

역할 / 쌓기
- 동화 「현수는 교통안전 박사」 역할극하기
- 블록으로 교통 표지판 만들기
- 블록으로 횡단보도 구성하기

신체 / 음률
- 길 건너기 표지판을 보고 길 찾기 상황대처 게임
- 「건너가는 길」 새 노래 배우기
- 신호를 나타내는 소리 게임

과학
- 횡단보도 위에 있는 신호등 관찰하기
- 통학버스를 타고 도로에 세워져 있는 표지판 관찰하기
- 횡단보도 관찰하기
- 액체 신호등 만들기

실외 / 견학
- 경기유아교육체험원 견학하기
- 안산어린이교통안전 견학하기
- 인천교통공원 교통안전 체험하기

미술
- 데칼코마니 기법을 이용해 교통안전 표지판 그리기
- 재활용품을 이용하여 횡단보도 만들기
- 나만의 교통 표지판 그려 보기
- '교통안전'을 주제로 자유롭게 그리기

2) 표어 및 포스터

3) 동요 및 개사

숲 속 초막집

외국 곡

4) 가로세로 낱말풀이

						1		1	
						2			
					2				
				3					
		4							
5		4			6				
5									
6									

						무	단	횡	단
								단	
						안		보	
					자	전	거	도	로
						벨			
				카	시	트			
		신		메					
운		호	루	라	기				
전	조	등			차				
면					역				
허									
증	명	사	진						

〈가로열쇠〉

1. 횡단보도가 없는 도로를 가로 건너는 것
2. 자전거가 다니는 도로
3. 차량 탑승 시 유아용 보호장구로 안전벨트의 이름
4. 경찰이 무단횡단을 하는 사람을 보고 경고 신호를 보내기 위해 불어서 소리 내는 작은 물건
5. 자동차 앞쪽을 비추는 등
6. 운전면허증에 붙이는 사진

〈세로열쇠〉

1. 사람이 건널 수 있도록 안전표지나 도로표지를 설치하여 시노 위에 마련한 길
2. 자동차에서 사고 시 충격으로부터 보호하기 위해 사람을 의자에 고정시키는 띠
3. 교통규칙을 지키도록 통제하기 위해 동영상을 찍는 물건
4. 도로에 설치하여 빨강, 초록, 노랑불로 신호를 보내는 것
5. 자동차를 운전하려면 필요한 증서
6. 기차가 주차하거나 멈추는 곳

5) 사행시

교: 교차로를 건널 때는

통: 통통통! 뛰면 안 돼요.

안: 안전하게 건너려면

전: 전부 손을 들고 횡단보도로 건너요.

6) 동화를 활용한 통합망

현수는 교통안전 박사

이야기 나누기

1. 내가 경험한 교통안전에 대해 이야기 나누기
2. 교통 표지판에 대해 이야기 나누기

미술

1. 교통안전 표시판 그리기
2. 안전안경 만들기

요리

1. 방울토마토, 오렌지, 브로콜리를 이용하여 신호등 만들기
2. 신호등 색깔별 만두 만들기

신체 / 음률

1. 「횡단보도」 노래 배우기
2. 「횡단보도」 동요에 맞춰 율동하기

언어

1. 표지판, 신호등, 횡단보도의 사진을 보며 의미 알기
2. 『현수는 교통안전 박사』 동화책 읽기

역할

1. 『현수는 교통안전 박사』 동화를 읽고 등장인물 역할놀이 하기
2. 교통봉사대 되어 보기

견학 / 게임

1. 동화에 나오는 O, X 게임하기
2. 도로교통안전협회 견학

쌓기

1. 블록으로 동화에 나오는 길과 차도 쌓기
2. 차도와 인도 구분하여 쌓기

과학

1. 고무줄 자동차 만들어 경주하기
2. 횡단보도 살펴보기

수 · 조작

1. 펠트지로 만든 자동차에 바느질하기
2. 자동차 바퀴 모양과 숫자 세기

7) 교재교구 계획안

<table>
<tr><td colspan="2">활동명</td><td>교통 표지판을 지켜요</td><td>연령</td><td>만 4세</td></tr>
<tr><td colspan="2">주제</td><td>교통안전</td><td>영역</td><td>수 · 조작 영역</td></tr>
<tr><td colspan="2">활동목표</td><td colspan="3">• 화살표를 돌려 나온 설명에 맞게 말을 조작할 수 있다.
• 교통 표지판을 정확히 알고 올바른 교통문화를 배운다.</td></tr>
<tr><td colspan="2">준비물</td><td colspan="3">벨크로, 펠트지, 할핀, 하드보드지, 글루건</td></tr>
<tr><td colspan="2">제작방법</td><td colspan="3">① 벨크로를 반으로 잘라 펠트지를 이용해 도로와 원판을 만든다.
② 교통 표지판을 오려 붙인다.
③ 설명을 써 붙인다.
④ 원판 가운데 부분에 구멍을 낸다.
⑤ 화살표를 놓고 할핀으로 고정한다.

※ 유의점
할핀으로 고정 시 펠트지를 주의하여 고정한다.</td></tr>
<tr><td colspan="2">사진</td><td colspan="3"></td></tr>
<tr><td rowspan="3">활동 방법</td><td>도입</td><td colspan="3">동화책 「앗, 조심해!」를 읽고 이야기를 나눈다.</td></tr>
<tr><td>전개</td><td colspan="3">① 동화 내용에 나온 교통 표지판에 대해 설명해 준다.
② 두 명씩 짝을 지어 교통 표지판의 내용에 따라 모두 다 같이 게임을 한다.
③ 교통 표지판을 잘 준수하고 어린이집에 먼저 도착하는 사람이 승리한다.</td></tr>
<tr><td>결말</td><td colspan="3">항상 교통 표지판을 준수해야 함을 지도한다.</td></tr>
</table>

Chapter 10

화재 안전교육

본 장에서는 화재 안전사고의 개념 및 유형에 따른 안전교육의 내용을 살펴보고 영유아 보육 · 교육기관에서 실시할 수 있는 화재 안전교육 내용을 살펴보고자 한다.

물망초반 친구들에게

오늘 유치원(어린이집)에서 소방대피 훈련한 것 생각나지?
불이 났을 때는 대피 방법이 제일 중요하니까 우리 다시 한 번 기억을 떠올려 보자. 먼저 "불이야!"라고 주변에 알리고 물을 묻힌 손수건이나 수건으로 코와 입을 가리고 몸을 보호하면서 자세를 최대한 낮춰 비상구로 나가서 계단을 이용해 밖으로 나갔지? 마지막으로 '119'로 신고해서 "00동 00 어린이집이에요."라고 꼭 말해 주는 것도 잊지 않았으면 좋겠구나.
이것만 잘 기억하면 나와 우리를 지키는 멋진 꼬마 소방관이 될 거야.

-용감한 친구들을 사랑하는 선생님이-

불은 현대사회에서 가장 중요한 에너지원이 되지만 순식간에 엄청난 재앙이 되는 단점도 있으므로 불을 안전하게 사용하는 방법을 알고 예방할 수 있어야 한다. 그러나 영유아는 정신적으로 미숙하여 사고가 발생했을 때 정확한 판단을 하기 어렵고 육체적으로 미분화된 상태여서 신속한 대피와 적절한 대처능력이 부족하므로 화재사고를 대비하여 안전하게 점검·관리하여 화재를 예방하는 교육이 실시되어야 한다.

1 화재 안전교육의 개념 및 필요성

경제발전으로 에너지원이 다양해지면서 각종 위험 물질로 인한 화재 발생률이 증가하고 있다. 화재의 원인으로는 전기화재, 유류화재, 가스화재, 부주의에 의한 화재, 방화 등이 있는데 화재 발생 시 인명 피해를 일으키는 주요 원인은 대부분 불에 직접 닿는 것보다 연기와 유독가스로 인한 질식사가 많다. 특히, 합성 섬유나 플라스틱 등 화학제품이 탈 때에는 목재류가 탈 때보다 10~25배 정도 더 많은 양의 연기와 치명적인 유독가스가 발생하는데, 이 가스는 극히 미량의 흡입만으로도 호흡장애나 마비를 일으켜 죽음에 이르게 한다.

화재 발생 시 신속한 대피와 적절한 대처방법만이 화재사고로 인한 피해를 줄일 수 있으므로 영유아를 대상으로 하는 화재 안전교육은 영유아 스스로 위험으로부터 자신을 보호할 수 있도록 화재안전 지식과 태도, 기술을 익혀 건강하고 안전한 생활을 습관화하도록 해야 한다.

1) 화재의 정의 및 분류

불이란 물질이 산소와 반응 중에 열이 발생하여 온도가 상승하고 그 결과 많은 열과 빛을 동반한 급격한 산화반응 현상이다. 불은 연료(가연물), 열(점화원), 산소(공기)의 세 가지 조건이 갖추어져야 발생이 가능하다. 이 세 가지를 불의 3요소라고 부르며, 이 요소 중 한 가지를 제거하면 연소를 중지시킬 수 있다. 한편, 우리 주변에서 흔히 볼 수 있는 화재를 A급 화재, B급 화재, C급 화재, D급 화재의 네 가지로 구분하고 있으며, 화재의 종류에 따라 소화방법도 달라진다.

2) 화재의 분류

A급 화재는 종이, 목재, 섬유, 플라스틱 제품 등 우리 주변에 흔하게 있는 물질이 타는 화재로, 물을 사용하여 끌 수 있다. 물을 사용하는 원리는 불에 타는 물질의 온도를 낮추는 이른바 냉각소화방법을 이용하는 것이다.

B급 화재는 유류 및 가스 화재로, 일반 화재에 비해 연소 속도와 발열량이 많아 위험한 화재이다. 유류 화재에 물을 사용하는 경우 유류가 물 위에서 계속 연소하는 특징이 있으므로 물을 사용하는 것보다는 공기를 차단하여 불을 끄는 질식소화방법이 유용하다. 만약, 작은 화재인 경우 물에 젖은 모포 따위로 덮어 불을 끌 수도 있으나 일반적으로 소화기를 사용하는 것이 바람직하다.

C급 화재는 전기화재로, 물을 사용하게 되면 전기제품이 손상되고 전기가 흘러 위험한 경우가 발생할 수 있으므로 소화기를 사용하는 것이 좋으며, 외부에서 들어오는 전선과 가까운 스위치를 꺼 두어야 2차 피해를 방지할 수 있다.

D급 화재는 일반 장소에서는 쉽게 나타나지 않는 화재로, 리튬, 나트륨, 마그네슘과 같은 특별한 금속 물질이 불에 타는 경우를 말한다. 금속화재는 물과 반응하여 유독성 가스를 발생하거나 가연성 증기를 발생시켜 폭발할 수 있으므로 마른 모래 등을 사용하여 불을 꺼야 한다.

[그림 10-1] 분말 소화기

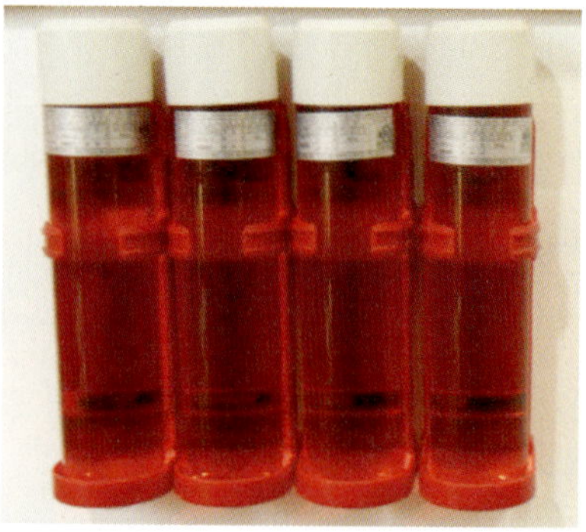

[그림 10-2] 투척용 소화기

2 화재 안전사고의 실태 및 유형

2010년 소방방재청이 화재 및 사망자를 줄이기 위한 '화재와의 전쟁' 정책을 선포하였고, 2013년 소방방재청에서 '화재피해저감정책'을 내세우면서 화재사고 감소를 위해 노력 중이다. 그러나 도시화 증가로 전기, 유류 등 에너지원을 사용하는 시설 등이 계속 늘어나면서 화재에 따른 인명 피해, 재산 피해가 조금씩 증가하고 있다. 우리나라 화재 안전사고 실태를 살펴보면 매년 4만 건이 넘는 화재사고가 발생하였다. 최근 10년간(2009~2018) 전국의 화재는 평균 43,374건, 인명 피해 2,169명(사망 315명, 부상 1,854명), 재산 피해 382,467백만 원으로 나타났다(소방청, 2019).

〈표 10-1〉 화재 안전사고의 실태

연도	화재 발생	인명 피해(명)			재산 피해 (억 원)
		계	사망	부상	
2018	42,338	2,594	369	2,225	5,597
2019	40,103	2,515	285	2,230	8,584
2020	38,659	2,282	365	1,917	6,005

출처: 소방청 통계연보(2021).

우리나라의 연도별 화재 발생 현황(2009~2018)을 살펴보면 전체 화재 433,736건 중 부주의가 211,553건(49%)으로 가장 높으며, 전기적 요인이 99,990건(23%), 기계적 요인이 42,973건(10%), 방화 의심 12,081건(3%), 교통사고 5,342건(15) 순으로 나타났다(소방청, 2019).

최근 들어 어린이집 화재사고가 급격히 증가하고 있다. 2014년 21건이던 화재사고가 매년 증가하여 2018년에는 60건으로 4년 만에 3배로 늘었다. 어린이집에서 발생하는 화재사고는 매년 사고접수 건수가 증가하고 있으며, 화재로 인한 손해액도 증가하고 있는 실정이다. 화재사고의 주원인은 누전이나 접촉 불량에 의한 단락, 전자제품의 노후, 전기용품 사용의 부주의로 인해 주로 발생하고 있다(영유아보육학회, 2019).

2017년 전 연령 화상 사고 중 아동 화상 사고는 41.1%를 차지해 아동이 화상 사고에 취약한 연령인 것으로 나타났다. 아동은 성인에 비해 행동 특성상 반응 속도가 느려 화상 요인에 대한 빠른 대처가 어렵고 피부가 성인에 비해 연약하기 때문에 화상의 깊이가 깊고 중증화상의 가능성이 크다(한국소비자원, 2018).

3 화재 안전교육의 내용 및 방법

화재 발생의 원인은 다양하며, 추후의 대처방안에 따라 그 피해의 정도가 달라질 수 있다. 이에 영유아 보육·교육기관에서는 화재 안전사고 예방과 대처방안에 대한 적절한 교육을 영유아에게 지속적으로 실시해야 한다.

1) 화재 예방

교사는 영유아에게 불의 편리함과 함께 위험성에 대해 설명해 주고, 평상시 주의

하는 생활습관을 형성하게 한다. 화재의 원인이 되는 성냥, 촛불, 라이터 등은 영유아 주위에 가까이 두지 않고 기관 내 전기시설을 자주 점검하고 정기적으로 화재대피훈련을 미리 계획하고 실시한다.

화재 안전시설인 화재 경보기, 스프링클러, 가스누출 탐지기, 소화기 등을 반드시 설치하고 수시로 점검하며, 계단과 비상구는 두 군데 이상 확보하고 대피기구, 유도등, 비상 조명 등을 설치하며, 건물 각 부분에 대피 안내도를 붙여 둔다.

(1) 실내 · 외에서의 화재 예방 안전수칙

전기 기구를 사용하지 않을 때는 반드시 몸체를 잡아서 전기 플러그를 빼 두고, 한 개의 콘센트에 여러 전기 기구의 플러그를 한꺼번에 꽂아서 사용하지 않는다. 또한, 난로에서 1~2m 이내에서는 장난치지 않도록 지도하고 석유통 가까이에는 잘 타는 물건이나 뜨거운 전기제품을 두지 않는다. 전기 코드가 문틈에 끼이지 않도록 해야 하며, 주방에서 성인이 기름을 많이 사용하는 음식을 할 경우에는 가까이 가지 않는다. 실외에서는 공터나 야산에 올라가 불 피우기 놀이를 하지 않고, 성냥이나 라이터로 불장난하지 않으며, 나무, 기름, 종이가 많은 곳에서 폭죽놀이를 하지 않는다.

(2) 화재 예방 요령

화재대피훈련은 다음과 같이 실행한다.

① 교사와 직원은 비상시 대피계획을 세운다. 대피 경로와 화재 발생 시 역할 분담(화재 신고자, 유아 대피 시 인솔자, 뒤에서 남은 유아가 있는지 확인하는 역할, 다친 유아 돌보는 역할 등) 등을 나눈다.

② 유아에게 화재대피훈련의 필요성과 과정에 대해 다양한 자료와 활동으로 지도한다.

③ 화재대피훈련은 가상으로 실시하지만 진지하게 참여할 수 있도록 지도한다.

④ 화재 경보를 들으면 즉시 교사의 지시대로 신속히 움직이고 소지품 등을 챙기

지 않도록 한다.

⑤ 매월 대피훈련을 실시하고 처음에는 예고를 한 후 훈련을 하지만 점차 예고 없이 실시해 보기도 한다.

⑥ 화재대피 시 건물 밖에서 만날 장소를 유아, 교사, 직원들에게 알리고 일단 밖으로 나온 후에는 절대로 건물에 다시 들어가지 않도록 지도한다.

⑦ 대피훈련 일지를 기록한다.

⑧ 대피 경로와 비상구 주위는 항상 통행이 원활하도록 치워둔다.

(3) 화재 발생 시 행동요령

① 최초 발견자는 큰 소리로 외치거나 비상벨을 눌러 다른 사람에게 화재가 발생하였다는 사실을 알리고 즉시 소화기, 모래, 물, 옥내 소화전 등을 이용하여 소화를 실시한다.

② 119로 화재 신고를 한다. 소화기나 물 등을 이용한 초기 진화가 불가능하다고 판단되면 즉시 119로 화재신고를 하며, 신고 시에는 침착하게 화재 발생 장소, 주요 건축물 또는 목표물, 화재의 종류 등을 상세하게 설명한다.

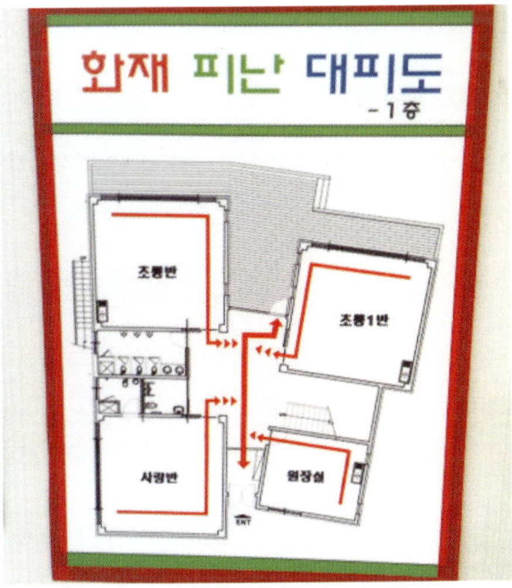

[그림 10-3] 화재대피도

[그림 10-4] 비상대피로

❖ 신고 순서

① 신고자 이름: ○○○입니다.

② 화재가 난 곳의 주소: 모를 경우 주변의 큰 건물을 말한다.

③ 신고자 전화번호: 받을 수 있는 전화번호를 말한다.

④ 화재 원인: 전기, 기름, 가스

- 화재의 내용을 침착하게 화재 발생 장소, 주요 건축물, 화재의 종류 등을 상세하게 설명한다(우리 집 주방에 불이 났어요. 2층 집이에요).
- 주소를 알려 준다(○○구 ○○동 ○○○번지요. / ○○초등학교 뒤쪽이에요).
- 소방서에서 알았다고 할 때까지 전화를 끊지 않는다.
- 공중전화는 빨간색 긴급통화 버튼을 누르면 돈을 넣지 않아도 긴급신고(119, 112 등) 통화를 할 수 있다.
- 휴대전화는 사용 제한된 전화나 개통이 안 된 전화도 긴급신고가 가능하다.
- 장난전화를 하지 않는다.

※ 119는 화재신고는 물론 인명구조, 응급환자이송도 가능하다.

출처: 소방방재청(2013).

(4) 대피 및 대피 유도 요령

① 선생님의 유도에 따라 침착하고 신속하게 대피한다.

② 건물 구조에 익숙한 사람이 적절한 피난 유도를 한다.

③ 피난 유도 시에는 큰 소리로 외치는 것보다 가급적 불안감을 느끼지 않도록 차분하고 침착하게 행동해야 한다.

④ 약한 학생(신체장애인, 영유아) 순으로 우선 피난시키고, 불길의 반대 방향(바람이 부는 방향을 가로 질러)으로 대피한다.

⑤ 엘리베이터를 이용하지 않고 계단으로 이동하며, 방을 나온 마지막 사람은 문을 잠그지 않고 닫아 소방관의 구조작업을 돕는다.

⑥ 자세를 낮추고(엎드려) 젖은 수건으로 입과 코를 감싸고 호흡량을 적게 하며 이동한다. 깨끗한 공기는 바닥에서 30~60cm 정도에 있으므로 기는 모습으로

대피한다. 만약, 화염을 통과할 경우에는 물에 적신 모포 등을 뒤집어쓰고 빨리 대피한다.

⑦ 아래층에 불이 나 1층으로 내려갈 수 없으면 옥상이나 창가 등 숨을 쉴 수 있는 곳으로 대피해 구조를 요청한다. 만일 문밖으로 나갈 수 없는 경우 천이나 옷가지, 담요 등으로 문틈을 막아 연기와 유독가스가 안으로 새어 들어오지 않도록 하고 구조를 기다린다. 구조 요청 시 창문에서 천이나 담요 등을 흔들어 자신의 위치를 알리고 성급히 창밖으로 뛰어내리지 않도록 한다.

⑧ 지상에 도착하더라도 건물 붕괴 후 폭발 등을 감안하여 안전을 위해 견고한 외벽을 따라 대피하되, 건물 높이 두 배 이상의 거리 밖으로 벗어나야 한다.

⑨ 몸에 불이 붙었을 경우에는 먼저 그 자리에서 행동을 멈춘 후 바닥에 누워 손으로 얼굴을 가린 채 몸을 좌우로 굴려 불을 끈다.

[그림 10-5] 소방대피훈련

(5) 소화기 사용 요령

① 손잡이를 잡고 화재 현장으로 운반한다.

② 바람을 등지고 화점으로 접근한다.

③ 손잡이를 누른 상태에는 안전핀이 잘 빠지지 않으니 침착해야 한다.

④ 호스걸이에서 호스를 벗겨 내어 잡고 끝을 불 쪽으로 향한다.

⑤ 가위질하듯 손잡이를 힘껏 잡아 누른다.

⑥ 불 아래쪽에서 비를 쓸 듯이 차례로 덮어 나간다.

⑦ 불이 꺼진 후 손잡이를 놓게 되면 약제 방출이 중단된다.

(출처: 소방방재청)

(6) 소화기 자체 점검 요령

- 소화기는 눈에 잘 띄는 곳에 받침대 위에 올리거나 벽에 걸어 놓는다.
- 불이 나면 대피할 것을 고려하여 문 가까운 곳에 비치한다.
- 자주 옮기는 가구나 물건에 가려지지 않도록 한다.
- 습기나 직사광선은 피하여 보관한다.
- 수시로 점검하고 특히 용기가 부식되지 않도록 관리한다.
- 분말소화기는 분말이 굳지 않도록 6개월에 한 번 이상 흔들어 주고 확인한다.
- 축압식 분말 소화기는 바늘이 녹색 정상 위에 있는지를 확인한다.

안전사고 사례

김해시 한 어린이집에서 교사가 스팀청소기로 실내 청소를 하다 문을 열어 놓고 밖으로 나간 사이 2살 A군이 이를 밟는 사고가 발생하여 전치 6주 진단과 함께 1년 이상 통원 치료 및 운동장애 진단을 받았다.

출처: 경남신문(2017. 10. 29.).

4 화재 안전교육의 실제

1) 화재 안전교육 주제별 통합망

화재 안전

이야기 나누기
- 화재안전과 대피 방법에 대해 이야기하기
- 화재예방에 대해 이야기하기
- 화재주의 안전 표지판에 대해 이야기하기

언어
- 『원숭이네 집에 놀러갔어요』 동화책 읽기
- 「불이 났어요」 동화 읽기
- 「불이 났을 때」 동시 읽기

수 · 조작
- 화재안전 표지판 퍼즐 맞추기
- 조심해야 할 불씨 분리하기

신체 / 음률
- '불씨' 신체활동 해 보기
- '불과 물' 몸으로 표현하기
- 드보르작과 화재 동영상을 보며 불씨를 표현하기

과학
- 공기를 좋게 하기 위해 식물 키우기

역할
- 소방관이 되어 보아요
- 「원숭이네 집에 불이 났어요」 역할놀이 하기

미술
- '불이 났어요, 어떻게 해야 할까요?' 안전에 대해 표현하기
- 불조심 포스터 그리기

쌓기
- 블록으로 소방서 만들기
- 불을 피하기 위한 집 쌓기

요리
- 불을 이용해서 가족 복음밥 만들기
- 물을 이용한 과일주스 만들기

게임 / 견학
- 소방서 견학
- 소방관 마술쇼 관람
- '불을 꺼요' 게임판 놀이하기

2) 표어 및 포스터

3) 동요 및 개사

열 작은 인디언

미국 민요

4) 가로세로 낱말풀이

1	1				
			2		
2					
			3		3
			4		
5		5			

방	화	복			
	재		성		
	안		냥		
안	전	덮	개		
			비	상	구
					급
			소	방	차
			화		
호	루	라	기		
		이			
		터			

〈가로열쇠〉

1. 불이 났을 때 구조 활동을 위하여 착용하는 옷
2. 전기 콘센트 등 유아가 구멍에 손을 넣지 못하도록 하는 기구
3. 불이 났을 때 급히 대피할 수 있도록 특별히 마련한 출입구
4. 소방 장비를 가지고 있는 특수 차
5. 호각 모양의 부는 물건

〈세로열쇠〉

1. 불이 났을 때 안전하게 대피할 수 있도록 교육하는 안선
2. 나무개비 끝에 발화 연소제가 발라져 있어 마찰을 통해 불을 일으키는 발화용구
3. 위급한 환자나 부상자를 신속하게 병원으로 실어 나르는 자동차
4 화재 초기에 불을 끄기 위해 사용하는 특수한 기구
5. 주로 담배를 피울 때 성냥 대신 쓰는 점화기구

5) 사행시

화 : 화난 듯이 불이 솟구쳐

재 : 재산을 잃고, 전부를 잃기 전에

안 : 안절부절 하지 말고

전 : 전화 신고하자, 119로!

6) 동화를 활용한 통합망

원숭이네 집에 불이 났어요

이야기 나누기

1. '불'에 대해 이야기하기
2. 소방관 아저씨는 무슨 일을 하실까?
3. 소방차의 기능과 화재 신고 방법에 대해 이야기하기
4. 화재 시 119 신고방법에 대해 이야기하기

미술

1. 「원숭이네 집에 불이 났어요」에 나오는 동물이 물을 끄는 모습 자유롭게 그리기
2. 소방차 만들어 보기
3. 불조심 포스터 그리기

언어

1. 「원숭이네 집에 불이 났어요」 읽기
2. 「원숭이네 집에 불이 났어요」 내용 말하기
3. 동시 「불조심, 불 끄는 소방관」 읽기
4. 동화 「성냥팔이 소녀」 이야기 듣기
5. 소방차 3행시 짓기
6. 불 안전하게 사용하기
7. 뜨거운 것 조심하기

신체 / 음률

1. '불'이 되어 보아요.
2. 「불자동차」, 「불조심」, 「딩딩딩」, 「고마운 분 소중한 분」 동요 노래 부르기
3. 소방차 사다리 되어 보기
4. 소방대피훈련하기

과학

1. 소방차와 다른 자동차 구분하기
2. 소방차의 구조와 특징 살펴보기

역할

1. 「원숭이네 집에 불이 났어요」 동화를 읽고 등장인물 역할놀이 하기

요리

1. 원숭이 모양 쿠키 만들기
2. 소방차 샌드위치 만들기

견학 / 역할

1. 소방서 견학하기
2. 소방관 역할놀이 해 보기
3. '불이 났어요' 상황에서 신고해 보기

수 · 조작

1. 소방차 수 세어 보기
2. 소방차바퀴 세어 보기
3. 사다리길이 알아보기
4. '불을 꺼 주세요'에 빠진 그림 찾기

쌓기

1. 원숭이네 집짓기
2. 소방서 꾸미기

7) 교재교구 계획안

<table>
<tr><td>활동명</td><td colspan="2">소방관 옷 명칭 알아보기(언어 영역)</td><td>대상연령</td><td>만 5세</td></tr>
<tr><td>주제</td><td colspan="4">화재안전 관련 – 소방관에 대해 알아보기</td></tr>
<tr><td>활동목표</td><td colspan="4">1. 화재안전에 대하여 알아본다.
2. 소방관 아저씨들이 입는 옷은 어떤 것인지 알아본다.</td></tr>
<tr><td>준비물</td><td colspan="4">우드락, 하드보드지, 펠트지, 벨크로, 접착제, 낱말카드, 코팅지</td></tr>
<tr><td rowspan="3">활동 방법</td><td>도입</td><td colspan="3">• 화재에 대하여 이야기를 나눈다.
• 소방 관련 동요를 불러 본다.</td></tr>
<tr><td>전개</td><td colspan="3">• 불이나면 어디에 신고해야 하는지 말해 보게 한다.
T: 불나면 어디에 신고해야 하죠?
C: 112요./119요./1234요./몰라요.

• 불이 났을 때 불을 끄는 사람은 어떤 사람인지 이야기 나눈다.
T: 119에 전화하면 누가 오죠?
C: 소방관 아저씨요./병원차요./소방차요.
T: 그래요. 소방차를 타고 소방관 아저씨가 오죠.

• 소방관 아저씨의 옷에 대해 말해 보도록 한다.
T: 그럼 소방관 아저씨들은 어떤 옷을 입나요?
T: 소방관 아저씨들은 불을 끄러 갈 때 방화복을 입어요.

• 판넬에 소방관 그림을 보고 옷에 맞는 낱말카드를 붙여 보게 한다.
T:이제 여기 그림에 소방관 아저씨 옷에 이름을 붙여 볼까요?

</td></tr>
<tr><td>결말</td><td colspan="3">• 소방관 아저씨의 옷에 대한 명칭을 제대로 알게 한다.
• 소방관 아저씨의 수고에 고마운 마음을 가진다.
• 언제 일어날지 모르는 화재에 대하여 항상 불조심에 유의하게 한다.</td></tr>
<tr><td>추후활동</td><td colspan="4">• 이야기 나누기 영역이나 언어 영역에 두고 활용한다.
• 소방 안전교육시간에 활용한다.
• 화재 예방에 항상 유념하게 한다.</td></tr>
</table>

Chapter 11

재난 안전교육

본 장에서는 재난 안전사고의 개념 및 유형에 따른 안전교육의 내용을 살펴보고 영유아 보육 · 교육기관에서 실시할 수 있는 재난 안전교육 내용을 살펴보고자 한다.

별님반 친구들에게

어제부터 비가 많이 와서 유치원(어린이집)에 오는 데 힘들었지?
재난은 언제, 어디서 올지 모르고 재난이 한번 발생하면 피해가 커서 우리 모두가 위험해질 수 있단다. 자! 우리 재난에 대한 대처법을 기억해 볼까?
어제처럼 태풍이 불 때는 축대나 담장 근처는 가지 말고 물에 잠긴 도로는 피하며, 집안에서 부모님과 함께 안전하게 있고, 지진이 일어나면 낮고 튼튼한 책상 밑에 들어가야 해. 바람이 많이 불 때는 바깥에 나가지 않도록 하고, 황사나 먼지가 많은 날에는 긴 옷을 입고 마스크를 꼭 착용하는 거야. 폭염이 시작되면 한낮에는 야외활동을 금하고 모자를 쓰거나 시원한 곳에서 휴식을 취하는 게 좋단다. 이렇게 하면 우리 별님반 친구들은 모두 안전하게 지낼 수 있을 거야.

-사랑을 듬뿍 담아 선생님이-

재난 안전교육은 갑자기 발생하는 재난에 대비하여 사고의 여파가 크게 느껴지지 않도록 하기 위한 방법이다. 갑자기 발생하는 재난에 대비하여 가정과 영유아 보육·교육기관에서는 재난의 개념과 유형 및 대처방안에 대해 알아야 한다. 이에 본 장에서는 다양한 재난의 유형과 대피 방법 및 영유아 보육·교육기관에서 안전하게 생활하는 방법을 이야기하고자 한다. 더불어, 재난 안전교육에 대한 실제 부분에서는 영유아 보육·교육기관에서 활용할 수 있는 방법을 제시하였다.

1 재난 안전교육의 개념 및 필요성

재난은 자연이 사람들에게 알리는 위험인자의 신호이자 철저한 예방을 요구하는 메시지이다. 우리가 알고 있는 태풍, 가뭄과 홍수, 폭염과 폭설, 지진, 황사 등으로 인한 여러 가지 자연적인 피해요인을 미연에 방지하는 것이 바로 재난대비교육의 하나이다. 인류의 편의를 위해 많은 것을 생산하고 버리는 산업화로 인해 많은 자연재해를 가져오게 되었다. 대체적으로 재해는 자연재해, 재난은 인적 재난의 의미로 사용되었으나, 2003년「재난 및 안전관리 기본법」제정 이후 재난으로 용어가 통일되었다. 지식정보화 사회로 발전을 거듭하면서 도시의 무리한 팽창으로 인한 인구의 고밀도화, 구조물의 대형화 및 주요 기반 시설들의 증가로 지진뿐 아니라 기타 자연 재난에 대한 위험이 지구촌 대내외적으로 증가하고 있다.

재난 발생은 예측하기 어려워서 미리 정보와 지식을 가지고 대처해야 하고 사고가 나면 치명적인 상해를 가져오기에 적극적인 예방교육과 대처방법이 필요하다(교육과학기술부, 2012). 이에 재난에 의한 피해를 줄이기 위해서는 국민으로서의 일반적인 행동강령이나 수칙, 사전교육을 통한 대처능력과 훈련을 갖추는 것이 무엇보다 중요하므로 영유아 보육·교육기관에서의 재난 안전교육은 당연하다.

2 재난의 실태 및 유형

1) 지진

지진이란 지구 내부의 다양한 변화로 인해 두꺼운 암석판의 운동이나 지구 내부가 역학적으로 균형을 잡기 위해 돌발적으로 일어나는 지구 내부 물질의 요동현상이다. 우리나라는 지진대에 속하는 다른 나라에 비하여 지진 발생이 낮은 편이나 최근에 지진 발생 횟수가 연 20~30회에 이르는 등 증가 추세를 보여 지진재난에 대한 적절한 대책이 요구된다.

2019년 재해연보에 의하면 국내 지진 발생빈도는 88회로 예년(1999~2018년) 평균 69.9회보다 많은 것으로 관측됐다. 규모 2.0 이상 국내 지진 발생 횟수는 총 88회로, 디지털 지진 관측을 시작한 1999년부터 2018년까지 연 평균 지진 발생 횟수인 69.9회보다 발생 빈도가 높은 것으로 나타났다.

〈표 11-1〉 지진의 규모 및 자연, 사람에 대한 영향

규모	구조물, 자연계 등에 대한 영향	사람에 대한 영향
2.5 미만	• 사람의 몸으로 느낄 수 없고 지진계에만 기록됨	• 느낄 수 없음
3.0	• 창문이 다소 흔들림	• 민감한 사람이 느낌
3.5	• 건물이 흔들리고 창문이 움직이며 형광등과 같은 매달린 물건이 흔들리거나 그릇의 물이 출렁임	• 약간 놀람 • 자다가 깰 수 있음
4.0	• 건물의 흔들림이 심하고 불안정하게 높인 꽃병이 넘어지며 그릇의 물이 넘침	• 매우 놀라게 되고 자다가 깸
5.0	• 벽에 금이 가고 비석이 넘어짐 • 굴뚝, 돌담, 축대 등이 파손됨	• 서 있기 곤란하고 심한 공포를 느낌
6.0	• 건물 파괴 30% 이하 • 산사태가 발생할 수 있고 땅에 금이 감	• 서 있을 수 없음 • 도움 없이 걸을 수 없음
7.0	• 건물 파괴 30% 이상 • 산사태가 나고 땅이 갈라짐	• 이성을 상실하게 됨
8.0	• 건물이 완전히 파괴됨 • 철로가 휘고 지면에 단층 현상이 발생함	• 공황상태에 이르게 됨
9.0 이상	• 관측된 바 없음	

출처: 재난안전대책본부.

2) 황사

황사는 아시아 대륙의 중심부에 위치한 중국의 서북부와 몽골의 사막화 지역, 황하 중류 대완곡의 황토고원 일대, 그리고 내몽고 고원에서 강한 바람이나 지형에 의해 만들어진 난류 등의 기상조건으로 인해 다량의 모래와 먼지가 공중으로 강풍을 타고 이동하면서 부유하거나 낙하하는 현상을 말한다.

이러한 황사는 태양빛을 막고 산란시켜 가시거리를 짧게 하며, 농작물이나 활엽수의 기공을 막아 잘 자라지 못하게 한다. 또한, 반도체나 항공기 등 정밀기계 작동에도 문제를 일으킨다. 황사가 사람의 호흡기관에 들어오면 기관지염을 일으키며, 눈에 닿으면 결막염이나 안구건조증 등의 질환을 유발한다. 특히, 중국의 중부 및 서북부 내륙의 사막 진행으로 우리나라의 황사 발생 빈도는 〈표 11-2〉처럼 매년 증가 추세이며, 황사 농도도 강해지고 있다.

〈표 11-2〉 연도별 전국 황사 일수

	2013년	2014년	2015년	2016년	2017년	2018년
황사일수	2.1	7.7	9.0	5.5	6.2	4.8

출처: 기상청.

3) 태풍

태풍은 북태평양 서부에서 연중 또는 주로 7~8월에 발생하는 열대성 저기압 중에서 중심부의 최대 풍속이 1초당 17m 이상의 폭풍우를 동반하는 기상현상을 말한다. 2019년 총 29개의 태풍이 발생하였는데, 그중 7개가 우리나라에 영향을 주었으며, 근대 기상업무 시작(1904년) 이래 1950년, 1959년과 함께 가장 많은 태풍 영향 수(7개), 가장 많은 가을 태풍 영향 수(3개)를 기록하였다.

4) 폭염

폭염이란 햇볕이 몹시 뜨겁게 내리쬘 때의 더위를 말한다. 최근 지구온난화로 인해 여름철의 폭염과 같은 기상재해가 증가하고 있어 각별한 주의가 요구된다. 재해연보(2020)에 따르면 2019년은 연 평균 기온이 13.5도로 평년(12.5도)보다 높았고, 2016년(13.6도)에 이어 역대(1973년 이후) 두 번째로 높았으며, 연평균 누적 강수량은 1,171.8㎜로 평년(1,207.6~1,446.0㎜보다 적었던 해로 기록하였다. 여름철 전국 평균 기온은 28.9도로 평년(28.4도)보다 0.5도 높았다. 전국적으로 폭염 일수는 13.3일, 열대야 일수는 10.5일로 폭염이 이례적으로 극심했던 2018년(31.5일, 17.7일) 대비 절반 수준으로 감소하였다.

2018년 9월부터 폭염이 자연재난에 포함됨에 따라 폭염으로 인한 인명 피해에 대해 재난지원금을 지급할 수 있도록 관련 법과 지침이 개정되었고, 응급실 사망자만 집계되는 질병관리청의 온열질환감시체계를 보완하고자 2019년부터는 국민 전체 사망자 중 자연열 · 일광에 의한 사망자를 따로 분류한 통계청 사망자 현황을 추가하였다.

〈표 11-3〉 폭염 특보

폭염 주의보	폭염 경보
• 일 최고 기온이 33도 이상 • 일 최고 열지수가 32도 이상인 상태가 2일 이상 지속될 것으로 예상될 때	• 일 최고 기온이 35도 이상 • 일 최고 열지수가 41도 이상인 상태가 2일 이상 지속될 것으로 예상될 때

5) 미세먼지

미세먼지란 대기 중에 떠다니거나 흩날려 내려오는 10㎛ 이하의 입자의 크기가 매우 작은 크기의 먼지를 의미하는 것으로 눈에 보이지 않을 만큼 매우 작기 때문에 대기 중에 머물러 있다가 호흡기를 거쳐 폐 등에 침투하거나 혈관을 따라 체내로 이동하여 들어감으로써 건강에 나쁜 영향을 미칠 수도 있다(환경부, 2016).

세계보건기구(WHO)는 미세먼지에 대한 대기 질 가이드라인을 1987년부터 제시해 왔고, 2013년에는 세계보건기구 산하의 국제암연구소(IARC, International Agency for Research on Cancer)에서 미세먼지를 사람에게 발암이 확인된 1군 발암

물질로 지정하였다(교육부, 2018).

미세먼지 발생원은 자연적인 것과 인위적인 것으로 구분되는데 자연적 발생원은 흙먼지, 바닷물에서 생기는 소금, 식물의 꽃가루 등이 있다. 인위적 발생원은 보일러나 발전시설 등에서 석탄, 석유 등 화석 연료를 태울 때 생기는 매연, 자동차 배기가스, 건설현장 등에서 발생하는 날림먼지, 공장 내 분말 형태의 원자재, 부자재 취급공정에서의 가루 성분, 소각장 연기 등이 있다.

2016년 3월 기준으로 미세먼지 농도는 전국의 300여 개 측정소에서 측정되어 '에어코리아(www.airkorea.or.kr)'를 통해 공개하고 있다.

3 재난 안전교육의 내용 및 방법

재난 대비를 위해 무엇보다 중요한 것은 체계적인 재난 안전교육의 실시이다. 재난별 대비요령 및 교육방법은 다음과 같다(중앙보육정보센터, 2008).

1) 지진

광범위한 피해가 발생하는 지진의 특성상 언제 발생할지 모르는 지진에 대비하여 행동 요령을 항상 익히고 있어야 한다. 우선, 지진이 발생할 경우에는 라디오, 손전등, 비상구급함을 준비하고 영유아 보육 · 교육기관과 가족구성원은 준비물이 어디에 있는지 숙지하며, 배터리는 손이 닿는 곳에 보관한다. 또한, 응급처치방법, 비상시 행동요령을 미리 알아봄으로써 위급한 상황을 대피할 수 있다. 한국산업안전공단(2003)에서 제시한 지진 발생 시 영유아 보육 · 교육기관에서의 행동요령과 지진 후의 행동요령을 살펴보면 다음과 같다.

(1) 지진 발생 시 영유아 보육 · 교육기관에서의 행동요령

- 교실 책상 밑에 들어간다. 이때 창문이나 출입문, 전등 등 떨어지기 쉬운 물건 위는 피한다.
- 크게 흔들리는 시간은 1~2분 정도이므로 중심이 낮고 튼튼한 책상 밑에 들어가 다리를 붙들고 대피한다.
- 피할 곳이 없을 때는 방석 등으로 머리를 보호한다.

(2) 지진 후의 행동 요령

- 여진에 대비해야 한다. 다친 영유아가 있는지를 확인한다.
- 정전이 되었다면 손전등을 이용한다. 양초, 성냥 등의 연소물질을 사용하는 것은 누출된 가스에 의한 폭발 위험이 있으므로 사용하면 안 된다.
- 깨진 유리에 대비하여 실내에서도 신발을 신고 행동한다.
- 가스 냄새나 가스 새는 소리가 나는 경우에는 창문을 연 후 밖으로 신속하게 빠져나가고, 가능하면 밸브를 잠근다.
- 경찰, 소방구조요원의 요청이 있기 전까지 피해 지역에 접근하지 않는다.

〈표 11-4〉 지진 발생 시 10가지 행동 요령

1. 집 안에 있을 때 지진을 느끼면	
자신과 가족의 안전이 최우선!	• 크게 흔들리는 시간은 길어야 1~2분 정도이다. 우선 중심이 낮고 튼튼한 테이블 등의 밑에 들어가 그 다리를 꽉 잡고 몸을 피한다. 테이블 등이 없을 때는 방석 등으로 머리를 보호한다. ※ 가구 등이 넘어지거나 떨어져서 상처를 입는 일이 없도록 주의한다.
불이 났을 경우 침착하고 빠르게 불을 꺼라!	• 대지진 발생 시에는 불을 끄려는 한 사람 한 사람의 노력이 지진에 의한 피해를 최소한으로 막을 수 있는 중요한 포인트가 된다. ※ 평소부터 작은 지진이라도 불을 끄는 습관을 익히도록 한다. • 가족은 물론 이웃 사람들과도 서로 협력해서 초기 소화를 하는 것이 큰 화재를 막기 위하여 극히 중요한 일이다.

지진 발생 시 불을 끌 기회가 3번은 있다!	• 첫 번째 기회: 크게 흔들리기 전 또는 아직 흔들림이 작을 때다. 작은 흔들림을 느낀 순간에 즉시 '지진이다. 불을 꺼라.'라고 서로 고함을 질러 사용 중인 가스레인지나 난로 등의 불을 끈다. • 두 번째 기회: 큰 흔들림이 멈췄을 때다. 크게 흔들리고 있을 때 불을 끄려고 하면 난로나 스토브 위에 있는 주전자가 떨어지는 등 아주 위험하다. 큰 흔들림이 멈추면 다시 한 번 '불을 꺼라.'라고 고함을 질러서 불을 끈다. • 세 번째 기회: 방화된 직후이다. 만일 불이 나도 1~2분 이내에 충분히 소화할 수 있다. 바로 소화할 수 있도록 소화기나 소화용 큰 그릇을 불이 날 수 있는 근처에 항상 비치해 둔다.
서둘러 밖으로 뛰어 나가지 말자!	• 최근에 건축된 건물은 내진성을 고려하여 지어져 무너질 우려는 적다고 생각해도 좋다. • 지진이 발생했다고 해서 서둘러 밖으로 뛰어나가면 유리창이나 기와, 간판 등이 떨어지므로 대단히 위험하다. 또한, 블록 담이나 자동판매기 등 고정되지 않은 물건 등은 넘어질 우려가 있으므로 이들 가까이에 가서는 안 된다.
문을 열어서 출구를 확보!	• 철근 콘크리트의 아파트 등은 지진에 의해 문이 비뚤어져 안 열려 방 안에 갇힌 사례가 있다. 그러므로 문을 열어 출구를 확보한다. 만일 갇힐 사태를 대비하여 대피 방법에 관해 미리 준비해 둔다.
2. 집 밖에 있을 때 지진을 느끼면	
주의하자, 낙하물이나 블록 담!	• 땅이 크게 흔들리고 서 있을 수 없게 되면 무엇인가 기대고 싶어하는 심리가 크게 작용한다. 가까이에 있는 대문 기둥이나 담이 우선 그 대상이 될 수 있다. 언뜻 보기에는 튼튼해 보이는 이러한 것들이 실은 매우 위험한 것이다. 과거 대지진 시 블록 담이나 대문 기둥이 무너져 많은 사상자가 발생하였다. ※ 블록 담이나 대문 기둥 등에 가까이 가지 말자. • 변화가나 빌딩가에서 가장 위험한 것이 유리창이나 간판 등의 낙하물이다. 또한, 자동판매기 등 고정되지 않은 물건 등이 넘어질 우려가 있으므로 조심한다. 빌딩가 등에 있을 때는 상황에 따라서 건물 안에 들어가는 것이 오히려 안전하다. ※ 손이나 가방 등으로 머리를 보호하는 것이 가장 중요하다.
3. 백화점이나 극장, 지하상가 등에 있을 때 지진을 느끼면	
안내자의 지시에 따라 행동하자!	• 백화점이나 지하상가 등 많은 사람이 모이는 장소에서 무엇보다 두려운 것은 큰 혼란의 발생이다. 이러한 장소에서는 종업원이나 경비원 등 안내자의 지시에 따라서 행동하도록 한다. ※ 지하상가는 지진에 비교적 안전하다. 또한, 정전되더라도 바로 비상등이 켜지게 되어 있으므로 당황하지 말고 침착하게 행동한다. • 화재가 발생하면 바로 연기가 꽉 차게 되므로, 연기를 마시지 않도록 자세를 낮추면서 대피한다. • 대문, 기둥 등에 가까이 가지 않는다.

4. 엘리베이터를 타고 있을 때 지진을 느끼면	
가까운 층에서 신속하게 대피를!	※ 지진이나 화재 발생 시에는 엘리베이터를 이용해서는 안 된다. • 만일 엘리베이터를 타고 있을 때 지진을 느끼면 버튼을 눌러, 엘리베이터가 정지하면 신속하게 내려서 안전을 확인한 후 대피한다. • 고층빌딩이나 최근에 건설된 건물의 엘리베이터에는 관제 운전 장치가 설비되어 있다. 지진 발생 시에는 제어장치가 자동으로 작동되어서 엘리베이터가 가까운 층에서 정지하도록 되어 있다. • 만일 갇혔을 경우에는 인터폰으로 관리실에 연락하여 구조를 기다린다.
5. 전철을 타고 있을 때 지진을 느끼면	
고정되어 있는 물건을 꼭 잡자!	• 큰 충격이 닥쳐오므로 화물 선반의 횡축이나 손잡이 등을 꽉 잡아서 넘어지지 않도록 하고, 차내 방송 등에 따라 침착하게 행동한다. 섣부른 행동으로 제멋대로 행동하면 큰 혼란을 일으키게 된다. • 지진이 발생하여 전철이 일시적으로 운행이 정지되는 경우 정차했다고 해서 서둘러 밖으로 나가면 다칠 위험이 있다. • 지하철역에서는 정전되었을 때도 바로 비상등이 켜지도록 되어 있다. 서둘러 출구로 뛰어나가는 것은 가장 위험한 행동이며, 큰 혼란의 원인이 된다. 구내 방송에 따라서 침착하게 행동한다.
6. 자동차를 운전하고 있을 때 지진을 느끼면	
자동차는 도로 오른쪽에 세우고, 카 라디오 정보듣기	• 지진이 발생하면 자동차 타이어가 펑크난 듯한 상태가 되어 핸들이 불안정해지면서 제대로 운전하지 못한다. 충분히 주의를 하면서 교차로를 피해서 길 오른쪽에 정차시킨다. • 도심에서는 거의 모든 도로가 전면 통행 금지된다. 카 라디오 정보를 잘 듣고 부근에 경찰관이 있으면 지시에 따라 행동한다. 대피할 필요가 있을 때는 환자 발생 시에 차 안에 불이 들어오지 않도록 창문을 닫고, 열쇠를 꽂은 채로 문을 잠그지 말고 그 지역 사람들과 함께 행동한다.
7. 산이나 바다에 있을 때 지진을 느끼면	
산사태, 절개지의 무너짐, 해일에 주의를!	• 산 근처나 급한 경사지에서는 산사태나 절개지 붕괴 위험이 있으므로 안전한 곳으로 대피한다. • 해안에서는 해일이 발생할 우려가 있다. 지진을 느끼거나 해일 특보가 발령되면 시 · 군 · 구의 안내방송이나 라디오 및 텔레비전의 정보를 시청에서 신속히 안전한 곳으로 대피한다.
8. 부상을 입은 사람이 있으면	
응급구호의 지식을 배워 둡시다!	• 대지진이 발생한 경우 많은 부상자 발생이 예상된다. 또한, 정전이나 교통정체 등으로 구급대, 의료기관도 평상시와 같은 활동을 못 하게 될 것이다. • 재해 발생 시에는 부상자 가까이에 있는 사람들이 적절한 응급처치를 할 필요가 있다. 평소에 응급처치에 대한 지식을 배워 둔다.

9. 피난은 마지막 수단	
대피는 걸어서! 소지품은 최소한으로!	• 지진에 의한 화재가 크게 확대되어 인명 피해가 우려될 경우 신속히 대피한다. 대피 방법은 방재시민조직이나 수방단 등을 단위로 해서 관계공무원이나 경찰관 등의 안내를 따르고, 최소한의 소지품만 가지고 걸어서 가는 것이 원칙이다. 자동차나 자전거를 이용한 대피는 절대 안 된다. • 병을 앓고 있는 사람의 피난은 지역주민들의 협조가 절대적으로 필요하다. 평소에 이웃 사람들과 대피 방법에 대해 미리 의논해서 결정해 두는 것이 필요하다.
10. 올바른 정보에 따라서 올바른 행동을	
유언비어를 믿지 말자!	• 대지진 발생 시 사람들은 심리적으로 동요하게 된다. 큰 혼란을 피하기 위해서는 한 사람 한 사람이 올바른 정보에 따라서 침착하게 행동하는 것이 극히 중요하다. • 휴대 라디오 등으로 올바른 정보를 파악해야 한다. • 시 · 군 · 구나 경찰서, 소방서 등 방재기관에서 직접 얻은 정보를 신뢰하고, 결코 근거 없는 소문이나 유언비어를 믿고 행동해서는 안 된다.

출처: 소방방재청(http://www.nema.go.kr).

2) 황사

영유아 보육 · 교육기관에서 황사로부터 영유아를 보호하기 위해서는 수시로 황사 발생 기상정보를 확인하여 국민행동 요령에 따라 신속하게 대처해야 한다. 황사 발생에 따른 행동요령으로는 가정과 영유아 보육 · 교육기관에서 황사예보, 황사특보, 황사특보해제로 나누어 설명할 수 있다.

첫째, 황사예보 시에 가정에서는 황사가 실내로 들어오지 못하도록 창문 등을 점검하고, 외출 시에 필요한 보호 안경, 마스크, 긴 소매 옷 등을 준비한다. 실내에 공기정화기, 가습기 등을 준비하고, 포장되지 않은 식품은 오염되지 않도록 위생용기 등에 보관한다. 영유아 보육 · 교육기관에서는 기상예보를 청취하여 지역 실정에 맞게 휴원 또는 단축보육을 검토하고, 원아 비상연락망을 점검하여 연락체계를 유지한다. 또한, 휴원 또는 단축보육 시 맞벌이 부부 자녀에 대한 보육대책을 수립하고, 원아 및 부모를 대상으로 황사대비 행동요령을 지도하거나 홍보한다.

둘째, 황사특보 발령 시에 가정에서는 대기 중 실시간 미세먼지 농도를 확인하여 현재 상황을 파악한다(에어코리아, http://www.airkorea.or.kr). 또한, 황사가 들어오지 않도록 창문을 닫고 공기정화기와 가습기를 사용하여 실내 공기를 쾌적하게 유지한다. 가급적 외출을 삼가되, 외출 시 보호 안경, 황사 마스크, 긴 소매 옷을 착용하고, 귀가 후 손과 발 등을 깨끗이 씻고 양치질을 한다. 황사에 노출된 채소, 과일, 생선 등 농수산물은 충분히 세척한 후에 섭취하고, 2차 오염을 방지하기 위한 식품 가공과 조리 시에는 손을 철저히 씻는다. 노약자, 호흡기 질환자의 경우 실내활동을 자제해야 한다. 영유아 보육·교육기관에서는 가정에서와 동일하게 대기 중 실시간 미세먼지 농도를 확인하여 현재 상황을 파악하고, 영유아 보육·교육기관의 실외활동을 금지하며, 일과 운영에 있어서 단축 또는 휴원해야 한다.

셋째, 황사특보 해제 후에 가정에서는 실내 공기를 환기하고, 황사에 노출된 물품 등은 충분히 세척한 후 사용한다. 영유아 보육·교육기관에서는 실내·외를 청소하여 먼지를 제거하고 방역을 실시하며, 감기, 안질 등에 걸린 원아는 쉬게 하거나 일찍 귀가 조치한다.

영유아 보육·교육기관에서는 황사에 대비하여 황사의 개념과 원인, 문제점, 대피요령 등에 대해 영유아를 이해시키는 시간을 마련해야 한다. 특히, 영유아 수준에 맞게 다양한 매체를 활용하여 이해를 돕고, 가정과의 연계가 될 수 있도록 황사 발생 시의 대비요령에 관한 가정통신문을 전달하며 숙지할 수 있도록 한다.

3) 태풍

최근 들어 국지성 집중호우가 발생하는 경우가 잦아지고 있어 다양한 안전교육이 병행되어야 한다. 보육시설안전매뉴얼연구(2008)에서 태풍 발생 시에 가정과 영유아 보육·교육기관에서의 행동지침을 알아보면 다음과 같다.

첫째, 태풍예보 시 가정에서는 TV나 인터넷, 라디오 등을 통해 지역의 기상예보를 수시로 확인하며, 태풍에 대하여 미리 가족과 이야기를 한다. 즉, 가족이 흩어지게 된 경우를 대비하여 만날 장소를 정해 두고, 시외로 연락할 곳도 정해 둔다. 또한, 침수나 산사태가 일어날 위험이 있는 지역의 주민은 대피 장소와 비상연락방법을 미리 알아 두며, 하천 근처에 주차한 자동차는 안전한 곳으로 이동해야 한다. 응급약품, 손전등을 포함하여 최소한 3일 정도 사용할 식수, 비상식량 등의 생필품은 미리 준비하며, 날아갈 위험이 있는 지붕, 간판 등을 단단하게 고정한다. 도로를 걸을 때는 공사장 근처는 위험하니 가까이 가지 않으며, 전신주, 가로등, 신호등을 손으로 만지거나 가까이 가지 않는다. 감전의 위험이 있으니 집 안팎의 전기 수리는 하지 않는다. 영유아 보육 · 교육기관에서는 주변의 위험지역 · 시설 등을 사전에 알아 두어야 한다. 예를 들어, 하천 주변 상습 범람 및 침수 지역, 산사태 위험지구, 감전사고 위험지역, 공사장 등이 있다. 실내 · 외의 날아갈 위험이 있는 시설물을 점검 · 조치하고, 원아 비상연락망을 점검하여 연락체계를 유지한다. 더불어 TV나 인터넷, 라디오 등을 통해 지역의 기상예보를 수시로 확인하며, 실내활동이나 야외활동 일정을 연기해야 한다. 또한, 원아 및 부모를 대상으로 태풍 대비 행동요령을 지도하거나 홍보한다.

둘째, 태풍의 영향권에 있을 경우(태풍주의보, 태풍경보 발령 시) 가정에서는 TV나 인터넷, 라디오 등을 통해 기상예보를 수시로 확인하고 집 안의 창문이나 출입문을 잠가 둔다. 노약자나 영유아는 집 밖으로 나가지 않게 하며, 가족과 떨어져 있는 경우 만날 방법과 연락할 곳을 확인한다. 날아갈 위험이 있는 지붕, 간판 등을 단단하게 고정하며, 집 안의 가스 밸브 등을 잠근다. 특정한 저지대 상습침수지역에 거주하는 경우에는 비상식량과 식수를 준비한다. 영유아 보육 · 교육기관에서는 TV나 인터넷, 라디오 등을 통해 기상예보를 수시로 확인하며, 지역 실정에 맞게 휴원 또는 단축보육을 검토한다. 원아 비상연락망을 점검하고 연락체계를 유지한다. 또한, 천둥 · 번개가 칠 경우 실내나 낮은 곳으로 대피한다.

셋째, 태풍이 지나간 후 가정에서는 파손된 상하수도, 도로가 있다면 시 · 군 · 구청이나 읍 · 면 · 동사무소에 연락해야 하며, 침수된 집 안은 가스가 차 있을 수 있어 환기 후 들어가고, 전기, 가스, 수도시설은 손대지 말고 전문업체에 연락한다. 사유시설 등에 대한 보수 · 복구 시에는 반드시 사진을 찍어 두고 비상 식수가 떨어졌더라도 아무 물이나 먹지 말고, 반드시 끓여 먹는다. 제방이 붕괴될 수 있으니 제방 근처에 가지 말고, 감전의 위험이 있으니 바닥에 떨어진 전선 근처에 가지 않는다. 영유아 보육·교육기관에서는 파손된 상하수도, 도로가 있으면 시·군·구청이나 읍·면·동사무소에 연락한다. 침수된 경우 가스가 차 있을 수 있으니 환기시킨 후 들어가고, 전기, 가스, 수도시설은 손대지 말고 전문업체에 연락하며, 침수된 경우 시설 상황에 맞게 휴원을 검토한 후 가정에 연락한다.

영유아 보육·교육기관에서는 태풍뿐만 아니라 호우, 홍수, 낙뢰, 천둥 등 관련 기상 변화에 대해 영유아를 이해시키는 시간을 마련하고, 영유아 수준에 맞게 다양한 매체를 활용하여 이해를 도울 수 있다. 예를 들어, 국가재난정보센터(http://www.safekorea.kr)에서 '재난 교육/국민행동요령(태풍·호우 등 유형별)' 애니메이션을 활용할 수 있다. 또한, 가정과의 연계가 될 수 있도록 태풍 등 기상 변화에 대비한 대피요령 등을 가정통신문으로 전달하고, 가족 모두가 가정에서 실제로 대피훈련을 해 볼 수 있도록 한다.

4) 폭염

2008년부터 폭염 특보가 시행되고 있다. 폭염 특보가 내려진 경우 영유아 보육·교육기관에서 실내활동을 자제하고 실내활동으로 대체되어야 한다. 국가재난 정보센터에서 제시한 폭염 대비 행동요령을 살펴보면 다음과 같다. 한낮의 뜨거운 햇빛은 피하고, 식사는 균형 있게, 물은 많이 섭취해야 한다. 위생적인 생활 습관을 갖도록 하며, 올바른 냉방기기 사용법을 숙지한다. 또한, 동료와 이웃의 건강에 관심을 가지므로 쓰러져 있는 사람이 있다면 119를 부르거나 그늘로 데려가서 휴식을 취하게 하므로 도움을 줄 수 있다.

영유아 보육·교육기관에서의 폭염 대처요령은 다음과 같다.

- 실외활동을 중단하고 실내활동으로 대체한다.
- 창문 등에 커튼을 친다.

- 교실을 시원하게 유지하고 편한 복장으로 활동을 무리하게 계획하지 않는다.
- 활동 중간에 휴식 시간을 갖거나 피곤해하는 영유아는 쉴 수 있도록 한다.
- 영유아의 건강 상태를 수시로 확인하여 적절히 조치한다.
- 낮잠 시간을 충분히 갖되, 교사도 잠깐 쉴 수 있도록 한다.

〈표 11-5〉 폭염으로 인한 증상 대처법

일사병	• 직사광선에 의해 발생하며 체온이 30~40도 이상 올라가며, 중환자의 25%는 사망에 이른다. • 일사병 증상이 나타나면 서늘한 그늘로 이동하여 몸을 식힌다. • 체온은 급히 식히지 말고 서서히 식히고 다시 열이 오르면 또 식힌다. • 이마에 찬 수건이나 얼음 주머니를 대준다.
열사병	• 공기의 유통이 좋지 못한 곳이나 직사광선에 의해 발생한다. 직접적인 원인은 땀을 흘림으로써 신체의 염분을 지나치게 잃기 때문이다. • 안색이 창백해지며, 전신은 식은땀으로 축축해지고 맥박과 호흡이 약해져 무의식 상태에 빠지게 되는데 심하면 사망에 이를 수 있다. • 공기가 잘 통하는 곳으로 옮기고 머리는 수평으로, 다리는 높게 눕히고 잘 덮어 준다. • 소금물(물 한 컵에 소금 한 수저)을 마시게 한 다음, 차나 냉수 같은 것을 마시게 한다.

5) 미세먼지

최근 미세먼지로 인한 공기의 질이 문제가 되면서 미세먼지에 대한 관심이 높아지고 있다. 에어코리아(www.airkorea.or.kr)에서는 국민들이 대기오염도를 이해하기 쉽게 지수화하여 색상으로 제공하며, 지역별 대기오염물질의 농도와 함께 날씨 등 기상정보는 물론 미세먼지 예보와 경보 상황도 신속하게 제공하고 있다. 에어코리아의 주요 내용을 언제, 어디서나 스마트폰으로 확인할 수 있도록 모바일 앱인 '우리동네 대기질'을 서비스하고 있다.

면역체계가 완벽히 발달하지 못하고, 피부, 호흡기와 같은 신체 조직이 대기오염물질에 민감하게 반응하는 영유아의 경우 단위 체중당 호흡량이 성인보다 높으므로 상대적으로 더 많은 공기오염 물질을 들이킬 수 있어 각별한 주의가 필요하다.

(1) 미세먼지 예보제

서울시, 경기도, 인천시 등 몇몇 지자체에서는 자체적으로 미세먼지 예보제를 실시하였으나, 지역적 한계와 상대적으로 낮은 예보 정확도, 예보 결과에 대한 신속한 전달체계의 미흡 등 부족한 부분이 있었다. 2013년 이후 수도권을 중심으로 고농도 미세먼지가 현저하게 발생하면서 미세먼지에 대한 국민적 관심과 우려가 증가되고 있다. 이에 따라 국가 차원의 신속하고 정확한 미세먼지 오염도 예보와 실시간 농도 현황, 고농도 미세먼지가 발생한 경우 취할 수 있는 행동 요령 등 국민 눈높이에 알맞는 정보를 제공할 필요가 커졌다.

환경부는 국민들에게 보다 신속하고 정확한 미세먼지 예보를 제공하기 위해 미세먼지(PM_{10}) 예보를 2013년 8월 수도권 지역에 시범 시행하면서 예보 정확도를 높이고 전달체계를 정비하여 2014년 2월부터 기상청과 함께 전국적으로 미세먼지 예보를 시작하였다. 또 초미세먼지($PM_{2.5}$)는 2014년 5월부터 시범예보를 시작하여 2015년 1월부터 전국 10개 권역에 본 예보를 시작하였다.

미세먼지 예보는 대기질의 전망을 방송, 인터넷 등을 통해 알림으로써 국민의 건강과 재산, 동식물의 생육, 산업 활동에 미치는 피해를 최소화하는 한편, 대기오염을 줄이는 데 있어 국민의 참여를 구하기 위한 제도이다. 미세먼지 오염도는 기상정보와 대기예측모델 등을 활용하여 '좋음-보통-나쁨-매우 나쁨'으로 예보한다.

〈표 11-6〉 미세먼지 예보

예보 내용		농도별 예보 등급(㎍/㎥)			
		좋음	보통	나쁨	매우 나쁨
예보물질	PM_{10}	0~30	31~80	81~150	151 이상
	$PM_{2.5}$	0~15	16~35	36~75	76 이상

(2) 미세먼지 경보제

미세먼지 경보제는 고농도 미세먼지가 발생하였을 때 이를 신속하게 국민에게 알려, 행동요령이나 조치사항을 실천하도록 함으로써 미세먼지로 인한 피해를 줄이기 위한 제도이다. 미세먼지 예보가 미래의 대기질을 예측하여 발표하는 것인 반면, 미세먼지 경보는 실제 발생한 대기질이 건강에 유해한 수준인 경우에 발령하는 제도로 2015년부터는 전국적으로 통일된 기준에 따라 발령하고 있다.

〈표 11-7〉 미세먼지 경보

주의보	• PM_{10} 시간당 평균농도가 150㎍/㎥ 이상 2시간 지속 • $PM_{2.5}$ 시간당 평균농도가 90㎍/㎥ 이상 2시간 지속
경보	• PM_{10} 시간당 평균농도가 300㎍/㎥ 이상 2시간 지속 • $PM_{2.5}$ 시간당 평균농도가 180㎍/㎥ 이상 2시간 지속

(3) 미세먼지 경보 발령 시 행동요령

대기오염 경보가 발령된 경우에는 실외활동을 자제하고 외출 시 마스크 착용 등 건강 보호를 위한 조치를 해야 한다. 또 미세먼지에 취약한 영유아의 경우 실외활동과 외출을 삼가고, 불가피하게 외출을 해야 할 때는 식품의약품 안전처에서 인증한 보건용 마스크를 착용하도록 한다. 외출 후에는 손과 얼굴을 깨끗이 씻는 등 개인위생을 철저히 실천해야 한다. 더불어 영유아의 보육 · 교육기관에서는 체육활동, 현장학습 등 실외수업을 자제하거나 중지해야 하고, 실내활동으로 대체하거나 마스크 착용 안내, 등 · 하원 시간을 조정하거나 수업 단축, 휴원 등 상황에 맞게 대응조치를 취해야 한다.

가정에서는 창문을 닫아 외부의 미세먼지 유입을 차단하고 실내청소를 하는 경우에는 청소기 대신 물걸레를 사용하는 것이 좋다. 되도록 교통량이 많은 지역으로는 가급적 이동을 자제하고 평소 물과 과일과 야채를 많이 섭취하도록 한다.

4 재난 안전교육의 실제

1) 재난 안전교육 주제별 통합망

재난 안전

이야기 나누기

- 자연재난과 사회재난에 대해 이야기하기
- 태풍 발생 시 대처방법 이야기하기
- 지진 발생 시 대처방법 이야기하기

언어

- 태풍: 국가태풍센터에 편지 쓰기
- 지진: 지진 동화 만들기
- 붕괴: 동시 짓기
- 재난사고: 재난사고 사례에 대해 말하기

수 · 조작

- 태풍: 태풍모형 만들기
- 지진: 지진 대피요령 빙고게임
- 붕괴: '붕괴된 다리 강풍경' 퍼즐 맞추기

신체 / 음률

- 태풍: 태풍의 모양을 신체로 표현해 보기
- 지진: 지진 상황을 신체로 표현해 보기
- 붕괴: 베르디의 「레퀴엠」 듣고 표현하기

과학

- 태풍: 바람의 세기에 따라 인형이 얼마나 버틸 수 있는지 실험하기
- 지진: 지진상황 실험하기
- 붕괴: 계란 활화산

역할

- 태풍: 태풍 되어 보기
- 지진: 지진이 났을 때 풀이 되어 보기
- 붕괴: 붕괴된 건물 모양 표현하기

미술

- 태풍: 태풍 포스터 만들기
- 지진: 지진이 난 상황을 그려 보기
- 붕괴: 대피로 만들기

쌓기

- 태풍: 태풍 만들기
- 지진: 지진이 난 땅 만들기
- 붕괴: 블록을 쌓아 안전한 건물 만들기

요리

- 태풍: 바람을 이용해 고구마를 말린 후 케이크 만들기
- 지진: 갈라진 모양과 번개 모양 쿠키 만들기

게임 / 견학

- 태풍: '태풍을 피해요' 게임하기
- 지진: 시민안전 테마파크 견학하기
- 붕괴: 젠가 게임하기

2) 표어 및 포스터

3) 동요 및 개사

통통통통

작사 · 작곡 미상

4) 가로세로 낱말풀이

1		2	2			6	5
1			3				
3						6	
5						7	
		4					

강		화	재			황	사
풍	선		난	민			자
			안				
폭			전			대	
우	산					피	서
		지	렁	이		훈	
		진				련	

〈가로열쇠〉

1. 바람을 후후 불어넣으면 점점 커지는 것
2. 의도하지 않았거나 고의로 불을 낸 것
3. 전쟁이나 재난을 피하기 위해 다른 나라나 다른 지방으로 가는 사람
4. 비가 온 뒤 꿈틀꿈틀 기어 다니는 것
5. 비가 올 때 쓰는 것
6. 봄철 중국에서 불어오는 먼지 바람
7. 시원한 곳으로 옮겨 더위를 피하는 것

〈세로열쇠〉

1. 강한 바람이 부는 것
2. 지진, 태풍, 홍수 등의 자연현상과 그로 인한 피해를 줄이기 위한 안전
3. 많은 양의 비가 내리는 것
4. 땅이 흔들리고 갈라지는 재난
5. 동물의 왕
6. 위험이나 재난을 당하여 피해를 입지 않기 위해 피하는 것을 훈련함

5) 사행시

재 : 재난안전을 미리 알고 있어도

난 : 난처한 일이 많이 생길 거예요.

안 : 안전교육을 받았다 하더라도

전 : 전부를 아는 것은 아니니까요.

6) 동화책을 활용한 통합망

우리 집 일기예보

이야기 나누기

1. 등장인물에 대해 이야기 나누기
2. 내가 만약 주인공이라면?
3. 후속 이야기 짓기

미술

1. 북아트, 윈도우북 만들기(동화책을 소개해요)
2. 기억에 남는 장면 그리기

요리

1. 팝콘 만들기(천둥 소리)
2. 눈사람 케이크

신체 / 음률

1. 제시된 날씨그림카드를 보고 신체로 표현하기
2. 리듬악기로 날씨소리 표현하기
3. 음악감상: 쇼팽의 「빗방울 전주곡」

언어

1. 단어 가지 만들기
2. 끝말 이어가기
3. 단어 피라미드 만들기

역할

1. 등장인물 되어 보기
2. 기상캐스터 놀이

견학 / 게임

1. 게임: 동화 속에 나오는 재난이름 빨리 찾아오기
2. 견학: 임실 119 안전체험 센터

쌓기

1. 블록으로 일기예보 데스크 구성하기
2. 안전한 집 만들기

과학

1. 색고무 찰흙으로 지진 실험하기
2. 바람세기 실험

수 · 조작

1. 막대그래프: 가장 무서운 날씨는?
2. 정육면체 날씨 퍼즐 맞추기

7) 교재교구 계획안

<table>
<tr><td>활동명</td><td>옷 입히기</td><td>대상연령</td><td>만 3세</td></tr>
<tr><td>관련주제</td><td colspan="3">일기예보 대비하기</td></tr>
<tr><td>목표</td><td colspan="3">1. 날씨에 대해 알 수 있다.
2. 날씨에 따른 옷을 입을 수 있다.</td></tr>
<tr><td>활동준비물</td><td colspan="3">펠트지(사람, 판, 옷–노란색, 파란색, 갈색, 검은색, 분홍색 등), 하드보드지, 가위, 글루건, 자석, 양면테이프</td></tr>
<tr><td rowspan="3">활동</td><td>도입</td><td colspan="2">1. 이야기 나누기
• 날씨에 대해 이야기해 본다.
• 날씨에 따른 옷에 대해 이야기해 보도록 한다.</td></tr>
<tr><td>전개</td><td colspan="2">2. 교구 소개하기
• 등장하는 날씨를 알려 준다.

3. 교구 활동하기
• 날씨가 바뀔 때마다 연관된 옷을 입혀 본다</td></tr>
<tr><td>결말</td><td colspan="2">4. 정리하기
• 날씨의 특징을 생각해 본다.
• 날씨마다 왜 그 옷을 입어야 하는지 이야기해 본다.</td></tr>
<tr><td>사진</td><td colspan="3"></td></tr>
<tr><td>추후활동</td><td colspan="3">• 사람을 뗄 수 있게 만들어 인형역할 놀이를 하면 좋겠다.</td></tr>
<tr><td>도움말</td><td colspan="3">• 비접착 펠트지보다 접착 펠트지를 이용하는 게 훨씬 편하고 좋다.</td></tr>
</table>

Chapter 12

대인 안전교육

본 장에서는 대인 안전사고의 개념 및 유형에 따른 안전교육의 내용을 살펴보고 영유아 보육 · 교육기관에서 실시할 수 있는 대인 안전교육 내용을 살펴보고자 한다.

무궁화반 친구들에게

오늘 선생님과 함께 읽었던 「나를 지켜요」라는 동화를 기억하니? 그 동화에서 낯선 사람뿐 아니라 가까운 사람도 조심해야 한다는 것을 알려 주었어. 너희도 엄마, 아빠가 없는 곳에서 도움을 요청하거나 장난감이나 과자로 유혹하더라도 "싫어요. 안 돼요. 도와주세요."라고 말하며, 주변 사람에게 도움을 요청하는 것을 기억해. 그리고 다른 사람이 나의 몸을 만졌다면 겁내지 말고 부모님께 솔직히 말해야 한단다.

부모님께서 그 사람을 가까이 오지 못 하게 하시고 우리를 보호해 주신단다. 우리 지혜로운 무궁화반 친구들은 모두 다 잘 알지? 우리 몸은 소중하다는 걸!

-지혜로운 무궁화반을 사랑하는 선생님이-

대인 안전교육은 일상생활에서 발생할 수 있는 대인 안전사고를 예방하기 위한 방법이다. 영유아가 일상생활에서 만날 수 있는 여러 사람과의 관계 속에서 발생할 수 있는 다양한 대인 안전사고에 대비하여 가정과 영유아 보육 · 교육기관에서는 대인 안전사고의 개념과 유형 및 사고 발생 시 대처방안에 대해 알아야 할 필요성이 있다. 이에 본 장에서는 대인 안전사고의 유형과 대처방법을 이야기하고자 한다.

1 대인 안전교육의 개념 및 필요성

1) 아동학대

2013년 칠곡과 울주의 아동학대 사망사건이 발생하면서 아동학대가 범죄라는 사회적 인식이 커지고 있다. 피해자인 아동은 자신을 괴롭히는 폭력이나 무관심에 대항하여 스스로를 보호할 힘이 없고, 자신의 처지를 타인에게 알려 도움을 요청하는 일 역시 거의 불가능하다는 점에서 아동학대 문제의 심각성이 크다. 「아동복지법」 제3조 제7항에 의하면 아동학대란 "보호자를 포함한 성인이 아동의 건강 또는 복지를 해치거나 정상적인 발달을 저해할 수 있는 신체적 · 정신적 · 성적 폭력이나 가혹행위를 하는 것과 아동의 보호자가 아동을 유기하거나 방임하는 것"을 말한다. 「아동학대범죄의 처벌 등에 관한 특례법」(약칭: 아동학대 처벌법) 제2조 제4항에 의하면 아동학대범죄는 보호자에 의한 아동학대로 형법상 범죄(상해, 폭행, 유기, 학대, 체포, 강간, 강요, 재물손괴 등), 복지법상 범죄(신체, 정서, 성학대, 방임), 다른 법률에 의해 가중처벌되는 죄, 아동학대 처벌법에 규정된 범죄(아동학대치사, 중상해, 상습범) 등이 해당한다. 아동학대는 대부분 가정 내에서 발생하며, 신체적 손상뿐만 아니라 정서적 손상을 수반한다.

2000년 「아동복지법」 개정을 통해 아동학대예방사업에 있어 국가 공적 개입체계의 기틀이 마련되었고, 2012년 8월 5일부터 아동보호전문기관의 친권상실선고 청구 제도 마련, 신고의무자군 확대, 아동학대예방 홍보 강화 등의 내용이 포함된「아동복지법」전부개정법이 시행됨에 따라 전 국민의 아동학대예방의 관심 및 인식이 증대되었다. 2014년 9월 29일부터 신고의무자 신고 불이행에 대한 과태료 상향 등을 포함한「아동학대범죄의 처벌 등에 관한 특례법」과 아동학대 관련 범죄자에 대한 취업제한 등을 포함한 개정「아동복지법」이 시행되었다. 이로써 이전에 가정 내 훈육으로 치부되던 아동학대를 중대한 범죄로 인식하게 되었고, 아동학대 범죄로 수사 진행을 하지만 정도나 법률 위반 정도에 따라 처벌대상 또는 처분(상담/교육대상)이 될 수도 있다.

2) 유괴 및 실종 안전

유괴는 약취와 유인의 죄에 해당하는 것으로 교사나 부모로부터 보호받지 못한 실종의 경우 자칫 유괴 및 다른 안전사고로 이어질 가능성이 크다. 영유아 보육·교육기관에서 귀가 시 혼잡한 틈에 안전사고가 발생할 가능성이 크기 때문에 유괴를 예방하기 위해서는 반드시 영유아의 보호자를 확인하고 인계해야 한다. 또한, 보호자를 확인하고 인계하는 절차를 구체적으로 마련하여 철저히 지켜야 한다.

실종은 사람이 많은 공공장소 등에서 순간적인 부주의로 발생하는 경우가 대부분이다. 고의로 유기되는 것을 제외하고는 철저한 예방교육을 통해 방지할 수 있고, 발생한다 하더라도 신속한 대처로 대부분 부모의 품으로 돌아갈 수 있다.

3) 아동 성폭력안전

성폭력이란 상대방 의사와 관계없이 강제적으로 성적 행위를 하거나 성적 행위를 강요하는 행위를 말한다. 성폭력은 강간뿐만 아니라 성추행, 성적 희롱, 성기 노출, 음란 통신, 음란물 보기, 영유아 성추행, 윤간 등 모든 신체적·언어적·정신적 폭력을 포괄하는 광범위한 개념이다. 따라서 상대방이 성폭력에 대한 막연한 불안감이나 공포감을 조성하며, 그것으로 인한 행동의 제약을 유발시키는 것도 간접적인 성폭력이라 할 수 있다. 특히, 아동 성폭력은 13세 미만의 아동에 대한 성폭력을 말하며, 친족 성폭력이 종종 발생한다. 친족 성폭력은 가족들 사이에 일어나는 강제적인 성적 행동을 말하며, 일반적으로 친부나 외부, 형제자매, 삼촌, 사촌 등에 의해 발생한다. 친족 성폭력은 가해자를 일상적으로 대면하게 되므로 성폭력이 지속된다는 특징이 있다. 특히, 친족 성폭행은 피해자가 자신이 신뢰하는 사람에게 피해를 입는 경우가 많으므로 신체적 · 심리적 · 사회적으로 더욱 심각한 후유증과 어려움을 겪을 수밖에 없다.

최근 영유아 보육 · 교육기관에서 유아 간 성행동문제가 발생하는 등 영유아의 성행동과 행동문제에 대한 적절한 대응 및 관리의 요구가 높아지고 있다. 그러나 부모나 교사의 성의식은 영유아의 이런 문제에 적절하게 대처하기에는 미흡한 실정이다. 이에 보건복지부, 교육부, 여성가족부 등 관계부터 합동대책으로 '영유아의 성행동문제 대응체계'가 마련되었다. 이에 따라 본 장에서는 중앙육아종합지원센터의 2020 어린이집 보육교직원 안전교육 교재인 '아동학대 예방교육'의 내용을 바탕으로 영유아의 성행동 및 성발달을 바르게 이해하여 적절하게 지도함으로써 영유아 성행동이 성행동문제로 심화되지 않도록 예방하고 이를 통해 영유아의 건강한 성의식 발달을 지원할 필요가 있다.

2 대인 안전사고의 실태 및 유형

1) 아동학대

(1) 아동학대 실태

「아동복지법」 제45조에 의거하여 설치된 아동보호전문기관에서 아동학대예방사업이 시작된 이후 피해 아동을 보호한 사례의 수는 꾸준히 증가하고 있다. 이와 같은 원인은 우리나라에서 발생한 아동학대 사례의 증가라기보다는 아동보호전문기관의 확대 설치로 인해 피해 아동에 대한 지리적 접근성이 높아짐에 따라 더욱 많은 아동을 발견 및 보호하게 된 것이라 할 수 있다(중앙아동보호전문기관, 2015).

〈표 12-1〉 연도별 아동학대 사례건수

연도	2012년	2014년	2018년	2020년
아동학대 사례 수	6,403건	10,027건	24,604건	30,905건

출처: 보건복지부(2021). 2020년 아동학대 주요통계.

❶ 아동학대 현황

보건복지부(2021)의 2020년 아동학대 주요 통계에 따르면 최근 아동학대 현황은 다음과 같다.

가. 피해 아동 성별 및 연령

2020년 신고 접수된 사례 중 아동학대로 판단된 30,905건 중 아동의 성별을 살펴보면 남아가 51.2%, 여아가 48.8%로 나타났다.

피해 아동의 연령 분포를 살펴보면 만 13~15세의 아동이 전체의 22.9%로 가장 많았고, 다음으로는 만 10~12세 22.5%, 만 7~9세 19.5%로 나타나고 있다. 이들은 모두 학령기에 해당하며, 전체 피해 아동의 64.9%를 차지하고 있다. 학령기 아동 및 청소년의 비중이 높은 이유는 학교, 학원 등 외부 환경에 상대적으로 노출 시간이 많아 교사를 포함한 아동학대 신고의무자에 의해 학대 사실이 발견될 가능성이 크기 때문이다. 또한, 아동이 성장할수록 정신건강, 적응 행동 등의 정서적 특성이 점차 가시적으로 드러나는데, 이러한 요인들은 부모의 자녀 양육에 스트레스 요인으로 작용할 수 있어 학대가 더욱 빈번히 발생한 것으로 보인다. 반면, 아동발달에 있어 결정적 시기인 영유아기에 해당하는 만 6세 미만의 아동은 아동학대 사례 전체 건수 중 21.6%를 차지했다. 영유아기의 경우, 외부 환경에 노출되는 시간이 상대적으로 적을 뿐만 아니라 자신의 의사를 표현하는 데 한계가 있어 아동학대가 발생했음에도 불구하고 학대 사실이 발견되지 않을 위험성이 클 수밖에 없다. 또한, 영유아기는 부모와 애착을 형성하는 중요한 시기이기 때문에 만약 부모에 의해 학대가 이루어질 경우 영유아의 발달에 부정적인 영향을 미쳐 추후 성인이 되어서까지 영향을 끼칠 수 있다. 선행연구에 따르면 영유아에 대한 아동학대는 영유아의 뇌 발달에 영구적으로 부정적 영향을 미치게 된다고 보고 있다. 즉, 영유아기의 학대 경험은 대인관계를 유지하고 스트레스 자극을 이겨내며, 감정을 조절하는 능력의 발달을 손상시킨다는 것이다(Schore, 2001). 특히, 영아의 경우 신체 및 정신적 발달이 완전히 이루어지지 않은 상태이므로 아동학대가 가해질 경우 사망으로 이어지는 등 그 피해는 더욱 심각해질 수밖에 없다.

2020년 한 해 아동학대로 사망에 이른 아동은 총 43명이며, 이 중 만 1세 미만의 아동이 46.5%로 절반에 가까운 비중을 차지하였으며, 신생아 및 영아가 학대에 의한 사망에 가장 취약한 집단임을 알 수 있다.

나. 피해 아동 가족유형

피해 아동 가족유형을 살펴보면 친부모 가족이 58.4%로 가장 높게 나타났고, 모자가정 12.9%, 부자가정 11.4%, 재혼가정 5.5% 순으로 나타났다. 한부모 가족의 경우 부부가 함께 담당하던 생계유지 및 자녀 양육의 역할을 한 명의 부 또는 모가 모두 수행해야 하므로 일 · 가족 양립에 있어 어려움을 겪을 수밖에 없으며, 맞벌이 가족 유형이 보편화됨에 따라 한부모 가족의 경제 상황은 더욱 불안정해져 이로 인한 심리적 · 경제적 스트레스 등이 작용해 학대를 유발할 가능성이 커지고 있다.

다. 학대 행위자와 피해 아동과의 관계

2020년 신고 접수된 사례 중 아동학대로 판단된 30,905건 중 부모에 의해 발생한 경우는 82.1%로 부모가 가장 많은 아동학대 가해자로 나타났다. 부모가 학대 행위자인 경우, 주로 가정 내에서 학대가 발생하므로 외부 공식기관에 의해 학대가 발견되기에는 한계가 있어 특별한 주의가 필요하다.

또한, 대리양육자에 의해 발생한 사례는 9.5%로, 부모를 제외한 다른 학대 행위자 유형은 상대적으로 낮은 수치를 보이긴 했으나, 최근 영유아 보육 · 교육기관 및 시설에서 발생하는 아동학대 사례가 언론 등을 통해 여러 차례 노출되었는데 보육교직원은 2.1%, 초 · 중 · 고 교직원은 2.9%로 나타났다.

라. 아동학대 사례 유형

2020년 학대로 판정된 사례 중 중복학대가 48.3%로 가장 높은 비율을 차지하였다. 학대 유형 중 정서학대 28.3%, 신체학대 12.3%, 방임 8.9%, 성학대 2.2%로 나타났다.

정서학대와 방임이 동시에 발생한 중복학대는 다른 유형에 비해 학대를 의심할만한 징후가 눈에 띄지 않아 외부에 노출될 가능성이 작다. 하지만 아동에게 정서학대 및 방임이 지속적으로 발생할 경우, 심리 · 정서적 문제, 학습부진, 신체발달의 부진 등 다양하고 심각한 후유증을 가져오므로 주변의 각별한 관심이 요구된다.

또한, 성학대는 가장 낮은 비중을 나타내긴 했지만, 아동기뿐만 아니라 성인기에도 후유증이 지속될 수 있으므로 아동에게 치명적인 영향을 미친다. 이 때문에 아동학대 예방 및 조기개입에 대한 실효성이 있는 대안이 제시되어야 하며, 해바라기 아동센터, One-Stop 지원센터 등과의 연계가 매우 필요하다.

(2) 아동학대 유형

❶ 신체학대

신체학대는 보호자를 포함한 성인에 의해 아동의 건강과 복지를 해치거나 정상적 발달을 저해할 수 있는 신체적 폭력 또는 가혹 행위로, 보호자를 포함한 성인이 아동에게 우발적 사고가 아닌 상황에서 의도적으로 피해 아동에게 행하는 신체적 폭력 또는 가혹 행위를 말한다.

신체학대의 종류는 직접 신체에 가해는 행위, 도구를 사용하여 신체에 가해하는 행위, 신체에 유해한 물질로 신체에 가해하는 행위, 완력을 사용하여 신체를 위협하는 행위 등이 있다.

신체학대 사례

한 어린이집 교사가 만 1세 원생이 밥을 삼키지 않고 입에 물고만 있자 손으로 양쪽 귀를 잡아 당기고 이마와 볼을 때린 협의로 기소됨

☞교사에게 징역 8월에 집행유예 2년, 어린이집 원장에게는 벌금 300만 원이 구형

출처: 중앙아동보호전문기관(2015).

❷ 정서학대

정서학대는 보호자를 포함한 성인에 의해 아동의 건강, 복지를 해치거나 정상적 발달을 저해할 수 있는 정신적 폭력 또는 가혹 행위로서, 아동에게 행하는 언어적 폭력, 정서적 위협, 감금이나 억제 기타 가학적인 행위를 말한다.

정서학대에는 언어적 폭력 행위, 정서적 위협, 아동에 대한 비현실적인 기대 또는 강요하는 행위, 보호자의 종교 행위를 강요하는 행위, 형제나 친구 등과 비교, 차별, 왕따 등을 포함한다.

정서학대 사례

정신보건센터의 A 씨는 등교 거부, 돌발행동 등으로 상담 의뢰를 받은 B 군(초등학교 3학년)을 상담하는 중 깜짝 놀랄만한 이야기를 들었다. B 군의 부모는 평소 B 군에게 인격 비하와 욕설을 해왔고, 동생과 비교하며 따돌렸다고 한다. 또한, 가정 내 규칙을 어겼을 시 장롱에 몇 시간씩 가두어 나오지 못하게 한다고 했고, 옷을 다 벗겨 밖으로 쫓아내고 몇 시간 동안 들어오지 못 하게 한다고 했다. A 씨는 일반적인 훈육을 벗어난 아동학대로 판단하여 B 군의 부모를 신고하였다.

출처: 중앙아동보호전문기관(2015).

❸ 성학대

성학대는 보호자를 포함한 성인에 의해 아동의 건강과 복지를 해치거나 정상적 발달을 저해할 수 있는 성적 폭력 또는 가혹 행위로서, 아동을 대상으로 하는 모든 성적 행위를 말한다.

성학대에는 자신의 성적 만족을 위해 아동을 관찰하거나 아동에게 성적 노출을 하는 행위, 아동을 성적으로 추행하는 행위, 아동에게 유사 성행위를 하는 행위, 성교를 하는 행위, 성매매를 시키거나 성매매를 매개하는 행위 등을 포함한다.

성학대 사례

68세 A 씨는 자전거를 타고 가던 11세 여자 아동을 불러 세워 악수하자면서 손을 잡고 손등에 뽀뽀를 했다. 놀라 도망가는 아동의 앞을 가로막고 자신의 손에도 뽀뽀해 달라고 하였다.

☞미성년자 강제추행으로 벌금 1,500만 원, 성폭력 프로그램 40시간 이수 선고

출처: 중앙아동보호전문기관(2015).

❹ 방임 및 유기

방임 및 유기는 아동의 보호자가 아동을 유기하거나 방임하는 행위를 말하며, 물리적 방임, 교육적 방임, 의료적 방임, 유기 등으로 나눌 수 있다.

물리적 방임은 기본적인 의식주를 제공하지 않는 행위로 상해와 위험으로부터 아동을 보호하지 않는 행위 등을 말한다. 교육적 방임은 보호자가 아동에 대한 의무교육(초 · 중등교육)을 실시하지 않거나 아동의 무단결석을 허용하는 행위 등을 말한다. 의료적 방임은 아동에게 필요한 의료적 처치를 하지 않는 행위로 예방접종이 필요한 아동에게 예방접종을 하지 않는 행위 등을 말한다. 유기는 아동을 보호하지 않고 버리는 행위나 아동을 병원에 입원시키고 사라진 경우 등을 말한다.

방임 사례

〈사례 1〉

경기도 고양시의 한 다가구 주택 지하 단칸방에서 영양실조 상태의 세 자매가 발견되었다. 세 자매 모두 학교를 중퇴하였다. ☞ 교육적 방임

세 자매는 계모의 지시로 가스를 사용하지 않아 난방 없이 생활하였다. ☞ 물리적 방임

세 자매 모두 영양실조 증세를 보였고 둘째는 잦은 발작, 뼈의 염증, 막내는 하반신 마비 증세를 보였다. ☞ 의료적 방임

〈사례 2〉

소방서 구급대원 A 씨는 30대 여성이 부부싸움 중 남편이 휘두른 칼에 복부에 상처를 입어 출혈이 심하다는 신고를 받고 출동하였는데, 현장에 도착해 보니 집 안에서 악취가 진동했고 집 안 곳곳에 쓰레기 봉지가 널려 있었으며 벌레가 목격되었다. A 씨는 응급처치 후 자녀로 보이는 B 군과 C 군의 지저분한 옷과 또래보다 마르고 왜소한 모습을 눈여겨보았다. 아동이 추운 날씨에 짧은 티셔츠를 입고 비위생적인 환경에서 생활하는 점이 마음에 걸려 신고하였다.

출처: 중앙아동보호전문기관(2015).

아동학대로 판정이 난 경우 아동학대 처벌법에 의해서 처벌을 받으며, 아동학대 치사, 아동학대 중상해, 상습범의 경우 「아동학대 처벌법」에서 새롭게 규정하고 있다. 행위 주체가 보호자라는 점에서 형법보다 가중처벌이 이루어져 보호자가 아동에게 상해를 가해 사망에 이르게 한 경우 특례법 전에는 상해치사죄가 적용되어 3년 이상의 징역형에 처했으나, 특례법 후에는 아동학대 치사죄 적용, 무기 또는 5년 이상 징역형에 처하게 된다. 「아동학대 범죄의 처벌 등에 관한 특례법」 제정 및 「아동복지법」 개정으로 아동학대 처벌 및 피해 아동 보호절차가 대폭 강화되었다(2014. 1. 28. 공포, 2014. 9. 29. 시행).

아동학대 가해자 처벌, 피해 아동 보호 강화

1. 아동학대 가중처벌 규정 신설
   - 학대치사: 무기 또는 5년 이상 징역
   - 학대중상해: 3년 이상 징역
   - 상습범 및 신고의무자가 아동학대 시: 형량의 1/2 가중 처벌
2. 아동학대 관련 범죄 전력자 10년간 아동 관련 기관 취업, 운영금지
3. 중상해 및 상습 학대 행위자는 검사가 친권상실 청구
4. 신고의무자 제도 강화: 과태료 500만 원 상향 조정, 아이돌보미 등 직군 확대
5. 현장조사권 강화: 학대 행위자 임시조치(친권 제한, 격리 등 최장 4개월)
6. 피해자 국선 변호사 및 진술조력인 제도 도입(기존은 성폭력 사건만 혜택)
7. 아동보호전문기관장이 법원에 피해 아동 보호명령 청구 가능

출처: 중앙아동보호전문기관(2015).

(3) 아동학대 원인

아동학대 신고의무자용 교육자료(2016)에 따르면 아동학대는 한 가지 요인에 의해 발생하는 것이 아니라 다양한 요인이 함께 작용하여 발생한다고 보았다.

❶ 부모 요인

〈표 12-2〉 아동학대의 부모 요인

요인	내용
부모의 미성숙	• 나이가 어리고 안정되지 못한 부모는 아동의 행동이나 욕구를 이해하지 못하여 아동학대를 쉽게 행하고 건전한 가족관계 형성에도 어려움을 겪게 됨
아동양육에 대한 지식부족	• 다양한 아동발달에 대한 지식 부족으로 어떻게 아동을 키울 것인가를 잘 모르거나 건전한 가족관계가 어떤 것인지 잘 알지 못하는 경우
지나친 기대	• 부모는 종종 자신의 자녀가 능력 이상으로 부모의 기대 수준에 맞게 행동해 주기를 원하는데 이처럼 높은 기대는 아동학대의 가능성을 높이는 원인이 됨
잦은 가정의 위기	• 경제적 어려움, 실직, 잦은 병치레, 가정불화 등 가정 내 위기 요인으로 인해 부모가 자녀를 학대하는 경우
정서적 욕구불만	• 부모는 자신의 욕구가 충족되지 못하거나 스트레스를 받을 때 아동에게 그 불만을 해소함

사회적 고립	• 아동 양육의 부담을 도와줄 수 있는 친척이나 친구, 이웃이 주위에 아무도 없는 경우 아동을 학대함
어릴 적 학대받은 경험	• 아동을 학대하는 부모 중 30~60% 정도는 어릴 적 부모에게 학대받은 경험이 있음
알코올중독, 약물중독	• 알코올중독, 약물중독에 빠진 부모는 자신을 잘 통제하지 못하고 아동을 학대
부모의 그릇된 아동관 및 양육관	• 아동을 소유물로 생각하며, 아동에 대한 권리 의식에 대한 이해가 부족하고 체벌과 훈육을 혼동
기타	• 부모의 낮은 자아존중감, 낮은 감성, 의기소침 • 부모의 분노, 좌절 혹은 성적 욕구와 같은 충동과 감정조절의 무능력 • 원치 않는 아동 • 부모의 불안, 우울증, 기타 정신질환

출처: 중앙아동보호전문기관 홈페이지(http://korea1391.org).

❷ 아동 요인

학대를 받는 아동 요인이 학대의 유발 요인인지, 학대로 인한 결과인지는 확실하지 않다. 그러나 다음의 특성을 보이는 아동의 경우 부모나 양육자에게 신체적·심리적 부담감을 가중시키고 부모를 쉽게 지치게 한다. 또한, 이들은 부모와의 애착형성이 어려운 경우가 많아 부모의 신체적·심리적으로 지친 상태에서 아동에게 지속적인 관심과 애정을 주는 것이 어려울 뿐만 아니라 장애아나 기형아에 대한 사회적 편견 역시 큰 스트레스로 작용하여 아동을 학대할 가능성이 커진다.

〈표 12-3〉 아동학대의 아동 요인

아동의 특성	• 미숙아, 기형아, 만성 혹은 급성 질환아 • 신체적·정신적·기질적으로 특이하거나 장애를 가진 아동 • 운동 및 언어 등 발달이 늦은 아동 • 심하게 보채거나 밤에 잘 자지 않는 아동 • 문제행동을 보이는 아동 • 음식을 먹거나 잠을 자는 데 어려움을 나타내는 아동 • 사회적 반응의 결핍, 고집스러운 울음과 외모 • 수유의 어려움과 분리불안의 결함 • 자신감 결여, 지나친 경계, 무반응, 겁이 많음 • 적대적 행위, 충동적 특성, 폭력적 행동, 고집이 셈 • 대인관계에 둔감하고 매력이 없음, 운동조절 결함

출처: 중앙아동보호전문기관 홈페이지(http://korea1391.org).

❸ 가정적·사회적 요인

가정적 · 사회적 요인은 가족관계 및 구조의 문제, 사회 전반의 분위기 등이 포함되며, 이 요인은 복합적으로 상호작용하여 발생하게 된다.

〈표 12-4〉 아동학대의 가정적 · 사회적 요인

가족관계의 문제	• 가족 구성원 간에 갈등이 존재하거나 가족 상호작용이 약하여 아동학대가 발생
가족 구조의 문제	• 미성년가족, 한부모가족, 이혼가족, 재혼가족 등 가족 구조의 특성이 아동학대의 원인. 양육에 대한 지식의 부족, 높은 스트레스, 가족 간의 긴밀한 상호작용의 결여 등에 기인
폭력에 대한 가치와 규범	• 체벌이나 훈육의 의미가 포함된 폭력은 필요하고 정당하다는 관념이 존재
기타	• 사회적 고립 및 사회적 지지체계가 결여 • 신체적인 체벌에 대해 허용적인 문화 • 아동을 존중하지 않는 문화/자녀에 대한 소유의식

출처: 중앙아동보호전문기관 홈페이지(http://korea1391.org).

2) 실종 및 유괴

실종아동전문기관의 통계에 따르면 2018년 실종 아동 발생 건수는 21,980명이며, 끝까지 보호자에게 인계되지 못한 채 실종 상태인 아동은 108명이다. 아동이 실종되는 상황은 언제나 발생할 수 있기에 자녀를 혼자 집에 두거나, 잠시 자녀를 혼자 차 안에 두는 행위 등은 실종 위험을 증가시키는 원인이 된다는 것을 기억해야 한다. 또한, 영유아 보육 · 교육기관의 현관이나 출입구가 열려 있는 경우, 실외 놀이 후 교사가 미처 챙기지 못해 혼자 놀이시설에 남아 있는 경우, 귀가 시 보호자에게 제대로 인계가 되지 못해 실종으로 이어지기도 하며, 특히 견학이나 외부 활동 시는 각별한 주의가 필요하다.

국가적 · 사회적으로 실종 아동을 찾기 위한 다양한 대책이 마련되고 있으며, 그 대책들이 실효성을 거두고 있는 듯하다. 그러나 이러한 대책보다 실종 및 유괴의 위험을 예방하는 것이 무엇보다 중요하며, 사고 발생 시에는 침착하게 대응하는 것이 중요하므로 이에 대한 교육이 철저히 이루어져야 한다.

3) 아동 성폭력

아동 성폭력을 전체 아동학대와 비교해서 살펴보면 아동 성폭력이 전체 학대에서 차지하는 비율은 낮지만, 그 후유증은 매우 심각한 학대로 나타나고 있다.

특히, 아동 성폭력은 부모나 친인척, 안면이 있는 사람에 의해 발생할 수 있어 더욱 위험하다. 따라서 영유아가 스스로를 보호할 수 있고 대처할 수 있는 능력과 환경적 위험을 감소시킬 수 있도록 부모와 교사교육 역시 매우 중요하다. 부모와 교사는 예방뿐 아니라 사고 발생 이후에 대처하는 방법에 대해서도 제대로 숙지하고 있어야 한다.

〈표 12-5〉 아동 성학대 발생 현황(만 18세까지)

단위: 건, (%)

유형 \ 연도	2012	2013	2014	2015
성학대	446(4.5)	380(3.7)	447(2.9)	629(3.6)
전체 아동학대	9,938	10,231	15,458	17,662

출처: 중앙아동보호전문기관(2016).

3 대인 안전교육의 내용 및 방법

1) 아동학대

최근 영유아 보육·교육기관에서의 영유아 체벌 등 아동학대에 대한 뉴스가 보도되면서 보건복지부는 「영유아보육법」에 체벌 등 일체의 아동학대 행위를 금지하고, 아동학대자와 해당 아동학대에 대한 예방대책 및 처벌강화 방안을 발표하였다.

아동학대는 아동권리에 대한 인식 정립이 기초가 되어야만 한다. 대부분 부모와 교사가 아동권리에 대한 인식이 부족하여 아동학대의 위험을 증가시키고 있다.

(1) 영유아 측면

학대에 취약한 영유아가 자신을 지켜내는 최소한의 권리를 인식하고 학대를 예방하고 스스로 지켜 내는 것은 매우 어려운 일이다. 아동권리교육이 아동학대 예방과 방지 교육에 앞서야 함에도 불구하고, 우리나라의 아동권리에 대한 인식은 낮은 편으로 국가의 관심 역시 낮고, 교육시스템도 체계적이지 못한 게 현실이다(황옥경, 2010).

따라서 아동학대 예방을 위한 안전교육에서는 영유아 스스로 권리를 갖는 소중한 존재임을 인식하도록 하는 아동권리교육이 우선적으로 이루어져야 한다. 그와 동시에 아동학대가 무엇인지, 아동학대 발생 시 어떻게 대처해야 할지에 대한 교육이 필요하다. 영유아는 학대를 자신의 잘못이라고 인지하기 때문에 이 역시 잘못된 인식이라는 교육 역시 필요하며, 부당한 처벌에 대해서 스스로를 보호할 수 있는 힘을 키워 주는 것도 교육의 내용이 되어야 한다.

(2) 교사 측면

학대에 취약한 영유아가 자신의 권리를 보호하며 학대로부터 자신을 지켜 내는 것은 한계가 있다. 영유아 보육·교육기관의 교사는 아동의 권리에 대해 충분히 이해하고 아동의 권리를 존중하며 학대로부터 보호해야 하고, 학대 징후가 발견될 시는 반드시 신고해야 한다. 특히, 방임은 아동학대 중 가장 많이 발생하는 학대 유형으로 많은 부모나 교사의 방임을 학대로 인식하지 못하는 경우가 많으므로, 방임도 학대임을 교육해야만 한다.

교사는 영유아의 몸에 설명하기 어려운 상처가 있는 경우 세심히 관찰하며, 부모 면담 시 부모의 행동을 관찰하고 학대의 가능성이 있을 때는 모든 정보를 기록한 후 즉시 아동보호전문기관에 신고해야 한다.

〈표 12-6〉 아동학대의 징후

구분	신체적 징후	행동적 징후
신체학대	• 설명하기 어려운 상처, 화상, 골절, 절상: 발생 및 회복에 시간차 있음 • 도구의 모양이 그대로 나타난 상처 • 담뱃불, 뜨거운 물에 데인 화상 • 복합 및 나선형 골절 • 입, 입술, 눈의 상처	• 어른과의 접촉 회피 • 집에 가기 싫어함 • 다른 아동이 울 때 불안해 함 • 공격적이나 위축된 행동 • 위험에 대한 지속적 경계심 보임
정서학대	• 성장장애 • 신체발달 저하 • 언어장애	• 특정 물건을 빨거나 물어뜯음 • 반사회적 · 공격적 행동 • 과잉행동, 발달 지연 • 강박, 공포의 불안장애
방임	• 지속적인 배고픔 • 열악한 위생 상태 • 계절에 맞지 않는 옷차림 • 의학적 치료와 치과 치료의 불이행 • 지속적인 피로, 불안정감	• 음식을 구걸하거나 훔침 • 도둑질

출처: 중앙아동보호전문기관(http://www.korea1391.org).

(3) 아동학대 신고

아동학대 신고의무자란 「아동학대 특례법」 제10조에 따르면 직무상 아동학대를 인지할 가능성이 큰 직업군의 시민을 의미하는 것으로 신고의무자는 직무상 아동학대를 알게 된 경우나 그 의심이 있는 경우 아동보호전문기관 또는 수사기관에 신고해야 한다.

2014년 9월 29일부터는 처벌이 강화되어 신고의무자가 신고하지 않은 경우 아동학대 범죄의 처벌 등에 관한 특례법 제63조 제2항에 의거하여 500만 원 이하의 과태료를 부과한다. 신고의무자의 아동학대 신고 절차를 살펴보면 피해 아동에게 학대 의심 징후(상흔, 증언 등)를 발견하고, 응급상황 시 피해 아동의 안전 및 신변을 확보(선 조치 후 신고), 아동학대 신고전화 112에 신고(24시간 접수)하고, 현장 조사 및 사례 개입에 협조, 사후지원 및 서비스 협조를 하게 된다. 이때 신고자는 아동학대 특례법 제62조 제2항에 의거해 법적으로 비밀이 보장된다.

어린이집 보육교직원은「아동복지법」제26조에 의한 영유아 학대 신고의무자로서, 보육하고 있는 영유아가 가족에 의해 신체적 학대, 정서적 학대, 성학대, 방임 및 유기를 당한다고 판단되면 즉시 아동보호전문기관에 신고하여 피해 영유아가 더 이상의 학대를 당하지 않고 학대로 인한 신체적·정신적 손상을 치유하도록 해야 한다.「영유아보육법」제48조의 규정에 의거하여 보건복지부 장관은 어린이집 원장 또는 보육교사가「아동복지법」제29조에 의한 아동학대 금지행위를 위반하여 같은 법 제40조의 규정에 의한 처벌을 받은 경우에는 그 자격을 취소할 수 있다. 아동학대를 발견할 수 있는 진단 기준은 명확히 제시되어 있지 않아 교사가 학대받은 영유아를 발견하는 일은 쉽지 않지만, 학대나 방임의 가능성이 있고 의심되는 영유아에 대한 교사의 관심과 면밀한 관찰이 요구된다. 아동학대가 의심될 경우에는 아동학대 신고전화인 112로 신고해야 한다. 아동학대 범죄의 신속하고 정확한 신고접수를 위하여 2014년 9월 29일부터 아동학대 신고전화(1577-1391)를 폐지하고 범죄신고전화(112)로 통합되었다.

2020년 10월부터는 보호가 필요한 아동에 대한 공적 책임을 강화하기 위해 지자체가 지역 아동보호의 핵심 주체가 되어 아동학대, 부모의 이혼 등의 사유로 보호가 필요한 아동이 발생한 경우 상담, 가정환경 조사, 보호계획수립, 양육상황 점검, 사후관리까지 책임지고 수행하도록 변경되었다. 따라서 시·군·구에는 아동학대전담공무원 및 아동보호전담요원 인력이 배치되어 지자체가 실질적으로 학대조사와 요보호아동의 보호 등에 있어 아동보호의 컨트롤타워 역할을 수행하게 된다. 시·군·구에 배치된 아동학대전담공무원은 아동학대 조사, 상담 등 초기 업무를 직접 수행한다. 특히, 아동학대전담공무원은 신고 접수 직후의 현장조사 외에도 피해 아동보호 및 사례관리를 위해 행정조사로써 학대 행위자에게 출석, 진술 및 자료 제출을 요구할 수 있게 된다. 한편, 기존에 아동학대 조사업무를 수행하던 아동보호전문기관은 피해 아동과 학대 행위자에 대한 전문사례관리에 집중하게 된다(보건복지부 2020년 9월 29일 보도자료).

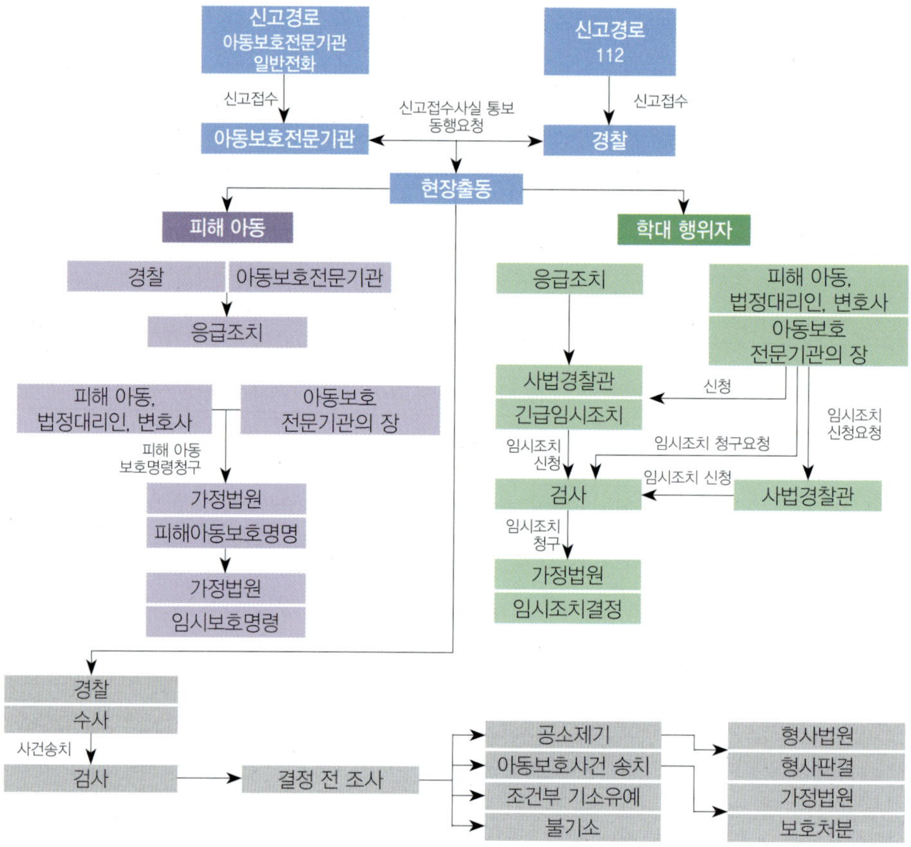

[그림 12-1] 아동학대 사례개입과정

출처: 아동권리보장원 신고의무자 교육자료(http://www.korea1391.go.kr/new/bbs/board.php?bo_table=edu_movie)

2) 실종 및 유괴

영유아의 실종 및 유괴를 예방하고 사고 발생 시 신속하게 대응하기 위해서는 교육이 필요하다. 우선 실종이나 유괴가 일어날 수 있는 상황과 위험에 대한 지식을 습득하는 것이 선행되어야 한다. 다음으로는 실종과 유괴가 발생하지 않도록 예방하고 대처하는 기술에 대한 교육이 이루어져 실종 및 유괴에서 벗어날 수 있는 안전한 생활을 습관화하도록 해야 한다. 마지막으로, 사고가 발생하더라도 당황하지 않고 적절한 대응과 지원체계를 활용해야 하는 능력을 함양시킬 수 있는 교육이 이루어져야 한다.

아동학대 신고의무자

1. 가정위탁지원센터의 장과 그 종사자
2. 아동복지시설의 장과 그 종사자(아동보호전문기관의 장과 그 종사자는 제외한다)
3. 「아동복지법」 제13조에 따른 아동복지전담공무원
4. 「가정폭력방지 및 피해자보호 등에 관한 법률」 제5조에 따른 가정폭력 관련 상담소 및 같은 법 제7조의2에 따른 가정폭력피해자 보호시설의 장과 그 종사자
5. 「건강가정기본법」 제35조에 따른 건강가정지원센터의 장과 그 종사자
6. 「다문화가족지원법」 제12조에 따른 다문화가족지원센터의 장과 그 종사자
7. 「사회보장급여의 이용 · 제공 및 수급권자 발굴에 관한 법률」 제43조에 따른 사회복지전담공무원 및 「사회복지사업법」 제34조에 따른 사회복지시설의 장과 그 종사자
8. 「성매매방지 및 피해자보호 등에 관한 법률」 제9조에 따른 지원시설 및 같은 법 제17조에 따른 성매매피해상담소의 장과 그 종사자
9. 「성폭력방지 및 피해자보호 등에 관한 법률」 제10조에 따른 성폭력피해상담소, 같은 법 제12조에 따른 성폭력피해자보호시설의 장과 그 종사자 및 같은 법 제18조에 따른 성폭력피해자통합지원센터의 장과 그 종사자
10. 「119구조 · 구급에 관한 법률」 제2조제4호에 따른 119구급대의 대원
11. 「응급의료에 관한 법률」 제2조제7호에 따른 응급의료기관등에 종사하는 응급구조사
12. 「영유아보육법」 제7조에 따른 육아종합지원센터의 장과 그 종사자 및 제10조에 따른 어린이집의 원장 등 보육교직원
13. 「유아교육법」 제2조제2호에 따른 유치원의 장과 그 종사자
14. 아동보호전문기관의 장과 그 종사자
15. 「의료법」 제3조제1항에 따른 의료기관의 장과 그 의료기관에 종사하는 의료인 및 의료기사
16. 「장애인복지법」 제58조에 따른 장애인복지시설의 장과 그 종사자로서 시설에서 장애아동에 대한 상담 · 치료 · 훈련 또는 요양 업무를 수행하는 사람
17. 「정신건강증진 및 정신질환자 복지서비스 지원에 관한 법률」 제3조제3호에 따른 정신건강복지센터, 같은 조 제5호에 따른 정신의료기관, 같은 조 제6호에 따른 정신요양시설 및 같은 조 제7호에 따른 정신재활시설의 장과 그 종사자
18. 「청소년기본법」 제3조 제6호에 따른 청소년시설 및 같은 조 제8호에 따른 청소년단체의 장과 그 종사자
19. 「청소년 보호법」 제35조에 따른 청소년 보호 · 재활센터의 장과 그 종사자
20. 「초 · 중등교육법」 제2조에 따른 학교의 장과 그 종사자
21. 「한부모가족지원법」 제19조에 따른 한부모가족복지시설의 장과 그 종사자
22. 「학원의 설립 · 운영 및 과외교습에 관한 법률」 제6조에 따른 학원의 운영자 · 강사 · 직원 및 같은 법 제14조에 따른 교습소의 교습자 · 직원
23. 「아이돌봄 지원법」 제2조 제4호에 따른 아이돌보미
24. 「아동복지법」 제37조에 따른 취약계층 아동에 대한 통합서비스지원 수행인력
25. 「입양특례법」 제20조에 따른 입양기관의 장과 그 종사자

출처 : 「아동학대범죄의 처벌 등에 관한 특례법」 제10조.

(1) 영유아 측면

❶ 유괴 예방교육

영유아에게 유괴 예방교육을 실시할 때 가르쳐야 할 가장 핵심내용은 낯선 사람에 대한 개념과 다양한 유인 상황을 알게 하는 것이다.

가. 낯선 사람의 개념 알기

대부분의 유아는 낯선 사람의 의미를 잘 알지 못한다. 예를 들어, 영유아 보육·교육기관에서 처음 보는 선생님을 만났을 때 영유아는 얼굴만 아는 가끔씩 만나는 교사라도 선생님이라는 이유만으로 좋은 사람이고 낯선 사람은 아니라고 답한다. 영유아에게 낯선 사람이란 처음 보거나 잘 모르는 사람이라는 것을 알려 줘야 한다. 영유아는 얼굴이 예쁘고, 옷을 깨끗하게 입은 사람은 좋은 사람이라고 생각하는 반면 얼굴이 우락부락하고 무섭게 생겼거나 더럽고 지저분한 옷을 입은 사람들은 무섭고 나쁜 사람이라고 인식한다. 이는 대부분 동화책이나 만화 등에서 묘사되는 나쁜 사람들은 얼굴이 무섭게 생기거나 얼굴에 상처가 있거나 못생기게 묘사가 되어 많은 영유아는 나쁜 사람은 얼굴만 보면 알 수 있다고 생각하고 있다. 그러나 얼굴만으로는 나쁜 사람을 구분할 수 없다는 것을 알려 줘야만 한다. 유괴범은 대부분 얼굴에 웃음을 띠며, 친절하게 대하고, 선물이나 먹을 것을 사주는 등 영유아에게 호의적으로 접근한다. 그러므로 친절하거나, 협박하거나, 좋게 보이거나, 나쁘게 보이거나 어쨌든 잘 모르는 사람이면 모두 낯선 사람이라는 것을 유아에게 이해시켜야 한다.

나. 다양한 유인 상황 알기

영유아에게 낯선 사람에 대한 안전수칙만 알려 주기보다 어떤 상황에서 유괴가 일어날 수 있는지, 이러한 상황에서는 어떻게 행동해야 하는지를 알려 주는 것이 효과적인 유괴예방교육이 될 수 있다.

〈표 12-7〉 다양한 유인상황과 대처방법

유인상황		대처방법
호기심 유발형	모르는 사람이 강아지, 장난감, 과자 등 좋아하는 것을 준다고 할 때에는?	절대 받지 말고 거절해야 해요.
지인 사칭형	부모님의 친구 등 이웃 사람이라고 하면서 같이 가자고 할 때에는?	아는 사람이어도 따라가지 말고 일단 부모님께 먼저 허락을 받아야 해요.
동정심 유발형	어른이 짐을 들어 달라고 하거나, 길을 알려 달라며 도움을 요청할 때에는?	다른 어른에게 도움을 요청하라고 말해야 해요.
강제 동원형	힘을 써서 억지로 끌고 가려고 할 때에는?	바닥에 납작 엎드려서 "안 돼요! 싫어요! 도와주세요!" 라고 외쳐 주변 사람들이 알 수 있게 해야 해요.

출처: 실종아동전문기관(http://www.missingchild.or.kr).

다. 주변에 도움 요청하는 방법 알기

우리나라는 예로부터 어른에 대한 예절을 강조하는 분위기 때문에 영유아가 어른에게 거부 의사를 표현하는 것은 자칫 버릇없는 아이로 보일 수 있어 거부 의사를 표현하라고 교육하는 것은 쉽지 않다. 하지만 영유아를 해치고 이들을 도와줄 수 있는 부모나 믿을만한 성인이 없는 상황에서는 이들의 순수한 믿음과 어른을 존경하는 마음을 나쁘게 이용하는 나쁜 어른이 있음을 알려 줄 필요가 있다. 부모가 곁에 있을 때는 낯선 사람에게 공손하게 대해야 하지만 부모가 곁에 없는 상황에서 자기 자신을 보호하는 것이 먼저라는 것을 인식시켜야만 한다. 또한, 위급한 상황일 때는 주변에 도움을 요청하는 방법을 알고 실천할 수 있도록 지도한다.

- 주변에서 누군가 반항하면서 차에 태워지거나, 끌려가면 즉시 112에 신고를 하도록 한다. 주변에 소리를 질러 도움을 요청하고, 차량 색깔이나 차종, 번호판 등을 기억하도록 지도한다.
- 길거리나 상점에서 낯선 사람이 귀찮게 하면 큰 소리를 지르고 도망치면서 다른 사람의 주의를 끈다.
- 낯선 사람이 따라올 때는 숨지 않고 가까운 상점으로 들어가서 도움을 청한다.

- 낯선 사람의 차에 타게 되었을 때는 침착해야 하며, 안전띠를 매지 말아야 한다. 차가 멈췄을 때 문을 열고 도망치면서 큰 소리로 도움을 청한다.
- 이차적인 피해를 예방하기 위해서 유아에게 일어난 일에 대해 반드시 부모님에게 이야기하도록 지도한다.

라. 유괴예방을 위해 영유아가 알아야 할 안전수칙

- 항상 보호자와 함께 다니며, 혼자 다니는 것보다 친구들과 함께 다닌다.
- 낯선 사람은 절대 따라가지 않고 모르는 사람이 도와달라고 해도 도와주지 않는다.
- 낯선 사람의 차에는 절대 타지 않으며, 집에도 절대 가지 않는다.
- 가방이나 옷에 쓰여 있는 이름이 보이지 않게 한다.
- 낯선 사람이 사탕이나 과자 등을 줄 때는 보호자의 허락 없이 받지 않는다.
- 사람이 많은 곳에서는 항상 함께 온 보호자의 손을 잡는다.
- 집 전화와 부모님의 전화번호를 알아 둔다. 또한, 도움을 청할 수 있을 만한 곳의 전화번호를 기억해 둔다.
- 외진 곳에서 놀지 않고 위험한 곳을 통과하는 지름길을 이용하지 않는다. 자기가 있는 곳을 항상 부모님께 알린다.
- 집에 혼자 있을 때 누가 찾아오면 문이나 창문을 함부로 열지 않도록 한다.
- 낯선 사람이 자신의 가방 등 소지품을 강제로 빼앗을 때에는 물건에 신경 쓰지 말고 범인으로부터 도망치는 게 급선무이다.
- 낯선 사람의 위협이 느껴지면 집까지의 거리가 멀 경우 일단 근처의 가게나 이웃집, 학원 등 안전한 곳에 뛰어들어 집에 전화한다.

❷ 미아 예방을 위한 교육 내용

영유아는 발달적으로 자기 주변 세계에 호기심이 강하고, 자기 생각대로 행동하려는 발달 특징을 가지고 있어 주변 상황에 쉽게 관심을 보이며, 충동적인 반응을 나타낸다. 특히, 주변 현상이나 사물에 대한 변별력이 부족하고 욕구조절능력이 떨어지기 때문에 미아가 되었을 때 낯선 사람을 따라갈 가능성이 크다.

가. 길을 잃을 수 있는 장소 알기

영유아에게 백화점, 대공원, 대형 마트 등 사람이 많이 붐비는 곳은 길을 쉽게 잃을 수 있다는 것을 인지시킨다.

나. 길을 잃지 않는 방법 알기

- 사람이 많은 곳에서는 부모님의 손을 잡고 다닌다.
- 어른들이 물건을 들어 손을 잡을 수 없을 땐 가방이나 옷을 잡고 다닌다.
- 부모님에게 말하지 않고 다니지 않는다.

다. 길을 잃었을 때 안전한 행동 요령 알기

미아 사고는 유괴와 밀접한 관련이 있어 길을 잃어 미아가 되면 유괴범의 표적이 될 수도 있으므로 주의해야 한다.

- 길을 잃었을 때는 함께 온 사람이 영유아가 사라졌을 때 왔던 길을 되짚어 가게 되므로 그 자리에 있어야 함께 온 사람을 쉽게 찾을 수 있다.
- 함께 온 사람이 잃어버린 영유아를 찾지 않고 혼자서 집에 가지 않는다는 믿음을 심어 준다.
- 기다려도 함께 온 사람을 찾지 못하면 믿을만한 사람을 찾아 도움을 요청한다.
- 낯선 사람은 따라가지 않는다.

라. 믿을 수 있는 사람 이해하기

길을 잃었을 때 부모님이나 보호자가 나타나지 않으면 도움을 청할 수 있는 믿을 수 있는 사람의 특징에 대해 알려 주도록 한다. 믿을 수 있는 사람은 물건을 파는 사람, 또래의 친구들과 함께 있는 어른, 경찰관 등이라는 것을 알려 준다. 더불어 길을 지나가는 어른보다는 신분이 확인될 수 있는 건물 안 가게에 들어가 도움을 구하는 것이 좋다는 것을 알려 준다.

마. 도움을 요청하는 방법 알기

- 근처의 점원, 경비원 등에게 자신의 이름, 주소 등을 이야기해 주고 방송을 부탁한다.
- 다른 어른에게 부모님 전화번호를 알려 줘 전화를 걸어 달라고 한다.

❶ 멈춘다! ❷ 생각한다! ❸ 도와 주세요!

[그림 12-2] 실종예방 3단계 구호

출처: 안전행정부 블로그(http://www.mospablog.net).

(2) 부모 및 교사 측면

부모나 교사는 영유아를 혼자 두는 것은 실종 및 유괴의 위험을 증가시키는 행동이라는 것을 기억해야 한다. 자녀가 잠든 사이 잠시 외출하거나 혼자 두는 경우 엄마를 찾아 나서다가 실종되기도 하고, 놀이공원 등에서 화장실에 아이를 혼자 다녀오게 하는 경우 등이 이에 해당한다. 영유아 보육 · 교육기관의 교사 역시 영유아를 등 · 하원 차량에 혼자 두거나 견학 활동 시 혼자 화장실에 다녀오게 하는 것은 매우 위험한 일이다. 귀가지도 시 보호자에게 아동을 인계할 때 꼭 확인하고 인계해야만 하고 영유아에게 자신의 이름과 부모님의 이름, 집 전화번호 등을 기억하도록 가르쳐야 한다. 특히, 낯선 사람을 따라가지 않도록 주의를 시켜야 한다. 차를 탄 사람이 같이 가자고 할 경우 차에서 충분히 떨어져 있어야 함을 교육해야 한다. 영유아가 고가의 옷이나 가방, 신발, 시계 등을 소지하는 것 역시 유괴의 표적이 될 수 있기에 주의해야 한다.

[그림 12-3] 실종신고 요령

출처: 실종아동전문기관(http://www.missingchild.or.kr).

유괴를 방지하기 위하여 낯선 사람이나 아는 사람이라도 무작정 따라가지 말고 부모에게 허락을 받도록 지도한다. 낯선 사람이 이름, 주소, 전화번호를 물어보더라도 절대 알려 주면 안 되고, 밖에서는 항상 밝은 곳에서 친구들과 함께 놀도록 한다. 낯선 사람이 주는 돈이나 아이스크림 등은 받지 않도록 하며, 특히 낯선 사람의 차에는 절대 타지 않도록 하다. 누군가 강제로 데려가려 하면 "안 돼요. 싫어요."라고 소리치면서 사람이 많은 곳으로 뛰어가 도움을 요청하도록 한다. 영유아의 신상정보는 겉으로 잘 드러나지 않는 곳에 기입하고, 위급 상황 시 대처방법을 알려 주어 연습해 보는 것이 중요하다. 인형극이나 역할극을 통하여 상황을 직접 재연하는 반복적인 교육도 효과적이다.

과거에는 유괴범이 물품이나 금품 등으로 현혹하는 수법으로 아동을 유괴했으나 최근에는 영유아의 심리를 자극하는 다양한 방식의 신종 수법을 동원하고 있다. 특히, 엘리베이터 등 밀폐된 공간에서 힐끗 쳐다보거나 천장에 부착되어 있는 폐쇄회로(CCTV)를 확인하는 등 수상한 행동을 하는 사람과 함께 탑승했을 경우 아동은 가까운 층 버튼을 누른 뒤 엘리베이터에서 내려야 하며, 위험한 상황이 발생하면 바로 비상버튼을 눌러 도움을 청할 수 있도록 교육해야 한다.

부모와 교사는 유괴 및 실종 사건이 발생할 경우 침착한 대응과 조속한 처리를 하기 위하여 대처방법을 미리 숙지하고 있어야 한다. 영유아가 실종되었을 때는 영유아에게 제자리에서 기다리게 숙지시켰으므로 당황하지 말고 오던 길을 되돌아가야 한다. 그래도 영유아가 보이지 않으면 즉시 신고를 하고, 사람이 많은 공공장소라면 미아보호소에 가거나 미아 방송에 귀를 기울인다. 또한, 영유아가 평소에 외운 전화번호로 연락이 올 수 있으므로 연락을 기다린다. 만약, 영유아가 유괴나 납치를 당한 상황이라면 즉시 경찰에 신고하고 차분하게 영유아 실종과 관련된 정보들을 수첩에 메모해 두고 항상 휴대하며, 유괴범에게 전화가 걸려 올 수 있으므로 전화기 앞에 사람을 대기시켜 놓고 전화가 걸려 온 날짜, 시각, 통화 시간, 통화 내용, 기타 사항을 메모하거나 녹음한다(안전 Dream 아동 · 여성 · 장애인 경찰지원센터 http://www.safe182.go.kr).

코드 아담

코드 아담은 아동실종이 발생한 경우 해당 사실을 방송을 통해 알림과 동시에 실종아동에 대한 수색활동을 실행하며, 이와 함께 출입 통제를 통해 시설 외부로 벗어나지 않도록 하는 프로그램을 말한다.

1981년 7월 27일 미국 플로리다 할리우드 몰에 소재한 시어스 백화점에서 어머니와 쇼핑 중이었던 아담 월시(Adam Walsh)(당시 6세)가 행방불명되어 보름이 지난 후 참혹하게 살해되어 머리만 발견된 사건이 발생한다. 쇼핑 당시 아담 월시의 어머니는 전등을 사기 위하여 아들인 아담 월시를 비디오 코너에 잠시 남겨 두었고 몇 분 후 어머니가 돌아왔을 때 아들의 행방이 묘연해진 사건이다. 당시 경찰자료에 의하면 비디오 코너에서 시끄럽게 떠들고 있었던 아이들이 경비원에 의하여 백화점에서 쫓겨난 적이 있었고 이때 아담도 같이 백화점 밖으로 쫓겨난 것으로 추정되었다. 이후 이러한 사건이 발단이 되어 미국에서는 초기 10분 안에 아이가 없어진 장소에서 모두가 역량을 모아 아이를 찾아보려는 일련의 노력으로 '코드 아담'이라는 제도를 만들었다.

이 제도는 1994년 미국 월마트에 의하여 최초 고안되었는데, 실종아동 발생 시 다중이용시설에서의 직원들의 정확하고 신속한 대응을 통하여 조기에 실종아동을 찾고자 하는 것을 목표로 하고 있다. 살해되었던 아담 월시를 추모하는 차원에서 그 아이의 이름을 따 '코드 아담'이라고 명명하게 되었다.

출처: 보건복지부(2012). 다중이용시설에서의 미아방지를 위한 한국형 코드 아담 정책개발 연구.

3) 아동 성폭력

영유아기는 자신의 신체에 관심을 가지면서 생물학적인 성에 대한 차이를 알게 되고 생명 탄생에 대한 관심이 시작하는 시기이다. 즉, 영유아기에 올바른 성에 대한 태도와 지식을 갖추는 것은 왜곡되고 과장된 성지식으로부터 영유아를 보호해 줄 수 있다.

성폭력 피해 아동의 상당수는 학령기 이전의 영유아로 이들을 위해 성폭력 예방 교육이 꼭 필요하다. 특히, 영유아는 타인이 시도하는 성적 접촉의 의미를 모르고 단순한 애정 표현으로 해석하여 거부하지 못하는 경우가 많으므로 이에 대한 인식을 심어 주고 위험한 상황에서는 분명하게 거부 의사를 표시하고 피할 수 있도록 교육해야 한다. 성폭력 피해를 예방하기 위한 교육에 포함될 내용으로는 영유아 자신뿐만 아니라 타인의 신체 역시 소중하다는 인식, 타인의 신체접촉 시도 중 적절한 유형과 부적절한 유형에 대한 정보 제공, 타인의 부적절한 행동에 대한 거부 의사를 표현할 수 있는 능력 훈련 등이 있다. 또한, 성폭력 피해를 경험한 경우에는 부모나 교사 등 믿을 수 있는 성인에게 알려서 필요한 도움을 받도록 교육한다(조경자 · 이현숙, 2010).

보육교사를 위한 유아 성교육 매뉴얼(보건복지부 · 인구보건복지협회, 2011)에서는 유아기의 건강한 성교육 정착을 통해 자신과 타인의 소중한 몸에 대한 이해와 인간발달 과정에 대한 이해를 우선적으로 다루고 있으며, 이어서 성폭력과 성적 행동, 음란물과 같은 성안전에 대한 내용이 포함되고 있다. 이뿐만 아니라 영유아 주변의 보호자, 교사 등의 일차적 지지망을 구축하여 성폭력 사건이 발생하더라도 적절한 조치와 지원체계를 효율적으로 활용하는 내용도 교육에 포함해야 한다.

(1) 아동 측면

아동 성폭력의 경우 가해자의 70% 이상이 아는 사람이다. 피해자는 대부분 여아이며, 성추행이 가장 많이 나타나고 있다.

보육교사용 성교육 매뉴얼(보건복지부 · 인구보건복지협회, 2011)에서는 성폭력 예방교육에 필요한 내용을 다음과 같이 설명하고 있다.

첫째, 기본적으로 나의 몸에 대한 이해부터 시작하여 성장하면서 변화하는 몸, 즉 아기부터 노인까지의 몸의 변화, 남자와 여자 몸의 차이에 대한 이해부터 시작되어야 한다. 신체에 대한 긍정적 태도가 올바른 관계 맺기와 올바른 성에 대한 태도를 갖게 해 주기 때문이다.

둘째, 신체에 대한 긍정적 태도의 습득 이후 안전과 관련된 성에 대해 교육을 해야 한다. 성폭력의 개념을 학습하고, 위험한 사람에 대한 이해, 성폭력 예방과 대처에 대한 내용을 다루어야 한다. 더불어 영유아 스스로 언어적 · 신체적 성행동의 경계를 이해할 수 있도록 하는 내용을 포함해야 하며, 음란물을 구분하고 대처할 수 있는 능력을 길러 주어야 한다.

이를 위한 성폭력 예방교육에 포함할 내용은 다음과 같다.

〈표 12-8〉 성폭력 예방교육의 내용

구분	영역	교육 내용
몸에 대한 이해 (성교육)	나의 몸	• 신체 부위의 이름과 기능 • 남녀 신체의 같은 점과 다른 점
	발달적 변화	• 인간발달 과정(영아, 유아, 아동, 청소년, 성인, 노인)
성폭력 예방	성폭력	• 좋은 느낌과 싫은 느낌을 구분한다. • 낯선 사람과 아는 사람을 구분한다. • 위험한 사람을 안다. • 부모님의 허락 없이는 아무나 따라가지 않는다. • 성폭력이 무엇인지 안다. • 성폭력이 일어나는 장소를 안다. • 성폭력 가해자에 대해 안다.
	성 관련 행동	• 문제가 되는 신체적 성행동을 구분한다. • 성인의 성행동을 모방하지 않는다. • 친구와 교사가 들어간 화장실을 엿보지 않는다. • 자위행위를 하지 않는다.
	음란물	• 좋은 영상과 나쁜 영상을 구분한다.

출처: 보건복지부 · 인구보건복지협회(2011) 재구성.

성폭력 예방을 위한 영유아 안전수칙

- "옷 안의 내 몸은 중요한 부분이니까 다른 사람이 만지면 안 돼." 라고 말하도록 한다.
- 누군가가 원치 않거나 불쾌하게 느껴지는 접촉을 할 때 단호하게 "안 돼요! 싫어요!" 라고 말할 수 있도록 가르친다.
- 좋은 느낌과 나쁜 느낌이 어떤 것인지 알려 준다.
- 영유아에게 자신의 몸은 소중하다는 인식을 심어 준다.

(2) 부모 및 교사 측면

부모와 교사는 영유아의 올바른 성지식과 태도를 습득하고 나아가 성폭력 예방을 위해 영유아에게 교육하는 내용에 대해 숙지해야 하는 것이 당연하다.

아동 성폭력이 발생했을 때 부모와 교사의 신속하고 적절한 대응 여부가 피해 아동의 회복과 가해자의 조치에 영향을 줄 수 있다. 많은 부모나 성인은 너무나 당황한 나머지 사실을 은폐하려 하고 시간이 지나면 잊을 거라 생각하지만, 성폭력은 다른 어떤 사건보다 전문기관의 상담과 도움이 필요한 경우이므로 성폭력 피해가 의심될 때는 반드시 전문기관에 문의 및 상담을 하여야 한다.

성폭력 피해를 입은 영유아는 2~3가지의 이상 징후를 보이므로 교사와 부모는 세심히 관찰하고 확인이 되면 조속한 대처를 해야 한다. 부모나 교사의 미흡한 대처로 수사와 치료 시기를 놓치는 경우가 많으므로, 발견 즉시 성폭력 전문상담기관(여성긴급전화 1366, ONE-STOP 지원센터 또는 해바라기아동센터 등)에 의뢰한다.

[그림 12-4] 우리 아이에게 성폭력 범죄가 발생한다면

출처: 여성가족부 홈페이지(http://www.mogef.go.kr).

(3) 영유아 간 성행동문제

최근 영유아의 스마트폰 노출이 많아지고 가정 및 사회적 환경, 미디어 환경 등 영유아를 둘러싼 주변 환경으로부터 음란물 등의 성적 노출이 잦아지면서 영유아의 성행동문제가 사회적 문제로 대두되고 있다.

영유아의 성은 출생부터 지속적으로 발달해 가는 과정 중의 하나로 성장과 발달, 학습을 통해 구성되는 것이다. 따라서 영유아의 성 관련 행동은 성 개념의 발달 수준을 반영하는 것으로, 성개념을 획득하는 과정에서 시도하는 탐색적인 행동이 대부분이다. 영유아는 자신이 한 성 관련 행동의 어떤 부분이 잘못된 것인지 명확하게 이해하기 어렵다. 따라서 영유아의 성 관련 행동은 성인과는 다른 관점으로 보아야 하며, 해당 영유아를 낙인찍지 않도록 보다 신중하게 접근하는 것이 필요하다.

영유아에게서 나타나는 성 관련 행동들이 모두 문제가 되는 것은 아니다. 영유아의 성장 과정에서 나타날 수 있는 성 관련 행동들을 '성행동'으로, 자연스러운 발달 과정에서 벗어나 문제가 야기될 우려가 있거나 위험한 수준의 성행동을 나타낸다면 이를 '성행동문제'라고 지칭할 수 있다.

영유아의 성행동 대부분은 발달상 나타나는 행동 특성과 유사하게 개방적인 공간에서, 호기심에 의해, 일상적으로 자연스럽게 나타난다. 영유아의 일상적인 수준의 성행동에 대해 강압적인 태도로 제지하여 성적인 호기심을 억누르거나, 지속적으로 방치할 경우 은밀하고 반복적인 경향을 띠게 되어 우려할 수준의 성행동문제가 발생할 수 있다. 이 시기에 나타나는 우려할 수준의 성행동문제에 대해 적절한 대처 없이 지속적으로 방치되면 은밀하게 반복하는 경향을 넘어 또래에 대한 강요와 폭력성을 띠게 되고, 신체적 · 정서적 피해를 유발할 수 있는 위험한 수준의 성행동문제로 커질 수 있다.

영유아 성행동문제 수준은 판단기준에 따라 일상적인 수준, 우려할 수준, 위험한 수준으로 구분할 수 있다.

❶ 일상적인 수준

사물에 대한 변별력이 생기면서 남녀의 생물학적 생김새에 대한 호기심에서 비롯된 행동이 나타나 또래 엿보기 등 일시적인 성행동을 보이며, 자신의 신체를 만지거나 신체 탐색 중 우연히 하게 되는 성기 자극 등의 성 관련 행동을 일상적인 수준의 성행동이라 한다.

성기를 자극하는 행동을 할 경우 흥미를 보일만 한 놀이로 관심을 전환해 주고, 남녀의 성적 특징에 대한 호기심을 나타낼 경우 연령에 적합한 성교육을 통해 남녀 신체의 차이를 알려 주는 등 관심을 해소해 준다.

❷ 우려할 수준

일상적인 성 관련 행동이 지속적이고 은밀하게 반복됨으로써 동시에 놀이에 대한 관심이나 주변 사물에 대한 호기심이 줄어드는 경우이다. 교사의 지도에도 불구하고 지속적으로 성행동에 몰두하거나, 또래를 불편하게 하는 성행동을 하며, 성인의 눈을 벗어나는 장소에서 이러한 행동을 시도하려는 경향을 보이기도 한다.

이런 행동이 나타날 경우 문제 되는 행동을 중지시키고 관련 영유아를 떼어 놓고 상황을 파악해야 한다. 부모에게 상황을 설명하고 가정에서 관심을 갖고 함께 지도하도록 부모와 면담을 진행하고 필요할 경우 전문가의 도움을 받도록 한다.

❸ 위험한 수준

유아가 성 관련 행동에서 강압적이거나 폭력성을 띠게 되어 '우려한 수준'을 넘어서는 것으로, 피해 영유아에게 정신적 · 신체적 피해가 뚜렷이 나타나거나 피해 영유아가 거부해도 고의적이고 반복적으로 괴롭히는 행동이 나타나 피해 영유아는 고통스러워하게 된다. 이때 행위 영유아와 피해 영유아 간 연령 및 힘의 차이가 뚜렷하게 나타난다. 위험한 수준에서는 놀이에 대한 관심이나 주변 사물에 대한 호기심이 현저하게 줄어들고, 교사가 성행동을 저지하거나 주의를 돌리게 되면 저항하거나 분노를 나타내기도 한다. 간혹 성행동이 지속되거나 반복하여 나타나는 우려할 수준을 거치지 않고 강요나 폭력성이 바로 나타나기도 하므로, 성행동 문제의 발견

횟수보다는 피해를 유발할 위험 정도를 중심으로 파악하는 것이 중요하다.

위험한 수준의 성행동문제가 발견된 경우 즉각 개입하여 행동을 중지시키고 영유아가 불안하지 않도록 안정된 태도를 유지해야 한다. 또한, 행위 영유아, 피해 영유아를 서로 다른 공간으로 분리보호해야 한다. 이때 지금까지 파악된 상황 및 사건경위를 알아봐야 하는데 초기 진술의 오염방지를 위해 영유아에게 추궁, 반복, 추가 질문은 하지 않는다. 또한, 부모면담을 통해 상황을 설명하고 전문기관의 협조를 구한다. 이때 행위 영유아와 피해 영유아의 분리를 위해 행위 영유아에 대해 일시적 가정양육을 권고하는 등 등원 여부를 협의해야 하고 피해 영유아의 치료방안에 대해서도 논의해야 한다.

위험한 수준의 경우 공무원 및 육아종합지원센터 등의 외부기관의 협조를 받아 전문가들로 구성된 사례위원회를 구성하고 초기조사를 실시한다. 이때 가능한 한 영유아 스스로 말하도록 개방적인 질문을 사용하고 초기 자료가 훼손되지 않도록 CCTV를 보관하고 사진(발생장소, 상처 등), 사건경위 기록, 부모면담 기록 등의 자료를 확보하며, 사례회의를 통해 아동의 치료, 상담, 중재, 교육 등 사후관리안을 마련해야 한다.

자녀 안전 확인 및 필요시 병원진료

↓

어린이집에 알리고 교사(원장) 면담 실시

↓

육아종합지원센터(전문기관)에 조사 및 사후관리 지원 요청

↓

초기 조사 협조 및 전문기관 면담 참여

↓

전문기관 추후조치 참여(전문가 상담 · 치료 등)

[그림 12-5] 위험한 수준의 성행동문제 대응절차

출처: 어린이집 영유아의 성행동문제 관리, 대응 매뉴얼(2020).

영유아가 성행동을 나타낼 때 보호자의 역할은 다음과 같다.

- 자녀에게 지속적으로 관심을 가지고, 자녀의 행동을 면밀히 관찰한다.
- 자녀의 성 관련 질문에 정확한 단어를 사용하고 올바른 성교육 자료(영상, 동화책)를 활용한다.
- 자녀의 성행동이 우려된다면 성교육 자료와 지도방법 등에 대해 도움을 요청한다.
- 영유아 보육 · 교육기관과 협력하여 일관된 방법으로 자녀를 지도한다.
- 스마트폰, 미디어 사용 등 가정 및 지역사회(학원 등)에서의 위험요소를 점검한다.
- 필요시 전문기관을 통한 전문가 상담과 상담치료를 받도록 한다.

4) 대인 안전교육의 방법

영유아의 대인 안전교육 중 하나는 아동학대를 예방하는 교육이다. 직접적으로는 학대와 성폭력에 대한 교육부터 보다 광범위하게 아동권리에 대한 의식을 향상시킬 수 있는 교육까지 다루어야 한다. 이를 위한 효과적인 방법은 여러 측면에서 이루어질 수 있다.

먼저, 다양한 인권과 관련된 동화나 동극을 통한 문학 활동은 아동권리와 아동학대 예방에 대한 의식을 향상시킬 수 있는 효과적인 교수법이다. 물론, 이러한 내용은 아동의 실생활과 직접적으로 연결된 것이어야 하며, 문학 활동과 더불어 이야기 나누기, 노래 부르기, 역할놀이 등으로 배운 지식을 경험적으로 확장시켜야 한다.

아동 성폭력 예방교육 방법으로는 다양한 교수법이 적용될 수 있겠으나 영유아의 발달 특성상 성에 대한 지식과 이해가 부족하므로 지식 전달 교수법보다는 안전한 가상 체험의 역할놀이가 가장 효과적이다. 역할놀이를 통해 위험 상황의 인과관계를 배워 나감으로써 대인관계의 느낌, 태도, 기술을 습득할 수 있다. 즉, 습득한 지식과 태도뿐만 아니라 경험 간의 연계성을 파악하게 되어 효과적으로 학습할 수 있게 된다.

영유아를 위한 대인 안전교육은 모의 상황이나 역할놀이 같은 경험 중심적 접근법으로 구성되어야 한다. 또한, 이러한 교수법은 연간 교육과정 내에서 지속적으로 영유아의 경험을 통해 반복적으로 학습시켜야 하며, 그 내용과 방법은 영유아의 발달에 적합한 것이어야 한다. 예를 들어, 실종 · 유괴예방교육은 안전한 가상체험을 통한 역할놀이가 가장 효과적이다. 실종이나 유괴 상황에 대한 역할을 가상으로 해 보면서 이에 대한 지식이나 기술, 대처방법 등을 몸으로 익히는 것이다. 역할놀이 전에는 가상 상황을 보여 주는 동영상 매체를 시청하여 역할놀이에 집중할 수 있는 기회를 제공하는 것도 방법이다. 특히, 장애가 있는 아동의 경우는 실종 사건의 위험이 매우 크므로 집으로 가는 길을 동영상으로 촬영하여 시청하면서 가상으로 길 찾기를 해 보는 방법이 유용할 수 있다.

또한, 상황에 근거한 교육을 하는 것도 매우 효과적인 교육 방법이다. 즉, 견학 활동 전에 실종 예방교육을 실시함으로써 영유아가 흥미와 호기심을 유발하고 미리 교육받은 내용을 현장에서 직접 몸으로 체험하고 익힐 수 있어 그 효과를 확장할 수 있다.

4 대인 안전교육의 실제

1) 대인 안전교육 주제별 통합망

대인 안전

이야기 나누기

- 소중한 몸 이야기하기
- '이럴 때는 어떻게 하나요?' 이야기하기
- '유괴가 뭐예요?' 이야기하기

언어

- '안 돼요, 싫어요, 하지 마세요' 듣기
- 「따라가면 안 돼요!」 동화책 읽기

수 · 조작

- 이럴 때는 어떻게? 보드게임 하기
- 도와주는 기관을 알아보고 세어 보기

신체 / 음률

- 「그대로 멈춰라」 동요 부르기
- 「그대로 멈춰라」 동요 개사하기
- 「그대로 멈춰라」 개사 곡에 맞춰 율동해 보기

과학

- '도와주세요' 쿠키 반죽 여러 종류로 만들어 보기(초코 쿠키, 치즈 쿠키, 단호박 쿠키 등)

역할

- '길을 잃었을 때' 상황극 해 보기
- '아무나 따라가지 않아요' 동극 해 보기

미술

- 유괴 방지 포스터 만들기
- '소중한 나의 몸' 그리기

쌓기

- 블록으로 '아무나 따라가지 않아요' 동극무대 만들기
- 경찰서 가는 길 만들기

요리

- '도와주세요' 글자 쿠키 만들기
- 우리를 도와주시는 분들에게 쿠키 선물하기

게임 / 견학

- 도움을 주시는 분들 '경찰서' 견학하기

2) 표어 및 포스터

3) 동요 및 개사

나비야

보통 빠르게

미상 요 · 독일 민요

4) 가로세로 낱말풀이

		1			3		
				4			
		2	2				
7					5		4
8	8			6			
	9						
				7			

		고	함		난	초	
		무		여	자		
		신	체				
유			벌		정	수	리
괴	물			남	자		어
	장	난		해			카
	구			바	지		
				다			

〈가로열쇠〉

1. 크게 외치는 소리
2. 사람의 몸
3. 난초과에 속한 여러해살이식물을 통틀어 이르는 말
4. 여성으로 태어난 사람
5. 머리의 윗부분
6. 남성으로 태어난 사람
7. 양쪽으로 다리가 들어갈 수 있도록 가랑이가 나누어져 있는 옷
8. 괴상하게 생긴 물체
9. 아이들이 재미로 놀이를 함

〈세로열쇠〉

1. 고무로 만든 신발
2. 신체적 고통을 주기 위하여 힘을 가해 때리거나 기합을 주는 것
3. 여성의 생식 세포
4. 자전거 뒤에 달거나 사람이 직접 끄는 작은 수레
5. 남성의 생식 세포
6. 남쪽에 있는 바다
7. 납치의 일종으로 사람을 속여서 다른 장소로 이동시키는 것
8. 헤엄을 치거나 물에서 놀 때 발로 물 위를 계속 치는 것

5) 사행시

대 : 대인 안전교육도

인 : 인성교육만큼 중요합니다. 우리 아이들이

안 : 안전할 수 있도록 올바른 지식을

전 : 전달합시다.

6) 동화를 활용한 통합망

엄마가 길을 잃었어요

이야기 나누기

1. 내가 동화 주인공이라면 길을 잃었을 때 어떻게 할까요?
2. 나를 도와줄 사람은 누구일까요?

미술

1. 내 표정 그리기
2. 내 이름표 만들기
3. 내 팔찌 만들기
4. 우리 동네 그리기

요리

1. 우리 가족 밥짓기
2. 다양한 표정 쿠키 만들기

신체 / 음률

1. 소중한 나, 내가 지켜요 동영상 보기
2. '그대로 멈춰라' 동요 부르기

언어

1. 나를 표현하는 단어를 찾아보아요.
2. 내 별명 만들기
3. 엄마 연락처 말하기

역할

1. 나와 친구의 모습 찍어 주기
2. '놀잇감 나라' 안내요원 되어 보기

견학 / 게임

1. '우리집 가는 길' 게임판 만들어 게임하기

쌓기

1. '엄마와 만나는 길' 블록으로 만들기

과학

1. 가족이 사용하는 물건 관찰하기
2. 내 손에 숨은 선 찾아보기

수 · 조작

1. 얼굴카드 짝지어 보기
2. '오늘의 감성지수 알아보기

7) 교재교구 계획안

활동명	싫어요! 안 돼요! 도와주세요!	연령	만 4~5세
누리과정 관련요소	• 신체운동 · 건강 / 안전하게 생활하기 / 적절히 대처하기 • 의사소통 / 말하기 / 느낌, 생각, 경험 말하기 • 예술경험 / 예술적 표현하기 / 극놀이로 표현하기		
활동목표	• 위험한 상황에서 자기를 보호할 수 있는 방법에 대해 안다. • 역할극을 통해 실제 도움을 청하는 방법을 안다.		
활동자료	그림 자료 – 여러 가지 상황 그림		
활동방법	* 위험한 상황에 대해 이야기를 나눈다. • 활동 1: 싫어요! 안 돼요! 도와주세요! • 활동 2: 낯선 사람이 말을 물어볼 때 • 활동 3: 낯선 사람이 이름과 주소, 전화번호를 물어볼 때 • 활동 4: 낯선 사람이 가족 중에 누가 다쳤다고 함께 가자고 할 때 • 활동 6: 실제로 역할극 해 보기 * 역할극에 대해 평가해 본다.		
사진	 		

출처: http://www.kidkids.net.

Chapter 13

감염병 및 약물오남용 예방 등 보건위생관리교육

본 장에서는 감염병 및 약물오남용 안전사고의 개념 및 유형에 따른 안전교육의 내용을 살펴보고 영유아 보육 · 교육기관에서 실시할 수 있는 감염병 및 약물오남용 예방 등 보건위생관리교육 내용을 살펴보고자 한다.

멋진 돌고래반 친구들에게

요즘 아침저녁으로 쌀쌀해져서 감기에 걸린 친구들이 많아졌더구나.
우리가 몸이 아프면 낫기 위해 약을 먹지. 그런데 약을 먹을 때에도 주의해야 할 사항들이 있단다. 혼자 있을 때에는 약을 먹지 않고, 맛있어 보여도 친구의 약을 먹지 않는 거야.
그리고 부모님께도 말씀드려 구급약상자에 유효기간이 지난 약이나 용도가 분명하지 않은 약은 폐기할 수 있도록 우리 친구들이 부모님께 이야기해 주면 좋겠어.
우리 사랑하는 돌고래반 친구들과 부모님이 안전하게 약을 복용하고 매일매일 건강하면 좋겠구나.

-사랑스러운 돌고래반 친구들을 아주 좋아하는 선생님이-

영유아는 성인에 비해 여러 가지 감염병 및 약물오남용 사고에 노출되어 소량의 약물에도 치명적인 손상을 입을 수 있는 시기이다. 그럼에도 불구하고 영유아에 대한 감염병 및 약물오남용에 대한 충분한 예방교육이 수반되지 않아 더 큰 사고로 이어져 중독이나 생명이 위태로운 상황에 놓이게 된다.

본 장에서는 감염병 및 약물안전과 가정에서 사용하는 유해물질 중독 사고에 대해 살펴보고 영유아에게 주로 발생되는 감염병의 종류와 약물오남용 예방에 대한 안전교육을 통해 자신의 몸을 안전하게 지키고 예방할 수 있는 대처방법 등을 기술하였다.

1 감염병 및 약물오남용 예방 등 보건위생관리교육의 개념 및 필요성

1) 감염병 예방 안전교육의 개요

감염병이란 병원균에 의해 사람 간, 동물 간, 동물에서 사람에게 감염·전파되는 것을 말한다. 감염병 발생은 3개의 질병요인(병원체, 환경, 숙주)이 있으며, 숙주(사람)가 건강한 경우라도 침입한 병원체의 병독성이 강하면 발병하며, 병독성이 낮은 병원체는 건강한 사람에게는 문제가 되지 않으나 면역력이 떨어진 사람에게는 병을 일으킬 수 있다. 감염병은 전염성이 강한 바이러스의 변이율이 높기 때문에 항체도 별다른 소용이 없는 유형으로 독감, 에이즈, 인플루엔자, 출혈열 등이 있다. 전세계적으로 이슈가 되었던 바이러스에는 메르스, 에볼라바이러스, 사스, 신종플루 등이 있다.

〈표 13-1〉 감염병의 개념

구분	의미
감염병	사람에게 침투한 특정 병원체(바이러스, 세균, 곰팡이 등) 혹은 병원체가 생산하는 독성 물질(독소) 때문에 일어나는 질환
전염병	병원체에 감염된 사람 혹은 동물 내에서 증식 가능한 병원체에 의해 다른 사람이나 동물로 전파되는 질병
감염	병원체가 숙주 내에서 분열 증식하고 있는 상태. 감염이 되면 숙주에 이상 반응이 나타나며, 그 결과는 사람에게서 질병이나 면역반응이라는 현상으로 표현
전염	병원체가 숙주조직에 정착하여 계속 증식하는 것. 감염도 유사한 의미이지만 전염의 경우는 어떤 개체로부터 별도의 개체로 질환이 확대되는 방법을 강조
면역	어떤 특정의 병원체 또는 독소에 대해 개체가 강한 방어능력을 갖는 상태로 생체의 내부 환경이 외인성 및 내인성의 이물질에 의해 교란되는 것을 막아 생체의 개체성과 항상성을 유지하여 건강을 유지하기 위한 방어기전

출처: 교육과학기술부(2011).

2) 약물오남용 예방 안전교육의 개요

세계보건기구(WHO)는 약물이란 의약품을 투여 받은 사람의 생리상태 또는 병적인 상태를 치료하거나 검사하기 위하여 사용하는 것으로 정의한다.

약물은 신체기능을 변동시킬 수 있는 음식물을 제외한 모든 화학적 물질 또는 인체에 영향을 미치는 화학물질로 지칭하며, 실제적으로 사람에게 육체적 · 정신적 · 사회적으로 영향을 미치는 물질을 말한다.

이러한 개념에 포함되는 물질은 다음과 같다(신태용, 2004).

- 병이나 상처를 치료하기 위해 먹거나 바르거나 주사하는 물질(의약품)
- 일반 화학공업에서 사용되는 물질(산, 알칼리, 본드, 신나 등)
- 우리의 일상생활에 해를 끼치는 동물이나 식물을 제거하기 위해 사용되는 물질(농약, 파리약, 모기약 등)
- 물건에 윤기를 내기 위해 바르는 물질(구두약)
- 기타 술이나 담배 등

〈표 13-2〉 약물 사용에 대한 구분

구분	내용
약물오용	• 의학적 목적으로 사용하지만, 약사나 의사의 처방을 따르지 않거나 처방된 약을 지시대로 사용하지 않는 것을 말한다. • 이전 질병에 사용했던 약을 다른 질병에 그대로 사용, 타인의 처방약을 사용, 유효기간이 지난 약물 사용 등
약물남용	• 의학적 상식, 법규, 사회적 관습과 어긋나게 사용하는 것으로 뇌를 직접적으로 자극하여 뇌기능을 비정상적으로 흥분 · 억제 · 마비시키기 위한 목적으로 사용하는 것을 말한다. • 법으로 금지된 약물 사용, 정상적인 생활에 지장을 주고 사용자 본인과 주변 사람들에게 피해를 주는 약물 사용 등(마약, 접착제나 본드, 부탄가스, 알코올, 미성년자의 흡연 등)
약물중독	• 위와 같이 섭취 또는 흡수한 약이 인체에 해로운 영향을 주어 신체적 · 정신적 · 심리적으로 취약한 상태를 말한다. • 기침약, 드링크제, 간장약, 카페인, 진정제 등 지속적 · 습관적으로 사용하여 중독이 되는 경우

출처: 어린이안전학교 홈페이지(www.go119.org).

영유아 감염병 및 약물오남용 예방 등 보건위생관리교육은 병원균에 의해 전파되는 감염병에 대한 이해와 영유아의 건강을 해치고 사회구성원으로서의 역할을 제대로 할 수 없게 하는 일반적인 의약품류와 살충제, 세제 등의 위험성을 이해하면서 약물로부터 자신을 보호하는 방법을 익혀서 자신의 몸을 건강하고 안전하게 지킬 수 있도록 하는 것이다(신동주 · 이상은 · 김현경 · 박영선, 2015).

영유아기에 발생하는 약물오남용의 범위는 영유아가 흔히 섭취할 수 있는 약품, 가정용 화학용품, 중금속류 등이 포함되어 있으며(김미애 · 구현영 · 권인수, 2007), 특히 영유아의 놀잇감에서 발생하는 성분의 하나인 납의 유해성이 높은 만큼 영유아 약물 안전교육을 통해 위와 같은 물질과 더불어 영유아가 안전하게 다룰 수 있도록 방법을 제시하고 성인의 주의가 절대적으로 필요함을 인식시키고자 한다.

3) 감염병 및 약물오남용 예방 등 보건위생관리교육의 필요성

최근 증가하고 있는 감염병의 위험으로부터 면역력이 약한 영유아와 교직원의 건강을 보호하고 예방할 뿐만 아니라 메르스와 같은 감염병을 조기에 발견하고 사후 조치를 체계적이고 신속하게 함으로써 유행 확산을 방지하는 것은 중요하다. 그러므로 어릴 때부터 평소 생활에서 감염병을 예방할 수 있도록 철저한 교육이 이루어져야 한다. 약물에 의한 안전사고는 6세 이하의 호기심이 많은 영유아에게 흔히 발생하며, 우리가 자주 사용하는 생활용품들이 방치되면서 위험에 노출되기 때문이다. 또한, 영유아는 신체발달 특성상 피부나 소화기를 통한 화학물질 흡수율이 빠르고 높기 때문에 안전사고에 더욱 취약하며, 영유아의 중독 사고를 예방하기 위해서도 필요성이 제기된다.

실제로 영유아에게 일어나는 감염병 및 약물오남용 사고는 성인의 방심으로 발생하는 사고가 대부분이기 때문에 안전교육을 통해 경각심을 고취시키고 사고 발생 시 응급조치를 실시할 수 있도록 성인을 위한 교육이 필요하다. 따라서 감염병의 종류와 증상, 대처방법과 더불어 약물의 보관, 올바른 약물 사용법을 제대로 알도록 하고 영유아의 주위 환경을 안전하게 제공함으로써 감염병 및 약물오남용 안전사고 예방에 힘써야 한다.

감염병의 추이를 살펴보면, 급성 감염병 발생률은 1960년대 이후 지속적으로 감소하였으나 2009년 신종플루의 전 세계적인 대유행으로 감염병 발생이 급격히 증가하였고, 2015년에는 중동호흡기증후군(메르스), 2020년에는 코로나바이러스 감염증-19가 전 사회적인 문제로 대두되면서 감염병 예방과 관련된 교육은 사회적으로 필수적인 교육으로 자리 잡고 있다. 감염병 예방을 위해 손 씻기 등 개인위생을 철저하게 하고 기침예절을 준수할 수 있도록 교육해야 한다.

영유아 시기는 인간의 성장 발달의 기초를 형성하므로 매우 중요한 시기이다. 영유아의 발달 특성을 고려하여 스스로 자신을 보호할 수 있도록 약물을 구별하고 주의하도록 지속적인 지도교육이 필요하다.

2 감염병 및 약물오남용 안전사고의 유형 및 실태

감염병의 예방 및 관리에 관한 법률에 근거해 국가감염병감시체계를 통해 보고된 감염병 환자 발생 신고를 기초로 최근 영유아에게 가장 많이 나타나는 감염병을 살펴보면 0세에서 9세까지의 영유아는 수두에 가장 많이 감염된 것으로 나타났다. 그 다음으로 성홍열, 유행성 이하선염 순으로 나타났다.

영유아 중독사고의 경우 비교적 노출될 수 있는 의약품이나 살충제, 표백제와 같은 화학제품을 의도하지 않은 상태에서 먹거나 흡입 또는 다른 경로를 통해 노출됨으로써 발생하는 중독증상을 의미하는 것으로 영유아를 위한 보호포장제도가 시행되면서 한국소비자보호원 소비자위해 감시시스템(CISS)에 수집된 중독사고 위해 사례는 2016년 62건에서 2020년 30건으로 큰 폭으로 감소하는 추세를 보이고 있다.

〈표 13-3〉 아동 중독사고 현황

(단위: 건, %)

구분	2016년	2017년	2018년	2019년	2020년
중독건수	62	59	55	41	30

출처: 한국소비자보호원(2021).

최근 5년간 중독사고를 살펴보면 연령별로는 걸음마기가 146건으로 전체의 59.1%를 차지하여 가장 많았고, 이어서 학령기 43건(17.4%), 영아기 34건(13.8%), 유아기 24건(9.7%)의 순으로 나타났다.

성별로는 활동성이 강한 남아가 137건(55.5%)으로 여아 109건(44.1%), 미상 1건(0.4%)보다 더 높은 것으로 나타났다.

〈표 13-4〉 연령 및 성별 현황

(단위: 건, %)

구분	영아기	걸음마기	유아기	학령기	합계
남아	17	84	10	26	137(55.5)
여아	16	62	14	17	109(44.1)
미상	1	–	–	–	1(0.4)
합계	34(13.8)	146(59.1)	24(9.7)	43(17.4)	247(100.0)

출처: 한국소비자보호원(2021).

중독사고 위해품목별로 보면 혈압약, 진통제, 감기약 등을 포함한 '의약품'이 90건(46.4%)으로 가장 많았고, 의약외품 34건(17.5%), 가정용 청소 및 세탁용품 27건(13.9%)으로 세 가지 품목이 전체의 77.8%를 차지하고 있다.

3 감염병 및 약물오남용 예방 등 보건위생관리교육의 내용 및 방법

감염병 및 약물오남용 사고는 가정에서만 발생하는 것이 아니라 영유아 보육·교육기관, 놀이공원이나 동네 주변의 생활환경에서 빈번하게 일어난다. 이를 예방하기 위해서는 부모나 교사가 먼저 영유아의 다양한 생활환경에서 일어날 수 있는 사고 원인에 대해 바르게 알고 대처할 수 있는 방법을 이해하여 안전한 환경을 제공해야 한다.

1) 감염병과 예방

(1) 감염병의 생성

감염병의 생성과 전파과정을 살펴보면 병원체가 숙주에 기생하면서 면역반응이나 질병을 일으키는 것이 감염질환의 본질이기 때문에 감염질환이 생성되기 위해서는 병원체로부터 숙주의 저항성에 이르기까지 몇 단계를 거치게 된다. 병원체, 병원소, 병원체의 탈출, 전파, 침입, 숙주의 저항성이라는 6단계로 구분할 수 있다.

(2) 감염병의 전파경로

❶ 비말 전파

5㎛ 이상의 비교적 큰 입자들이 기침, 재채기나 대화를 할 때 발생하여 다른 사람의 결막이나 비강 또는 구강 점막에 튀어 감염이 전파되는 경우로, 이때 발생하는 비말은 공기 중에 부유하지 못하며, 대개 주변 약 1m 이내에 전파한다. 수두, 유행성이하선염, 홍역, 풍진, 인플루엔자, 디프테리아, 백일해, 뇌수막염, 수족구병, 중증급성호흡기증후군, 결핵 등이 해당된다.

❷ 공기 전파

병원체를 포함한 5㎛ 이하의 작은 입자들이 공기 중에 떠다니다가 감수성이 있는 환자가 이를 흡입함으로써 호흡기로 전파되는 경우이다. 이러한 경로로 전파되는 병원체는 기류를 타고 먼 거리까지 전파가 가능하다.

❸ 접촉 전파

병원체가 분비되는 환자와 직접 또는 간접 접촉 시 전파되는 경우로 환자와의 악수 등 직접 접촉하거나 또는 환자로부터 오염된 탁자, 손잡이 등 환경 표면을 통하여 간접적으로 접촉하여 감염된다. 조류인플루엔자가 해당된다.

❹ 매개체 전파

모기, 파리, 진드기 등 매개충을 통하여 병원체가 전파되어 감염되는 경우이다. 일본뇌염, 말라리아, 쯔쯔가무시증, 렙토스피라증 등이 있다.

(3) 감염병의 종류

감염병의 공통점은 인수공통감염병으로 치사율이 높고 변이가 잘 되어 백신개발이 어렵다는 것이다. 대부분 초기증상으로는 고열을 동반하고 감기증상처럼 온다. 감염력이 높고 잠복기가 길어 기후의 영향으로 대유행이 쉬운 편이다.

❶ 메르스(Moddle East Respiratory Syndrome: MERS)

메르스는 2012년 4월 최초 환자가 보고된 이후 2015년 5월 29일까지 25개국에서 1,167명이 발생하여 이중 479명이 사망한 것으로 보고되고 있다(교육부, 2015). 메르스는 중동에서 발생된 급성 호흡기 감염병으로 신종 코로나바이러스(MERS-CoV)가 원인이다. 발생환자 대부분이 중동 지역과 직간접적인 연관이 있으며, 사우디아라비아, 아랍 에미리트 등 중동 지역에서 전체 감염환자의 대부분이 발생하였다.

오한, 발열, 기침, 호흡곤란 등의 증상을 나타낸다. 일부 사람에게서는 설사와 오심, 구토를 포함한 위장관 증상이 나타나기도 한다. 메르스는 사망률이 높으나 모두 기저질환을 가지고 있는 사람이었으며, 일부 사람에게는 가벼운 증상(감기같은 증상)이나 증상이 없이 회복되기도 하다. 메르스는 2~14일 이상의 잠복기를 거치는데 바이러스에 노출된 후 짧게는 2일, 길게는 14일 정도 지난 후 증상이 발생하며, 이때 바이러스가 몸 밖으로 배출될 수 있다. 명확한 감염경로는 밝혀지지 않았으나 사람 간의 접촉에 의해 감염되고 기침이나 재채기 등 비말감염으로도 감염되는 것으로 나타났다.

바이러스가 체내에 침입하면 인체 내에서 증식하는 기간을 거쳐 몸 밖으로 배출되기 시작하는데 이때가 바로 증상이 발생하는 시점이다. 증상 발생 이전인 잠복기 동안에 바이러스는 몸 밖으로 배출되지 않는다.

현재까지 메르스 치료를 위한 항바이러스제나 예방백신은 개발되지 않았고 중증 환자의 경우 인공호흡기, 투석 등 대중요법을 이용해 치료한다.

❷ 신종인플루엔자(신종플루)

신종인플루엔자는 기존의 인플루엔자 바이러스가 변이를 일으켜 생긴 새로운 바이러스이다. 현재까지 보고된 바로는 확산속도는 빠르지만, 대다수 환자에서 경미한 증상만이 나타나고 또 계절인플루엔자와 비슷한 수준의 0.2~0.8% 치명율로 사스 10%, 조류인플루엔자 60%의 치명율을 비교해 보았을 때 현저히 낮은 수준이다. 그러나 대부분의 사람이 새로운 바이러스에 대한 면역력을 가지고 있지 않아 대규모로 유행할 가능성을 배재할 수 없다.

신종인플루엔자는 감기처럼 호흡기를 통해 감염되어 전파속도가 매우 빨라 감염자가 대량 발생한다. 증상은 발열(37.8℃), 기침, 인후통, 콧물이나 코막힘 등의 증상을 보이는 급성 호흡기 질환이다. 감염된 환자의 기침이나 재채기를 통해 사람 간 감염이 될 수 있는 질환으로 증상이 생긴 후 약 7일까지 전염이 가능한 것으로 보고되고 있다.

치료는 일반 인플루엔자와 같이 충분한 휴식과 수분 섭취, 증상에 따른 치료로 완치가 되며, 항바이러스제(타미플루 등)로 치료할 수 있다.

신종플루를 예방하기 위해서는 손을 자주 씻고 눈, 코, 입을 만지는 것을 피하고 발열이나 호흡기 증상 등이 있는 사람과의 접촉을 피하는 것이 좋다. 재채기나 기침을 할 경우 휴지로 입과 코를 가리고, 휴지를 버린 후 손을 깨끗하게 씻어야 한다.

❸ 코로나바이러스 감염증-19(COVID-19, 국문 약칭 코로나 19)

2019년 중국 우한에서 처음 발생한 뒤 세계로 확산된 호흡기 감염질환이다. 초기에는 원인을 알 수 없는 호흡기 전염병으로 알려졌으나, 세계보건기구(WHO)가 2020년 1월 9일 해당 폐렴의 원인이 새로운 유형의 코로나바이러스(SARS-CoV-2, 국제 바이러스분류위원회 2020일 2월 11일 명명)라고 밝히면서 이 바이러스가 2003년 유행한 사스(SARS, 중증급성호흡기증후군)와 비슷하다는 점을 강조하였다.

중국 우한을 시작으로 중국 전역은 물론 전 세계로 확산되면서 중국 당국의 초기 대응 부실이 재앙을 키웠다는 질타의 목소리가 쏟아지고 있다. 초기에는 '우한 폐렴'

으로 불렸으나, 세계보건기구(WHO)가 2015년에 내놓은 지리적 위치, 사람 이름, 동물 · 식품 종류, 문화, 주민 · 국민, 산업, 직업군이 포함된 병명을 사용하지 말라는 권고에 따라 '신종 코로나바이러스 감염증'으로 불리다가 2020년 2월 11일 WHO에 의해 공식명칭을 'COVID-19'로 정했다. 우리나라에서는 코로나바이러스 감염증-19, 약칭 코로나 19로 불린다.

코로나 19는 메르스와 코로나바이러스라는 점은 비슷하나 전파력에서 많은 차이가 나타난다. 메르스의 경우 처음 확진 환자 이후로 지난 8년 동안 2,500여 명의 감염자가 나온 반면 코로나 19의 경우 1개월 만에 6천 명이 넘는 확진자가 나와 단기간 전파력이 메르스보다 상대적으로 높고 치사율은 메르스에 비해 낮을 것으로 추정된다.

코로나 19의 증상으로는 발열(37.5℃ 이상), 기침, 호흡곤란, 오한, 근육통, 두통, 인후통, 후각 · 미각 소실 또는 폐렴이 나타나며, 피로, 식욕감소, 가래, 소화기증상(오심, 구토, 설사 등), 혼돈, 어지러움, 콧물이나 코막힘, 객혈, 흉통, 결막염, 피부증상 등 다양한 양상을 띤다. 일부 환자는 매우 경한 증상을 보이거나 증상이 나타나지 않을 수 있다. 환자의 약 80%는 경증, 14%는 중증, 5%는 치명적이며, 환자의 중증도는 고령과 기저질환 유무와 관련이 있다.

코로나 19의 전파경로는 주로 감염된 사람이 숨을 내쉬거나 말을 할 때, 재채기나 기침할 때 생성되는 호흡기 침방울(비말)을 통해 다른 사람에게 감염되며, 감염된 사람의 호흡기 침방울(비말)이 묻은 손이나 매개체와 접촉하고 눈, 코 또는 입을 만져 감염된다. 또한, 의료기관에서 생성되는 에어로졸 생성시술(기관지 내시경 검사, 객담 유도, 기관 삽관, 심폐소생술, 개발된 객담 흡입, 흡입기 등)로 인한 공기 전파 가능성이 있다. 특히, 바이러스 배출량이 많아 감염 초기에 쉽게 전파되는 특성을 보인다. 감염이 되면 1~14일(평균 5~7일)의 잠복기를 거친 뒤 증상이 나타나지만 무증상 감염 사례도 나오고 있어 방역체계가 뚫릴 경우, 대량 전파의 우려가 높은 것으로 나타난다. 또한, WHO가 발표한 치명률은 세계 4.66%(7월 7일 10시 기준), 우리나라 2.15% (7월 8일 0시 기준)이다.

코로나 19 발생현황은 중국에서 2019년 12월 31일에서 2020년 1월 3일, 원인미상 폐렴환자 44명이 보고되면서 중국 보건부에서 신종 코로나바이러스로 분리하였고, 우리나라는 2020년 1월 20일 첫 코로나 19 환자가 발생했다. WHO는 2020년 1월 30일, '국제적 공중보건 비상상태'를 선포한 이후, 2020년 3월 11일 세계적 대유행 '판데믹'을 선언했다. 2021년 10월 14일 기준, 코로나 19 환자 발생현황을 살펴보면 국외 240,089,277명(사망 4,892,247명), 국내 339,361명(사망 2,626명)이다.

우리나라는 보건복지부의 중앙사고수습본부, 질병관리청의 중앙방역대책본부를 필두로 각 시도, 시 · 군 · 구에 지역방역대책반을 운영, 발생지역 지역재난안전대책본부를 설치하고 감시-역학조사-관리 등 정책적인 대응이 이루어지고 있으며, 손 씻기, 기침예절 등 개인위생과 '생활 속 거리두기', '마스크 착용', '환경소독' 등 교육 · 홍보와 지자체, 민간의료기관 및 관계기관의 협력체계를 구축하여 감염예방에 최선을 다하고 있다(코로나바이러스감염증-19 대응지침(지자체용) 제10-1판, 2021).

2020년 12월 8일 영국에서 세계 최초로 코로나 19 백신 접종이 시작되어 현재 전 세계적으로 2021년 10월 14일 0시 기준, 코로나 19 백신 접종 현황을 살펴보면 국외 최소 1회 이상 접종 3,777,779,372명(47.97%), 완전 접종 2,800,365,343명(35.56%), 국내 1차 접종 40,242,429명(78.4%), 완전 접종 32,083,888명(62.5%)으로 나타나고 있다(www.코로나 19예방접종. kr). 백신은 사람들 사이의 전파력을 줄이고 중증을 예방하는 역할까지 하고 있다. 백신 접종 후에도 바이러스가 계속 변이해 델타 변이 등이 나타나 코로나에 감염이 될 수 있으나 백신 접종 완료자의 경우 코로나 19에 감염 되어도 중증으로 갈 가능성이 낮다.

1. 영유아교육 · 보육기관에서의 감염예방 관리

가. 교육 · 보육교직원, 재원아동 등 감염병 예방교육 · 홍보

교육 · 보육교직원 대상 코로나 19 질병정보 및 감염예방수칙, 행동요령, 생활 속 거리두기 실천 등 교육

- 재원아동 보호자 및 교육 · 보육교직원에게 발열 또는 호흡기 증상이 있거나 해외 및 코로나 19 발생장소 여행력이 있는 경우 등원 중단 등 방침을 고지하고 게시판에 안내
- 생활 속 거리두기 행동수칙(손 씻기, 기침예절 등) 및 실천지침(마스크 착용, 환경소독 등) 준수, 개인물품(예: 물병, 휴대폰 등) 사용 등 개인위생관리를 철저히 하도록 감염병 예방 교육

※ 어린이집 내 게시(홍보물은 질병관리본부 홈페이지(www.kcdc.go.kr)에 게시된 자료 활용)

나. 어린이집 · 유치원 마스크 사용기준(생활 속 거리두기 실천지침: 마스크 착용 편 참고)

- (교육 · 보육교직원) 교육 · 보육시간 내 아동 접촉 시, 보호자 포함 외부인 접촉 시 마스크 착용
  - * 면마스크, 덴탈마스크 등도 가능하나, 어린이집 · 유치원 내 유증상자 발생 시 반드시 보건용 마스크 착용
- (아동) 마스크 착용이 의무는 아님. 다만, 유아의 경우 노래 · 율동 등 집단 활동 및 차량이용 시 마스크 착용 권고. 24개월 미만의 영아의 경우 마스크 착용이 오히려 건강에 지장을 줄 수 있다는 의견 (질병관리본부)

다. 환경위생관리(생활 속 거리두기 실천지침: 에어컨 사용 편 참고)

- 어린이집 · 유치원 내 화장실 등에 개수대(비수동식 수도꼭지 등), 손 세척제(액체비누, 알콜 70% 이상 손소독제 등)와 휴지 등을 충분히 비치하고 손 씻기 후에는 종이 타월 등으로 깨끗이 닦도록 하며, 기침 시 사용한 휴지를 바로 처리할 수 있도록 쓰레기통을 곳곳에 비치
- 어린이집 · 유치원 내 마스크, 체온계 등 감염예방을 위한 필수물품을 충분히 비치
- 어린이집 · 유치원 내 주요 공간의 청소, 공기정화 및 일 2회 이상 수시 환기 실시

※ 아동 등원 전, 하원 후 창문을 열어 환기, 교육 · 보육시간 동안 수시로 창문 개방, 자연환기 양 증가

- 어린이집 · 유치원 내 냉방기기 가동 시 ① 실내공기가 재순환되고, 바람으로 인해 비말이 멀리 확산될 우려가 있으므로 환기, 풍량(바람세기 등)에 주의, ② 환기가 가능한 시설은 창문을 닫고 에어컨을 사용하되, 최소 2시간마다 1회 이상 환기 실시, ③ 에어컨 바람이 몸에 직접 닿지 않도록 하고 바람세기를 낮춰서 사용. 밀집도가 높을수록 더 자주 환기 실시- 내부순환방식의 공기청정기 가동은 제한하되, 미세먼지 나쁨 등 필요 시 필터 관리 및 환기에 철저를 기하고 가동하기

라. 어린이집 · 유치원 방역(소독) 관리(생활 속 거리두기 실천지침: 환경소독 편 참고)

- (기본) 어린이집 · 유치원은 매일 소독하되, 아동 및 교육 · 보육교직원이 빈번히 접촉하는 물품 등은 일 2회 이상 수시 소독하고 소독 시 소독제 안전사용 수칙*을 준수함
- (어린이집 · 유치원 내 감염병 환자 및 접촉자 발생 시) 어린이집 · 유치원 일시 폐쇄 또는 휴원 후 소독업체 또는 방역당국(보건소 등)에 의뢰하여 즉시 소독 실시

소독대상 물품	소독 시기
교재교구, 손소독제 용기, 체온계, 공기청정기, 의자, 탁자 등	매일 업무 종료 후
현관, 보육실, 화장실 손잡이, 계단, 난간, 화장실 조명, 스위치 등 자주 접촉하는 부분	일 2회 이상(수시)

마. 접촉 최소화

- (교육 · 보육프로그램 운영 시) 아동 및 교직원 간 또는 방문객 등과 악수 등 직접적인 신체접촉 및 외부활동 자제, 실내 · 외 프로그램은 방역수칙을 준수하여 해당 공간의 4㎡당 1명 범위 내에서 운영 가능. 활동공간이 협소한 시설은 '참여자 간 거리를 1m 이상'으로 완화('4㎡당 1명 범위 내' 권장) (보육활동) 보육활동 시 개별놀이 중심 원칙, 좌석의 경우 테이블 간 1m 거리두기 준수(띄워 앉기, 가림막 등 포함), 불가피한 경우 아동 간 접촉 최소화 강구

  (특별활동) 진행 시 외부강사와 어린이집 · 유치원 구성원 간 밀접 접촉 최소화 지도, 악기 등 특별활동도구 상호 교차 사용금지, 반드시 외부강사 건강상태, 위험장소 방문이력 등 확인

  (외부활동) 불가피하게 진행할 경우 생활 속 거리두기 준수, 밀폐도가 낮은 야외에서 진행하며 특별 활동 및 외부활동 진행 시 보호자 동의 필요
- (급 · 간식 시) 식사 전 · 후 손 씻기 철저, 식사 시 어린이집 · 유치원 여건상 최대 범위 내에서 일정거리 유지, 가능한 한 일렬 식사 권장
- (집단 행사 · 교육 시) 가급적 자제하되, 불가피하게 진행하는 경우, 생활 속 거리 두기 행동수칙을 준수하고 개인위생 및 건강상태 확인 철저

바. 어린이집 · 유치원 외부인 출입 관리

- 교육 · 보육교직원 외 외부인의 어린이집 출입을 자제하되, 불가피한 경우 (예시: CCTV 고장수리, 정수기 및 공청기 필터관리, 보육실습, 적응기간 동안 학부모 참관 등) 코로나 19 발생장소 방문 이력, 발열 확인, 호흡기 증상 등을 확인하여 기록– 기록된 명부는 4주 보관 후 폐기

(1) 발열 또는 호흡기 증상 등이 있으면 출입 금지

(2) 출입 시에는 마스크 착용 및 손 위생 실시, 보육실 출입 및 아동 접촉 최소화

2. 유증상자 발견 시 조치사항

- 어린이집 · 유치원 내 유증상자 발견 시 마스크 착용 후 보육교직원은 귀가조치, 아동은 보호자에게 연락
- 아동의 경우 보호자가 오기 전까지 수술용 또는 보건용 마스크를 씌우고, 확보된 격리공간에서 교육 · 보육교직원과 동석하여 대기하도록 함
  * 동석하는 보육교직원은 보건용 마스크, 일회용 장갑 등 개인보호구 착용 및 손 위생 철저히 준수
  ※ 어린이집 내 유증상자가 나올 경우를 대비하여 격리공간(1인실 원칙)을 확보하되, 별도 구비가 어려운 소규모 어린이집은 원장실, 교사실 등을 활용, 인근 시설의 유휴 공간 활용도 가능
- 보호자에게 연락 시 역학적 연관성(해외 여행력, 확진환자 접촉력, 가족 내 유증상자 유무 등)을 확인하여 연관성이 있을 경우 1339 또는 보건소에 우선 문의한 후, 보호자가 원하거나 동의하는 경우 원장 또는 교사가 보호자가 지정하는 병원 동행, 아동이 진료 받도록 함(보호자 지정병원이 없을 경우 어린이집 지정병원 이용, 대중교통 이용 자제)
- 기관 내 추가 유증상자를 확인하고, 유증상자의 이송 이후에는 격리장소 소독
- 진료결과 코로나 19 진단검사를 실시한 경우, 의심환자와 접촉한 보육교직원 및 재원아동은 의심환자의 검사결과가 나올 때까지 등원중단과 외출을 자제하고 자택에 머물도록 하며, 의심환자의 검사결과 음성이면 업무(등원)에 복귀함. 단, 자택에 머물 시 발열, 호흡기 증상(기침, 호흡곤란 등)이 있는지 확인하여 만일 이러한 증상이 나타날 시, 지체 없이 관할 보건소에 연락하도록 안내조치

출처: 보건복지부(2020). 코로나바이러스감염증-19 유행대비 어린이집용 대응 지침 VI판.

❹ 결핵

결핵은 폐결핵 환자의 기침을 통해 나오는 비말핵에 들어 있는 결핵균 복합체가 공기를 통해 다른 사람의 호흡기로 흡입되어 전파되는 감염성 질환으로 폐를 침범할 뿐만 아니라 뼈나 관절, 뇌 등 신체의 다른 부위에도 영향을 주는 질환이다. 결핵을 치료하지 않으면 환자의 약 1/2는 진단 후 1년 이내에, 1/2는 약 5년 이내에 사망하는 질병이지만 효과적인 화학요법을 하면 대부분의 환자는 완치된다.

대부분 만성경과를 밟고 병변이 상당히 진행될 때까지는 뚜렷한 증상이 없고 증상이 있어도 비특이적이다. 전신의 쇠약감, 피로감, 식욕부진, 체중감소, 야간 발열, 발한 등 전신증상이 나타나고 기침, 가래, 객혈, 흉통, 호흡곤란 등 국소증상이 나타

나기도 한다.

항결핵제 치료 후 14일까지는 전염력이 있으므로 주의해야 한다. 결핵은 생후 4주 내에 BCG 예방접종을 통해 예방할 수 있다. 또한, 결핵을 예방하기 위해서는 환기를 자주하고 면역력을 높여야 한다. 환기를 자주 시켜줌으로써 결핵균의 밀도를 낮춰 전염을 막을 수 있다.

(4) 영유아교육기관에서의 감염병 관리

2020년 1월 1일부터 법정 감염병 분류가 심각도, 전파력, 격리 수준에 따라 군(群)체계에서 급(級)체계로 바뀐다. 개정 전 총 80종의 제1~5군 감염병 및 지정감염병은 개정 후에 총 80종의 제1~4군 감염병으로 바뀌었다.

영유아기에 발병되는 감염성 질환은 1차 예방접종 및 추가접종으로 어느 정도 예방이 가능하므로 적절한 시기에 예방접종을 해 주는 것이 필요하다.

〈표 13-5〉 영유아기에 발생 가능한 법정 감염병

병명	증상	예방대책			
		예방접종	환자격리	격리기간	유의점
세균성 이질	• 고열과 구역질, 때로는 구토, 경련성 복통, 후중기(*변이 남은 느낌)를 동반한 설사가 주요 증상이며, 전형적인 경우는 대변에 혈액이나 고름이 섞여 나옴 • 경련, 두통, 기면, 경부 강직, 환각 등 중추신경계 증상이 나타날 수 있음	x	○	• 항생제 치료 종료 48시간 후부터 24시간 간격으로 2회 대변배양검사가 음성일 때까지	• 배변 후 손 씻기의 중요성을 충분히 교육 · 홍보 • 환자, 보균자의 배설물에 오염된 물품 소독(크레졸 3%)
디프테리아	• 발열과 함께 코, 인두, 편도, 후두 등의 상기도 침범 부위에 염증과 위막을 형성하고, 드물게 피부, 결막 등을 침범함	○	○	• 항생제 치료 후 24시간 이상 경과한 다음, 24시간 이상 간격으로 채취한 비강 및 인두 부위의 검체에서 모두 균이 음성일 때까지	• 환자가 사용하였거나 분비물에 오염된 물품 소독
백일해	• 전구기: 콧물, 눈물, 경한 기침 등의 상기도 감염 증상이 1~2주간 나타남 • 경해기: 이후 2~4주간 발작적인 기침이 나타나고 기침 후에 구토를 보임 • 회복기: 1~2주에 거쳐 회복기에 이르는데 이때 상기도 감염에 이환되어 다시 발작성 기침이 재발되는 경우도 있음	○	○	• 치료를 받지 않는 경우: 기침이 멈출 때까지 최소한 3주 • 항생제 치료 중인 경우: 치료 5일 후까지	• 환자의 비인두, 분비물에 오염된 물품 소독
홍역	• 전구기(3~5일): 전염력이 강한 시기로 발열(38℃ 이상), 기침, 콧물, 결막염, 특징적인 구강 내 병변 등이 나타남 • 발진기: 홍반성 구진성 발진(비수포성)이 목 뒤, 귀 아래에서 시작하여 몸통, 팔다리 순서로 퍼지고, 손바닥과 발바	○	○	• 전구증상이 나타난 후부터 발진 후 5일까지	

병명	증상	예방대책			
		예방접종	환자격리	격리기간	유의점
홍역	닥에도 발생하며 서로 융합됨. 발진은 3일 이상 지속되고, 발진이 나타난 후 2~3일간 38℃ 이상의 고열을 보임 • 회복기: 발진이 사라지면서 색소침착을 남김	○	○	• 전구증상이 나타난 후부터 발진 후 5일까지	
일본뇌염	• 전구기(2~3일), 급성기(3~4일), 아급성기(7~10일), 회복기(4~7주)의 임상증상을 보임 • 현성감염인 경우 급성으로 진행하여, 고열(39~40℃), 두통, 현기증, 구토, 복통, 지각 이상 등을 보임	○	x		• 모기를 매개로 하는 질환으로 모기 박멸이 중요
유행성 이하선염 (볼거리)	• 전구기(1~2일): 발열, 두통, 근육통, 구토 등을 보임 • 이하선을 침범하는 경우가 대부분이고(85%), 악하선도 흔히 침범하나 설하선은 드물게 침범함 • 발병 초기에는 한쪽 이하선에서 시작하여 2~3일 후에는 양측을 다 침범함 • 약 10~15%는 한쪽만 침범 • 통상 1~3일째 최고조에 도달하다가 3~7일 이내 점차 호전	○	○	• 이하선염이나 다른 증상 발현 후 9일까지	• 환자의 코나 목의 분비물로 오염된 물품 소독
풍진	• 귀 뒤, 목 뒤, 후두부의 림프절이 통증을 동반하며 증대됨 • 발진: 얼굴에서 시작하여 신체의 하부로 퍼지는 홍반성 구진으로 서로 융합되지 않으며, 색소침착도 없음. 첫날에는 홍역의 발진과 비슷하며, 둘째 날에는 성홍열의 발진과 비슷하고, 셋째 날 사라지는 경우가 많음 • 발열, 피로, 결막염, 비카타르 등	○	○	• 발진 후 7일까지	

병명	증상	예방대책			
		예방접종	환자격리	격리기간	유의점
수두	• 전구기: 전구기는 발진이 발생한지 1일 내지 2일 전에 발생할 수 있으며 권태감과 미열이 나타남. 전구기 증상이 없는 경우도 있음 • 발진기: 발진은 주로 몸통, 두피, 얼굴에 발생하며 24시간 내에 반점, 구진, 수포, 농포, 가피의 순으로 빠르게 진행되며 동시에 여러 모양의 발진이 관찰됨. 수포는 매우 가려움	○	○ 격리 권장	• 모든 피부 병변에 가피가 생길 때까지 • 예방접종을 시행한 사람에게서 수두발병 시 가피가 생기지 않을 수 있으므로 이 경우 24시간 동안 새로운 피부 병변이 생기지 않을 때까지	
인플루엔자	• 38℃ 이상의 갑작스러운 발열, 두통, 근육통, 피로감 등의 전신증상과 기침, 인후통 , 객담 등 호흡기 증상보임	○	x		
수족구병	• 발열, 식욕부진, 인후통 등으로 시작됨 • 일반적으로 열이 나기 시작한 1~2일 후 구강 내 통증성 피부병변이 혀, 잇몸, 뺨의 안쪽에 발생하며, 작고 붉은 반점으로 시작하여 물집이 되고, 종종 궤양으로 발전하기도 함 • 가려움이 없는 피부발진이 주로 손바닥과 발바닥에 나타나며 엉덩이와 외음부에 나타날 수도 있음 • 대개 증상이 경미하여 대부분 의학적 치료 없이 7~10일 안에 회복	x	○ 격리 권장	• 발병 후 1주일까지	• 특별한 예방법은 없으니, 손 씻기를 통해 개인위생을 철저히 하고, 장난감이나 놀이기구 등 청결 유지와 환자와 접촉을 피하는 등 감염 위험을 감소시키기 위한 활동이 중요

출처: 질병관리본부.

〈표 13-6〉 휴원을 요하는 질병

병명	증상	잠복기간	결석기간
디프테리아	미열, 인후염, 기침, 쉰 목소리, 두통, 편도선 비대, 회색반점	2~4일	배양검사가 2회 이상 음성이 나올 때까지
백일해	열은 없고 밤에 기침이 심함	7~14일	특유의 기침이 없어질 때까지 → 발병 약 3~4주 정도
홍역	발열, 재채기, 결막염, 발진	9~13일	발진이 없어질 때까지 → 발진 후 약 5일 정도
유행성 이하선염(볼거리)	발열, 귀밑이 부어오름	7~21일	귀밑 부기가 다 빠질 때까지 → 발진 후 약 5일 정도
풍진	가벼운 감기 같은 증세, 발열, 발진	10~21일	증상이 없어질 때까지 → 대개 발진 후 5일 정도
수두	발열, 발진, 물집이 생김	10~21일	딱지가 떨어질 때까지 → 발진 후 약 7일 정도
수족구병	38℃ 정도의 고열, 1~2일간 입속, 손바닥, 발바닥에 수포생김	3~6일	주요증상이 사라질 때까지
유행성 감기	발열, 기침, 목이 아픔, 뼈마디 아픔	1~3일	주요증상이 사라질 때까지
농가진	얼굴이나 수족에 쌀알 크기부터 대두 크기의 발진 수포 생김	2~5일	염증기가 지나 환부치료, 포대를 하고 부터
유행성 결막염	눈이 붓고 흰자위가 충열, 눈곱이 많음	7일	주요증상이 사라질 때까지
전염성 설사증	설사 횟수가 많고 변이 물 같고 열이 나며 감기증상을 동반함	2~4일	주요증상이 사라질 때까지
간염(A형)	식욕부진, 두통, 열, 황달, 관절통	10~15일	주요증상이 사라질 때까지

※ 이상의 질환은 감염성이 강한 질병으로 각별한 주의가 필요하며, 이상의 질환 이외에 의사의 진단에 의해 감염성이 있다고 판명된 질병은 휴원을 요함

〈어린이 국가예방접종 지원사업 무료접종 대상 백신(17종 2019년 기준)〉

BCG(피내용), B형간염, DTaP(디프테리아/파상풍/백일해), Td(파상풍/디프테리아), Tdap(파상풍/디프테리아/백일해), IPV(폴리오), DTaP-IPV(디프테리아/파상풍/백일해/폴리오), DTaP-IPV/Hib(디프테리아/파상풍/백일해/폴리오/b형헤모필루스인플루엔자), Hib(b형헤모필루스 인플루엔자), 폐렴구균, MMR(홍역/유행성이하선염/풍진), 수두, 일본뇌염(불활성화 백신), 일본뇌염(약독화 생백신), A형간염, HPV(사람유두종바이러스 감염증), IIV(인플루엔자)

출처: 질병관리본부.

감염병을 예방하기 위해서는 다음과 같은 행동을 생활화하여야 한다.

첫째, 평소에도 비누를 사용하여 흐르는 깨끗한 물에 손을 자주 씻어야 한다. 흐르는 물에 비누를 사용하여 손을 씻는 것은 세균이나 먼지를 씻어 내 감염병을 70% 이상 예방할 수 있다. 우리의 손은 일상생활 중 병원성 미생물에 의해 쉽게 오염된다. 배변 후, 음식을 먹기 전, 동물과 접촉하거나 기침을 한 후, 호흡기 분비물에 노출된 후, 눈에 보이게 손이 더러워졌을 때 등 상황에 따라 자주 손을 씻어야 한다.

효과적으로 손을 씻는 방법으로는 물과 비누를 이용하여 흐르는 물에 손을 충분히 적시고 충분한 시간(30초 이상) 동안 비누와 함께 손을 비빈다. 손을 씻을 때는 손목, 손바닥, 손등, 손가락, 손가락 사이 및 손톱 밑까지 철저히 씻어 준다.

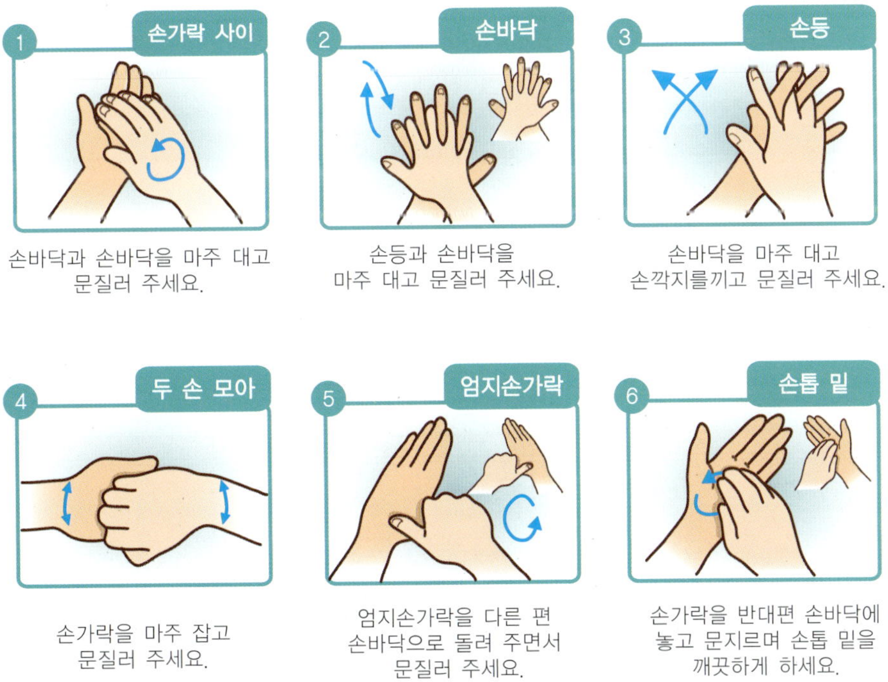

[그림 13-1] 올바른 손씻기 6단계

출처: 질병관리본부.

둘째, 기침, 재채기를 할 경우 코와 입을 휴지나 손수건으로 가리고, 없을 경우에는 소매를 이용해 입을 가리는 등 기침 에티켓을 지킨다. 기침이나 재채기를 할 때에는 침과 함께 수많은 미생물이 배출되는데, 평균 2m에서 최대 6m까지 주변을 오염시킬 수 있으며, 손으로 입을 가린 경우에는 손을 심하게 오염시킬 수 있다. 사용한 휴지는 즉시 휴지통에 버리고 흐르는 물에 비누나 소독제를 사용하여 손을 씻거나 물 없이 사용하는 알코올 제제를 사용하여 손을 닦는다. 기침이 계속된다면 마스크 착용을 권장한다. 마스크를 착용할 때 일회용 마스크는 젖으면 필터링 기능이 떨어지므로 바로 교환하고 재활용하지 않아야 한다.

[그림 13-2] 올바른 기침예절

출처: 보건복지부 · 질병관리본부.

2) 약물중독과 대처방법

영유아에게 나타나는 약물오남용 안전사고는 생활환경에서 쉽게 접할 수 있는 약물과 생활 속 약물로 나뉜다. 생활 속 약물중독이란 가정용 표백제, 부식제, 페인트, 식물성정유, 방향유, 배터리, 합성세제, 에어졸용품, 살충제, 납이 함유된 장난감 등을 일컫는다. 중독 사고를 일으키는 약물은 주로 해열진통제, 감기약, 비타민제 등이며, 성인이 복용하는 치료제 등이다. 약물중독은 의존성, 내성, 금단현상의 특성이 있어 안전에 각별한 주의가 요구된다.

다음은 유독성 물질과 그에 의한 중독 사고를 예방하기 위한 구체적인 방안을 제시하였다.

(1) 약물오남용에 대한 대처방법

- 꼭 필요한 경우에만 복용한다.
- 의사나 약사의 지도를 반드시 지켜 올바르게 사용하는 것을 습관화한다.
- 처방받은 약의 사용법 및 유통기한을 지키고 다른 약과 함께 복용하지 않는다.
- 여러 병원에서 처방전을 받아 약을 타거나 다른 사람의 약을 먹지 않는다.
- 다른 사람에게 약을 나누어 주지 않는다.

(2) 약물사고를 예방하기 위한 대처방법

- 영유아용인지 확인하고 가급적 어린이보호포장으로 되어 있는 것을 구입한다.
- 화학제품과 의약품을 영유아의 손이 닿지 않는 안전한 장소에 보관한다.
- 모든 제품은 원래 담겨 있던 용기와 포장에 보관하고 설명서를 떼어 내지 않는다. 약품의 사용법, 주의사항이 기록되어 있을 수 있다.
- 성인은 영유아가 보는 앞에서 약을 복용하지 않도록 한다.
- 약을 사탕처럼 인식하지 못 하게 한다. 약을 사탕으로 알고 치사량까지 먹을

수 있으며, 단맛으로 코팅된 알약(베이비 아스피린, 비타민 등)을 과잉 복용함으로써 약물중독을 유발하는 요인이 되기도 한다.

- 우유, 주스, 탄산음료 등 다른 음료와 함께 복용하지 않는다.
- 어두운 곳에서 의약품을 투여하지 않는다.
- 약을 먹기 전에 약 봉투나 복약안내문에 기록된 약 이름과 용량 등을 확인한 후, 동봉된 계량스푼이나 컵을 사용한다.
- 일반 의약품을 먹이게 되는 경우, 성인 복용량을 짐작하여 영유아에게 적은 양을 투약하면 부작용이 일어날 수 있다. 따라서 의사의 정확한 진단 후에 처방된 약을 먹인다.
- 교사는 부모에게 투약의뢰를 받은 경우에만 약을 먹인다.
- 독극물 표시를 알아 둔다.
- 영유아가 약물이나 독극물을 섭취했을 때는 빨리 응급환자구조센터(119)로 연락할 수 있도록 관련 기관의 전화번호를 비치한다. 집 안에 구토제를 상비하되 반드시 전문가의 지시에 따라 사용한다. 담배, 약, 술, 세제, 화장수, 나프탈렌 등은 토하게 하고, 석유, 농약, 벤젠은 신속하게 위세척을 받는다(한국산업안전공단, 2003).

병원에서 받은 약 올바르게 보관하세요!

1. 직사광선을 피하고 습기가 없는 그늘진 곳에 보관한다.
2. 제약회사, 약국의 원래 포장 그대로 보관한다.
3. 가루약은 환자 본인만 빨리 먹어야 한다(2주 이내).
4. 시럽은 실온보관하며, 냉장보관은 침전물이 생겨 약 효과가 떨어진다.
5. 연고, 안약, 좌약의 사용기한은 2년이지만, 개봉하면 6개월로 줄어든다. 안약, 귀약의 입구 부분을 알코올로 닦으면 변질을 막을 수 있다. 좌약은 개봉 후 한 달 정도 지나면 버린다.

출처: kidkids.net

(3) 어린이보호포장

어린이보호포장이란 성인이 개봉하기는 어렵지 않지만 만 5세 미만 영유아가 일정 시간 내에 내용물을 꺼내기 어렵게 설계 · 고안된 포장(용기 포함)을 말한다.

어린이보호포장 대상 생활용품은 영유아 등 소비자가 마시거나 흡입하는 경우 중독 등의 위해가 우려되는 공산품으로 광택제나 방향제, 부동액, 세정제, 자동차 워셔액, 접착제 등이 해당된다.

어린이보호포장 대상 공산품의 제조, 수입, 판매업자는 영유아가 내용물을 꺼내기 어렵게 어린이보호포장을 사용해야 하고 어린이 보호포장표시를 제품에 표시하도록 규정하고 있다. 이를 위반하여 어린이 보호포장을 하지 않은 자는 1년 이하의 징역 또는 1천만 원 이하의 벌금형을 받게 된다.

[그림 13-3] 어린이보호포징

3) 생활 속 약물중독과 대처방법

(1) 가정용 표백제, 합성세제, 부식제

영유아의 중독을 유발하는 가정용 표백제, 합성세제, 부식제는 우리 생활 속에 그대로 방치되어 있는 경우가 많아 성인의 절대적인 주의와 예방이 필요하다. 5세 이하 중독사고의 60%는 화장품, 청소용품, 제조품, 장난감, 살충제, 미술 재료, 알코올과 같은 비의약품에 의해 발생한다.

- 가정용 표백제: 가정용 표백제에는 5%의 유해성분이 포함되어 있어 점막 자극을 일으킬 수 있다. 따라서 과립 형태로 된 제품을 사용하여 중독을 최소화한다.
- 합성세제: 독성은 낮지만 토하거나 많은 양을 먹었을 때 비눗물이 기도로 들어갈 위험이 있다. 세제의 색은 음료의 색과 유사한 것이 있어 아무 의심 없이 마시는 경우가 있으므로 식품용기로 사용했던 병이나 용기 속에 세제를 담지 않

으며, 세제나 약품은 잠금장치가 있는 장 속에 보관한다. 특히, 캡슐형 세제(고농축 세제)는 젤리나 장난감으로 오인할 수 있어 어린이 삼킴사고에 노출되기 쉬우므로 보관에 각별한 주의가 필요하다. 캡슐형 세제를 삼켰을 경우 억지로 토하게 하면 기도 흡인 등의 심각한 문제를 야기할 수 있으므로 최대한 빨리 병원으로 간다. 입과 얼굴을 철저히 헹구고 병원 응급실로 가서 언제, 어떤 종류의 세제에 얼마만큼 노출되었는지 의사에게 말한다. 구강 내에 눈에 보이는 상처가 없더라도 식도 손상과 같은 부상을 입었을 가능성이 있으므로 의사의 상담을 받아야 한다. 제품이 눈에 들어갔다면 즉시 눈을 최소 15분간 물로 헹구고 병원에 간다.

- 부식제: 오븐이나 식기 세척제 등은 피부에 심한 화상을 일으키며, 먹었을 경우에는 위장에 화상을 일으킬 수 있으므로 즉시 깨끗하게 씻어내고 의사의 진찰을 받아야 한다.

(2) 식물성정유, 방향유, 배터리, 일산화탄소, 에어졸용품이나 살충제

영유아는 체구가 작고 대사 작용이 빠르게 일어나며, 신체적으로 독성화학물질의 위험성을 모르기 때문에 화학제품이 체내로 들어가게 되면 성인보다 안전사고의 위험이 크다.

- 탈취제, 방향제: 꽃봉오리를 말린 향유, 유칼리나무, 또는 차나무와 같은 식물성 정유를 먹었을 때 손상을 일으킬 수 있다.
- 배터리: 장난감이나 사진기, 시계, 계산기 등에 사용되는 단추 모양의 배터리는 모양이 작고 동그랗기 때문에 삼킴 사고가 종종 일어난다. 이러한 것은 부식효과를 나타낼 수도 있고 때로는 수은염을 함유하고 있어 독성을 일으킬 수 있다. 또한, 전지를 삼키면 식도에 걸려 화상을 입거나, 협착 · 천공을 일으키며, 위에 들어갈 경우 심각한 위장 손상을 야기할 수 있다. 따라서 배설될 때까지 기다리지 말고 빨리 병원으로 데리고 간다.

- 일산화탄소: 무색, 무취의 유독성 가스로 화석 연료가 불완전 연소할 때 발생한다. 일산화탄소는 공기보다 무거워 연탄을 사용하는 난방기구가 있을 때에는 반드시 방이나 문틈 등으로 가스가 들어오는 곳이 있는지 점검한다. 또한, 자동차의 엔진을 켜둔 채 장시간 대기하면 일산화탄소가 증가되어 위험하므로 자동차의 시동을 걸어둔 채 방치하지 않는다.
- 에어졸용품이나 살충제: 에어졸용품의 무분별한 사용은 현기증이나, 구토, 피부 자극, 두통, 시각장애, 호흡곤란 등과 같은 문제를 일으킬 수 있다. 따라서 이러한 용품을 사용한 후에는 반드시 환기를 시키도록 한다.

만 2세 안전사고 사례

- 김 양(만 1세, 여)은 고체형 변기 세정제를 사탕으로 오인하여 빨아먹은 후 목 · 등 · 허벅지에 선신 누드러기가 발생함.
- 이 양(만 1세, 여)이 캡슐형 세제를 가지고 놀다 삼킨 후 구토가 반복 발생함.

출처: 한국소비자원(2017).

4) 환경 속 약물중독과 대처방법

(1) 납중독

납이 들어 있는 페인트를 칠한 벽이나 천장의 갈라진 부분을 막거나, 납이 들어 있는 페인트를 열처리할 때 발생하는 유해물을 들이킴으로써 납의 흡수가 일어날 수 있다.

납중독의 혈중농도 기준은 $10\mu g/dl$이며, 납은 환경에 널리 분포되어 주의를 기울이지 않으면 중독되기 쉽다. 납은 페인트에 가장 많이 함유되어 있고 장난감의 색소, 크레파스 등에도 함유되어 있다. 자동차 연료에도 납이 있기 때문에 키가 작은 영유아는 성인에 비해 자동차 배기가스가 많은 땅 쪽의 공기를 더 흡입하게 된다. 더욱이 영유아는 성인에 비해 납의 흡수율이 3~5배에 달한다.

납중독 예방을 위한 주의사항

- 납 성분이 없는 놀잇감을 선택한다.
- 정기적으로 수질을 검사한다.
- 칼슘과 철분이 풍부한 식품을 많이 먹게 한다.
- 페인트칠이 오래된 건물이나 교통체증이 심한 차도 근처에서는 놀지 않는다.
- 음식을 깡통에 넣은 채 가열하지 않는다.
- 통조림 식품은 반드시 유리나 플라스틱 용기에 옮겨 담는다.

(2) 니코틴중독

니코틴은 필로폰, 헤로인 등의 마약만큼이나 강력한 습관성 중독을 일으키는 약물이다. 담배를 끊을 수 없게 만드는 이유가 바로 니코틴의 중독성 때문이다. 니코틴은 히로인이나 코카인처럼 두뇌 작용을 변화시켜 더 많은 니코틴을 원하게 하는 강력한 중독성 물질로서 신체적 · 정신적으로 담배 중독의 원인이 된다. 니코틴은 흡입 후 7초 만에 뇌에 도달되며, 신경전달물질 분비, 흥분, 진정 효과를 낸다. 니코틴이 인체에 미치는 영향은 매우 광범위하게 나타나는데 신경을 흥분시키기도 하고 억제시키기도 한다.

임산부의 경우 직접흡연은 물론 간접흡연도 주의해야 한다. 임산부가 들이마신 담배 연기의 니코틴이 혈액에 흡수되어 태반을 통해 태아에게 전달된다. 임신 중 흡연은 저체중, 조산, 영양장애 등의 문제를 일으킬 수 있다. 또한, 니코틴중독은 설사, 복통, 영양물 섭취장애, 수면장애, 천식, 호흡기 알레르기, 기관지염, 중이염, 두통을 일으킬 수 있으므로 되도록 쾌적한 환경을 조성해야 한다.

안전돋보기

우리 집 약물안전 점수는?
가정에서 약물안전수칙을 잘 지키고 있는지 알아보아요.

점검내용	예	아니오
1. 의약품 등을 영유아의 손이 닿지 않는 곳에 둔다.		
2. 보관용기에는 처음 들어 있던 약품만 넣어 보관한다.		
3. 구급상자를 영유아가 손이 닿지 않는 곳에 준비해 두었다.		
4. 비슷한 증상이라도 다른 자녀의 약을 먹이지 않는다.		
5. 복잡한 증상의 경우에도 여러 가지 약을 한 번에 먹이지 않는다.		
6. 병을 예방하기 위해 약을 복용하지 않는다.		
7. 물 대신 우유나 주스와 함께 약을 먹이지 않는다.		
8. 알약을 부수어 먹이지 않는다.		
9. 약 복용 전 사용설명서를 꼭 읽는다.		
10. 좋은 약이라도 많이 먹지 않고 정해진 양만 먹는다.		

* 10개: 안전해요. 그렇지만 방심하시면 안 돼요.
6~9개: 안전에 더 신경 써 주세요.
5~0개: 위험해요! 약물안전수칙을 잘 지켜 주세요.

4 감염병 및 약물오남용 예방 등 보건위생관리교육의 실제

1) 감염병 및 약물오남용 예방 등 보건위생관리교육 주제별 통합망

약물 오남용 안전

이야기 나누기

- 약에 대한 경험 이야기 나누기
- 약 생각 모으기
- 전문가 초대하기
- 약이란 무엇일까?
- 약물은 좋은 것? 나쁜 것?
- 약을 올바르게 먹는 방법
- 약은 정해진 규칙대로 먹어요

언어

- 금연편지 쓰기
- 올바른 약 사용 동시 짓기
- 약물오남용 삼행시
- 동생반에게 올바른 약 사용법 소개하기
- 약의 종류 쓰기
- 약 보관법 알아보기

수 · 조작

- 위험한 약물 찾기
- 가정용 화학제품 구별하기
- 약 개수 세어 보기
- 여러 종류 약 패턴 알고 분류하기
- 먹을 수 있는 약과 먹을 수 없는 약 비교하기
- 먹어도 되는 것, 만져도 되는 것, 위험한 것 분류하기

신체 / 음률

- '몸에 해로운 약물이 들어 있는 음료수'의 신체표현
- 배가 아플 때, 머리가 아플 때 신체표현
- 「먹으면 안 돼요」, 「배가 아파요」 부르기
- '또 그러면 안 돼' 개사
- 노래에 맞춰 악기 연주하기

미술

- 약 봉투 디자인하기
- 영유아 보호 포장마크 그리기
- 약국놀이에 필요한 물건 만들기
- 약 모빌 만들기
- 약국놀이 무대 꾸미기
- 홍보자료 만들기

역할 / 쌓기

- '아무 약이나 먹지 마세요' 동극하기
- 약국 역할 놀이
- 병원 만들기
- 약국 꾸미기

게임

- 약 전달하기
- 올바른 약 사용법(○, × 퀴즈)
- 약 처방전 카드에 맞는 약 가져오기
- 약 종류 기억력 게임

실외 / 견학

- 우리 동네 약국 견학
- 병원 내 약국 견학
- 보건소 견학

2) 표어 및 포스터

3) 동요 및 개사

우리 모두 다 같이 손뼉을

작자 미상

4) 가로세로 낱말풀이

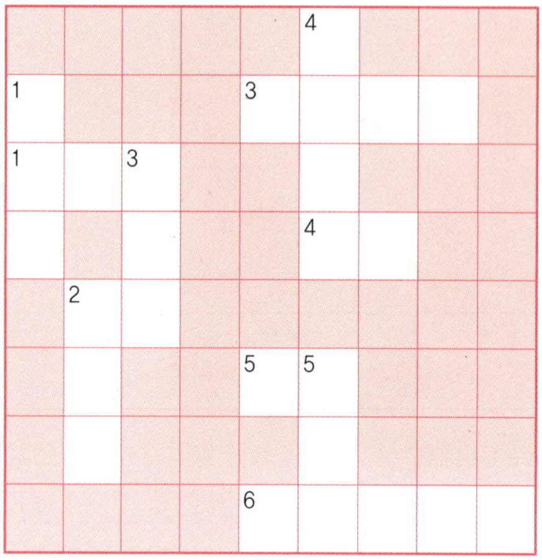

					응			
소				구	급	상	자	
화	장	지			처			
제		사			치	과		
	세	제						
	정			음	독			
	제				극			
				약	물	오	남	용

〈가로열쇠〉

1. 화장실에서 쓰거나 더러운 것을 닦는 등 위생용으로 쓰는 얇은 종이
2. 때를 제거하여 깨끗하게 하는 데 쓰이는 물질
3. 급한 상황에 놓인 환자를 치료할 만한 약을 넣어 두는 상자
4. 이가 아프거나 상했을 때 치료하는 병원
5. 몸을 상하게 하는 독극물을 먹은 것
6. 의사나 약사의 처방이 없이 약을 사용하거나 지시사항을 무시하고 먹는 것

〈세로열쇠〉

1. 음식을 잘 소화할 수 있도록 돕는 약
2. 물에 타서 물체의 표면에 붙은 불순물 따위를 씻어 내는 데 쓰는 물질
3. 설사가 났을 때 배탈이 멈추도록 먹는 약
4. 갑자기 다치거나 몸이 아플 때 빨리 급한 부위를 치료하는 것
5. 약사법으로 규정된 몸을 상하게 하는 물질

5) 오행시

약 : 약국에서 받아 온 내복약은

물 : 물과 함께 식사를 마친 30분 후에

오 : 오직 교사나 부모(성인)가 복용하도록 돕고

남 : 남은 약은 보관방법에 따라 관리하여

용 : 용도에 따라 투약과 관리를 합시다.

6) 동화를 활용한 통합망

중심 주제: 마법의 약이라고요?

이야기 나누기
1. 약물오남용에 대해 이야기 나누기
2. '약은 증상에 맞게 먹어요'에 대한 경험 이야기하기

미술
1. 숲속의 동물 그려 보기
2. 염소마법사의 마법의 약 그려 보기

요리
1. 오렌지를 이용하여 마법의 약 만들기
2. 하마가 원하는 마법의 약 만들기(사슴처럼 날씬해지는 약)

신체 / 음률
1. 동요를 개사해서 율동하며 부르기
2. 「마법의 약」 음악에 맞춰 몸으로 표현하기

언어
1. 「마법의 약이라고요?」와 관련된 동화 읽기
2. 숲속의 동물나라 친구가 원한 마법의 약에 대해 말하기

역할
1. 염소마법사가 되어 보기
2. 원숭이가 되어서 힘이 세지고 멋진 모습 보여 주기

견학 / 게임
1. 숲속나라 동물친구의 집 견학하기
2. 원숭이, 하마, 올빼미가 원했던 마법의 약에 대해 맞추기(O, X)

쌓기
1. 마법의 약상자 만들기
2. 마법의 약상자로 약국 쌓아 보기

과학
1. 동물친구들이 원한 마법의 약 탐색하기
2. 다양한 종류의 마법의 약 그림 맞추기

수 · 조작
1. 숲속나라 친구는 누구누구일까요?
2. '마법의 약은 몇 가지가 있을까요?

7) 교재교구 계획안

<table>
<tr><td>활동명</td><td>몸에 좋은 약과 해로운 약</td><td>연령</td><td>만 5세</td></tr>
<tr><td>누리과정
관련요소</td><td colspan="3">신체운동 · 건강 / 건강하게 생활하기 / 건강한 일상생활하기</td></tr>
<tr><td>활동목표</td><td colspan="3">• 약의 좋은 점과 해로운 점을 알 수 있다.
• 올바른 약 복용법에 대해 알 수 있다.</td></tr>
<tr><td>활동자료</td><td colspan="3">약물오남용 O, ×판, 약물그림카드, 투약봉투</td></tr>
<tr><td>활동방법</td><td colspan="3">• 일상생활에서 자주 먹는 약에 대해 이야기를 나눈다.
– 약의 종류와 투약 경험을 이야기한다.

• 만약 혼자서 약을 먹으려면?
– 부모나 교사가 없을 때 약을 어떻게 먹는 것이 좋은지 이야기한다.
– 부모님이 오실 때까지 기다린다.
– 주위의 어른에게 용법대로 먹여 줄 것을 부탁한다.

• 안전하게 약을 먹을 수 있는 방법에 대해 알아본다.
– 의사와 약사의 지시대로 약을 먹는다.
– 정해진 시간에 정해진 용량을 먹는다.
– 반드시 물과 함께 먹는다.
– 다른 약과 함께 섞어 먹지 않는다.
– 오래된 약은 먹지 않는다.
– 친구의 약을 먹지 않는다.
– 복용방법을 반드시 확인한다.

• 정해진 용법과 용량대로 먹지 않고 마음대로 먹었을 때 어떤 일이 발생하는지 예측해 본다.

* 안전하게 먹을 수 있는 방법, 즉 부모님이나 교사 앞에서 정해진 용법, 용량대로 먹어야 한다는 것을 확인한다.</td></tr>
<tr><td>사진</td><td colspan="3">
</td></tr>
</table>

Chapter 14

미디어 안전교육

본 장에서는 미디어 안전사고의 개념 및 유형에 따른 안전교육의 내용을 살펴보고 영유아 보육 · 교육기관에서 실시할 수 있는 미디어 안전교육 내용을 살펴보고자 한다.

바다반 친구들에게

우리 바다반 친구들이 기다리던 휴일이 되었구나! 지금 혹시 컴퓨터나 TV를 오랫동안 보고 있는 건 아니지? 지난 시간에 우리 함께 스마트폰이나 TV를 오래 보면 눈이 아프고 건강하게 뛰어놀 시간이 적어질 수 있어 몸이 약해질 수 있다는 이야기를 나누었던 것 기억나지? 우리 바다반 친구들이 선생님과 한 약속을 지키며 앞으로도 쭈~욱 미디어를 안전하게 사용해서 건강한 눈, 튼튼한 몸과 마음을 가진 멋진 친구들이 되길 바랄게.

월요일에 만나 엄마, 아빠랑 주말에 무엇을 하고 지냈는지 이야기해 주렴.

-휴일에도 너희가 보고 싶은 선생님이-

현대는 다양한 모바일이 범람하는 뉴미디어 시대이다. 뉴미디어의 발달은 영유아의 놀이문화에 급격한 변화의 원인으로 지적되면서 전자 매체와 더불어 지내는 시간이 많아짐에 따라 영유아의 성장 발달에 직·간접적인 영향을 주고 있다. 더구나 그 사용 대상이 점차 하향 추세를 보이면서 영아에게 노출되는 시간이 점점 늘어나 더 이상 간과할 수 없는 상황에 이르렀다. 이와 같은 영유아의 무분별한 미디어 사용은 부적응 행동과 정서적 불안을 야기해 외상 후 장애와 같은 심각한 상태에 빠질 수 있으므로 미디어의 올바른 사용법과 필요성이 강조된다.

본 장에서는 이러한 현실적 상황을 고려하여 미디어의 기본 개념과 TV와 비디오, 인터넷 환경이 영유아에게 미치는 영향에 대해 살펴보고, 미디어 사용 실태와 교육적인 활용방법 등을 모색하였다.

1 미디어 안전교육의 개념 및 필요성

1) 미디어 안전교육의 개념

미디어란 정보를 축적할 수 있는 매체 또는 정보를 전송하는 역할을 하는 것으로 기존의 미디어에 상대하여 등장한 새로운 정보 교환 및 통신 수단을 포함한다. 미디어의 확산은 산업화·도시화·근대화로 인해 사회 환경이 확대됨에 따라 정보량의 증가와 더불어 신속한 정보 입수를 위해 빠르게 흡수되고 있는 실정이다. 이러한 미디어 환경 변화는 영유아에게도 절대적인 영향력을 주기 때문에 전인적 발달을 도울 수 있는 긍정적인 미디어 활용방안이 논의되고 있다.

미디어안전이란 우리가 일상생활에서 사용하는 TV, 비디오, 게임기, 컴퓨터, 스마트폰 등의 유해성을 알리고 올바른 이용습관을 형성하기 위한 예방적인 측면을 말한다.

미디어 안전교육은 영유아의 미디어로 인한 유해성을 최소화하며, 영유아에게 미칠 수 있는 역기능적 요소로부터 자신을 보호하고 미디어의 긍정적인 요소를 효과적으로 사용 · 관리할 수 있도록 하여 긍정적인 미디어 활용능력과 태도를 기르는 데 목적을 둔다.

2) 미디어 안전교육의 필요성

우리나라는 OECD 국가 중 가장 높은 인터넷 보급률을 자랑하고 있고, 이로 인해 영유아가 인터넷에 쉽게 노출됨에 따라 미디어 사용이 월등하게 높은 수치를 보인다. 심지어 놀잇감의 일부분으로 받아들여져 전자 매체와 놀이하며 지내는 시간이 현저하게 많은 것으로 나타나 큰 충격을 주고 있다. 이 같은 현상은 전자 매체를 무분별하게 받아들이는 성인의 태도에서 기인할 수 있다.

영유아의 놀이 문화는 20~30년 전과 비교할 때 빠르게 변화하고 있으며, 특히 미디어 환경의 변화는 영유아에게 절대적인 영향력을 행사하고 영유아의 일상생활과 영유아교육 현장에서 긍정적인 놀이로 급부상하고 있다.

영유아의 미디어 사용의 긍정적 효과를 살펴보면 즐거운 놀이와 풍부한 경험을 제공하며, 재미와 경쟁, 그리고 여분의 에너지 소모나 교제 등의 놀이문화를 형성하게 하는 것이다(한미경 · 황해익, 2003). 또한, 영유아에게 신체, 인지, 사회 · 정서발달에 많은 영향을 미치며, 구체적인 영향으로는 손과 눈의 협응력, 조작능력, 공간이해력 향상, 상상력과 창의적 사고, 언어발달, 수학적 능력, 사회적 기술, 자존감 증진, 또래와의 상호작용 등을 들 수 있다.

영유아의 스마트폰 의존도가 최근 3년간 가장 큰 폭으로 증가되어 인터넷 중독 가능성이 우려됨에 따라 과학기술정보통신부는 인터넷 중독 예방교육 의무교육 대상을 종전 유치원에서 어린이집까지 확대하여 교육 대상 연령을 5세 미만으로 정하였다.

최근 들어 어린 나이에 스마트폰을 접하면서 미디어 과의존 현상이 심각하게 나타내고 있다. 영유아가 이른 시기에 스마트폰에 노출되면 스마트폰 중독위험의 한

요인이 되고, 이는 발달 과정에서 지속적으로 나타나 아동 · 청소년기에 해결방안을 찾기 어려워진다. 유아는 행동조절력이 완전히 발달하지 않아서 성인에 비해 조절이 어렵기 때문에 과의존으로 가기 쉽다. 영유아기 스마트폰 중독은 반복성 스트레스 손상 증후군(Repetitive Strain Injury), 컴퓨터 단말기 증후군(Video Display Terminal Syndrom), 척추측만증, 공격성, 폭력성, 충동성이 증가하고 자기조절력 상실, 또래관계, 부모자녀관계, 학습 적응 등(강정원 · 김승옥 · 홍기묵, 2011)의 역기능적인 현상을 나타낸다.

영유아기 특성상 전인적인 발달을 지향해야 하는 매우 중요한 시기임을 감안할 때, 무분별한 미디어 노출은 아직 성장기에 있는 영유아가 현실과 가상 공간에 대한 불명확한 구분, 게임이나 인터넷 중독 현상 등 부정적인 영향을 받을 수 있다는 점에서 우려의 목소리가 크다(한국인터넷진흥원, 2010). 특히, 만 2세 이전에는 미디어 노출을 자제하는 것이 절대적으로 필요함에 따라 3~5세 연령별 누리과정에서는 인터넷 · 미디어 중독 예방교육에 관련된 내용이 추가로 반영되어 영유아의 올바른 미디어 이용과 정보윤리교육을 통해 기본생활교육이 이루어지고 있다.

외국의 경우 유아의 스마트폰 과의존을 막기 위한 강력한 규제와 권고안이 나오고 있다. 대만에서는 2세 이하 영아의 디지털 기기 사용을 금지했고, 2~18세 유아동과 청소년이 과몰입하면 부모 등 보호자에게 약 175만 원의 벌금을 부과하고 있다. 캐나다에서는 각 연령에 따른 미디어 노출 시간에 가이드라인을 제공하고, 0~2세 영아에게는 모든 영상물 기기 노출을 금지하였다. 미국 소아과학회에서는 2016년에 18개월 미만 아이에게 디지털 기기 사용을 금지하고, 19~60개월 영유아는 하루 30분에서 1시간 이내의 사용을 권고했다. 일본 소아과의사회는 2017년 12월부터 스마트폰을 과하게 사용하지 않도록 보호자에게 주의를 요하는 계몽활동을 실시하였다. 프랑스는 2018년 8월부터 3~15세 학생들에게 학교에서 스마트폰과 태블릿 PC 등 인터넷이 연결되는 기기 사용을 금지하고 있다.

2 미디어 안전의 유형 및 실태

과학기술정보통신부와 한국정보화진흥원(NIA)의 '2017년 스마트폰 과의존 실태조사' 결과에 따르면 유아동(만 3~9세) 중 스마트폰 과의존 위험군은 19.1%로 전년보다 1.2%포인트 상승했다. 이는 유아동 5명 중 1명이 위험군이라는 것을 의미한다.

유아동의 스마트폰 사용은 주로 교육과 학습, 게임으로 치중되어 있으며, 과의존 위험요인별 속성을 보면 조절실패 2.60%, 현저성 3.01%, 문제적 결과 2.85%로 나타났다.

- 과의존: 과도한 스마트폰 이용으로 스마트폰에 대한 현저성이 증가하고, 이용 조절력이 감소하여 문제적 결과를 경험하는 상태
- 조절실패: 이용자의 주관적 목표 대비 스마트폰 이용에 대한 자율적 조절능력이 떨어지는 것
- 현저성: 개인의 삶에서 스마트폰을 이용하는 생활패턴이 다른 행태보다 두드러지고 가장 중요한 활동이 되는 것
- 문제적 결과: 스마트폰 이용으로 인해 신체적 · 심리적 · 사회적으로 부정적인 결과를 경험함에도 불구하고 스마트폰을 지속적으로 이용하는 것

또한, 부모가 과의존 위험군일 경우 자녀가 위험군일 확률이 25.4%로 일반군 20.2%보다 높은 것으로 나타나 부모의 스마트폰 사용 정도가 매우 밀접한 영향을 미치는 것으로 보았다.

3 미디어 안전교육의 내용 및 방법

1) 미디어 안전교육 내용

교육인적자원부(2007)에서는 영유아의 기본생활습관이 형성되는 데 적합한 미디어 교육내용을 다음과 같이 소개하였다.

(1) 미디어의 기능과 역할을 인식한다.

- 일상생활에서 활용되는 다양한 미디어의 종류 인식하기
- 미디어의 색, 모양, 구조, 기호 등 미디어를 구성하고 있는 외부적 요소 탐색하기
- 미디어 요소의 기능과 역할에 대한 탐색과 경험하기

(2) 미디어의 사용법을 익힌다.

- 일상생활에서 미디어의 필요성을 인식하고 사용법 학습에 대한 동기 유발하기
- 미디어의 각 기능에 대한 반복적 · 직접적 경험을 통한 기술 익히기
- 능동적인 미디어 활용을 준비하는 자유로운 사용능력 습득하기

(3) 미디어를 통해 정보를 활용한다.

- 일상생활에서 미디어 활용의 장점 탐색하기
- 다양한 활동을 통해 정보수집, 정보와 경험의 공유, 타인과 관계 맺기 등과 같은 미디어의 긍정적 활용방법 직접 경험하기
- 미디어와 일상생활과의 상호교류 활동과제 수행을 통한 상승효과 경험하기

(4) 미디어에 대한 자기 조절력을 형성한다.

- 미디어를 통해 경험하는 정보의 적절한 선택 능력 형성하기
- 문제 상황과 관련된 스스로의 행동에 대한 결과와 원인분석을 통해 문제 상황에 대한 대처능력 형성하기
- 일상생활의 현실과 미디어의 세상을 분리하여 즐기는 태도 형성하기

(5) 미디어와 관련된 윤리의식을 기른다.

- 일상생활에서 미디어 사용의 과오에 의해 발생하는 문제 인식하기
- 나-미디어, 타인-미디어, 나-타인의 올바른 관계 맺기를 위한 방법 모색하기
- 미디어에 대한 자기 조절력과 자신감을 바탕으로 하는 윤리의식 내면화하기

2) 미디어 증후군

미디어는 우리 생활을 편리하게 해 주는 역할을 하지만 그 부작용 역시 만만치 않다. 특히, 영유아의 경우 그 부작용이 발달에 영향을 미치게 되어 심각성이 더욱 크다.

(1) 거북목 증후군

오랫동안 컴퓨터 모니터를 내려다보면 목 뒤가 찌릿찌릿해지면서 목뼈가 휘고, 목이 거북이처럼 앞으로 쭉 빠져 구부러지는 증상으로 두통이나 목 디스크로 발전할 수 있다.

(2) 손목 터널

손목 터널(인대와 손목의 뼈를 둘러싸고 있는 인대) 안에 있는 신경이 눌려 엄지부터 네 번째 손가락 반까지 감각에 이상이 생기며 저리고 아픈 증상이다.

(3) 영유아 스마트폰 증후군(Toddler Smartphone Syndrome)

6세 미만의 영유아가 스마트폰의 동영상, 게임 등 일방적이고 반복적인 자극에 장시간 노출되어, 우뇌가 발달해야 하는 직관적 사고기에 좌뇌가 과도하게 발달하여 좌뇌와 우뇌의 뇌 균형이 깨지는 것을 말한다. 우뇌가 발달할 시기에 좌뇌가 발달하게 되면 뇌의 불균형을 가져와 초기에는 주의가 산만하거나, 한 가지 행동이나 물건에 집착하는 행동, 또래보다 말이 늦는 등의 증상으로 나타나지만, 계속 진행될 경우 ADHD(주의력결핍 과잉행동장애), 틱장애, 발달장애 등으로 이어질 수 있다.

(4) 스마트폰 블루라이트

밤에 잘 시간에 스마트폰을 사용하는 것은 뇌에 태양을 들이대는 것과 같은데 스마트폰의 불빛인 블루라이트는 수면유도 호르몬(멜라토닌) 분비를 억제하여 수면장애를 유발한다.

(5) 팝콘브레인(Popcorn Brain)

현실에 무감각해지고 주의력이 크게 떨어져 팝콘처럼 강한 자극에만 반응을 한다. 스마트폰의 게임 · 동영상을 자주 보는 바람에 빠르고 강한 정보에는 익숙하고 현실 세계의 느리고 약한 자극에는 반응을 하지 않는 뇌를 말한다.

(6) 안구건조증

컴퓨터 모니터를 집중하여 오래 보는 경우 눈을 깜빡이는 횟수가 줄어들어 눈이 건조해지거나 지방층이나 수성층이 너무 많이 증발하여 안구건조증이 생긴다.

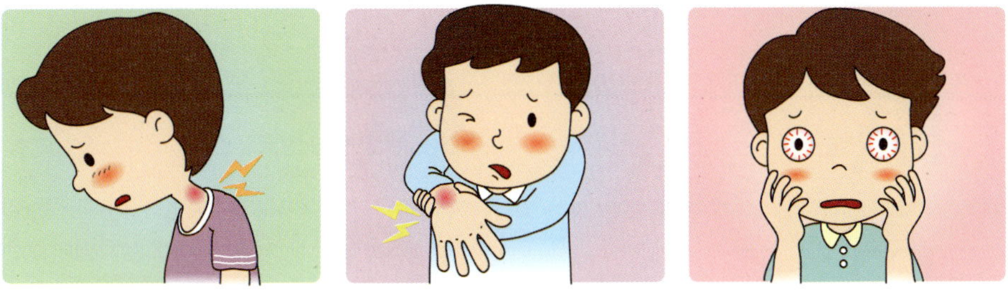

거북목 증후군 손목 터널 안구건조증

[그림 14-1] 미디어 증후군

출처: 교육인적자원부(2007). 유아를 위한 전자미디어교육 활동 자료.

(7) 안구체조

눈을 감고, 손바닥으로 지그시 누른다. 1~2분간 지속한다. 눈을 크게 떴다 감았다를 1~2회 반복한다. 눈동자를 상하좌우로 움직인다.

[그림 14-2] 안구체조

출처: 교육인적자원부(2007). 유아를 위한 전자미디어교육 활동 자료.

(8) 스트레칭 체조

등을 곧바로 세우고 목을 뒤로 쭉 젖혀서 좌우로 크게 천천히 돌린다.

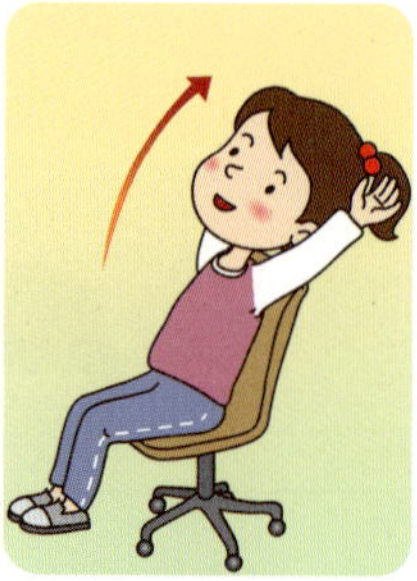

양팔을 뒤로 뻗고 가슴을 펴고 턱을 뒤로 젖히며 손끝을 뻗는다.

손과 팔의 힘을 빼고 흔든다.

팔꿈치를 가볍게 구부린 채 어깨를 부드럽게 돌린다.

가볍게 양쪽 다리를 모아올리고, 발목을 뻗어서 돌리거나 움직인다.

책상을 양손으로 잡고 가슴과 턱을 쭉 내민다.

[그림 14-3] 스트레칭 체조

출처: 교육인적자원부(2007). 유아를 위한 전자미디어교육 활동 자료.

3) TV와 비디오 안전

(1) TV 시청 시 바른 자세

- 거실 환경을 적절하게 바꾸며, 일상적인 조명 아래에서 시청한다.
- 장시간 시청하지 않으며, 화면에서 적당한 거리를 유지한다.

- 눈높이는 15도 정도 내려 보며, 좌우 시청 각도는 60~90도 이내가 되도록 한다.
- 대화나 식사시간에는 TV 시청을 자제한다.

(2) TV 사용 안전수칙

- TV 시청 시 부모나 교사가 영유아와 대화를 하면서 유대감을 형성한다.
- TV를 항상 켜 놓지 않고 정해진 시간 외에는 끈다.
- 학습에 도움을 주는 프로그램은 적극적으로 시청하도록 한다.
- 눕거나 기대는 등 바람직하지 않은 자세로 시청하지 않는다.
- 유아에게 리모컨을 주지 말고 항상 부모나 교사가 가지고 있어야 한다.
- 방송에 나오는 은어나 속어를 쓰지 않도록 주의를 준다.
- 부모나 교사 자신이 좋은 모델이 된다.
- 미디어를 금하는 날을 제정한다.

4) 컴퓨터와 인터넷 안전

영유아를 대상으로 컴퓨터와 인터넷 안전 의식(김승옥, 2008)을 살펴보면 첫째, 네티켓은 자신과 타인에 대한 존중을 의미한다. 둘째, 책임은 정보 이용자로서 자신의 인터넷 사용에 대한 책임을 지는 것을 의미한다. 셋째, 과몰입은 불건전한 인터넷 사용에 대한 자기 통제를 말하는 것으로 과몰입에 대한 자기조절능력을 말한다.

(1) 컴퓨터 사용 시 바른 자세

- 허리를 펴서 의자에 붙이고 발을 가지런히 모으고 바른 자세로 앉는다.
- 손을 키보드 위에 올려놓은 후, 모니터는 눈과 40~50cm 이상 거리를 둔다.
- 컴퓨터를 사용한 후에는 반드시 컴퓨터 건강 체조를 실시한다.

(2) 컴퓨터 사용 안전수칙

- 공동 장소에 컴퓨터 놓기: 컴퓨터를 영유아 방에 따로 두지 말고 거실 등 가족이 함께 사용하는 공간에 설치해 놓아 영유아 스스로 일방적인 접속을 하지 못하도록 한다.
- 영유아의 신체적 조건 고려하기: 짧은 시간을 이용하더라도 영유아의 신체 조건에 맞는 컴퓨터 책상과 의자, 아동용 마우스, 눈을 보호하기 위한 보안경 등을 갖추는 것이 좋다.
- 영유아 혼자 컴퓨터를 사용하지 못하게 하기: 컴퓨터를 혼자 사용하는 것보다 좋은 프로그램을 가족 모두가 함께 참여하고 대화를 이끌어 낼 수 있는 소재로 활용하는 것이 좋다.
- 대화를 통해 컴퓨터 사용을 제한하는 이유 설명하기: 오랜 시간 컴퓨터를 한다고 혼내거나 강제적으로 규제하는 것은 영유아의 반발심만 키우게 되므로 자연스러운 대화를 통해 컴퓨터를 통해 무엇을 하는지 이해하려는 태도와 이를 제한하는 이유를 설명해 주는 것이 좋다.
- 영유아 스스로 컴퓨터 사용 요일을 정하고 지키게 하기: 지시보다는 서로 간의 대화와 합의를 통해 컴퓨터 사용 시간 또는 요일을 정하는 것이 바람직하다. 또래 형제가 있다면 각자 사용 시간을 스스로 정하게 하고, 서로 약속을 지키게 하는 것이 좋다.
- 사용 시간 확인하기: 영유아기의 학습에 대한 집중력은 약 30분 정도이므로 그 이상은 계속하지 않도록 하는 것이 좋다. 부득이 시간이 길어져야 할 때도 한꺼번에 오래 하게 하지 말고 쉬었다가 다시 하는 습관을 심어 주는 것이 좋다.
- 영유아와 함께 정해 놓은 규칙은 꼭 지키기: 부모나 교사는 영유아에게 인터넷 사용에 대한 일관된 태도를 보여 주는 것이 중요하다.
- 컴퓨터 외에 다양한 놀이 문화를 접하게 하기: 박물관, 도서관, 박람회 등 실내에서 재미를 추구할 수 있는 현장 학습으로 인도하는 것도 필요하다.

(3) 컴퓨터 사용 시 교사와 부모 역할

- 유해 사이트 차단 프로그램 다운받기: 유해 사이트 차단 프로그램으로는 필터링 기능을 통한 사이트 제한 및 허가된 사이트만을 대상으로 웹 검색을 할 수 있다. 방송통신심의위원회, 학부모정보감시단 등의 홈페이지에서 프로그램을 다운받을 수 있다.
- 상담센터 찾아가기: 인터넷 사용 문제가 큰 경우 전문 기관에 상담을 의뢰하거나 소아신경정신과 등을 방문하여 적절한 해결책을 찾도록 한다.
- 적절한 콘텐츠 선정하기: 학습 내용이 체계적이고 단계적이며 성취감을 느낄 수 있는 것이 적합하다.
- 꼭 필요한 때만 인터넷 접속하기: 늘 켜두는 습관이 중독으로 이어지기 쉬운 행동이므로 꼭 필요한 일이 있을 때만 컴퓨터를 이용하게 하고 이용 후엔 반드시 진원을 끄게 하는 것이 좋다.
- 몸을 움직이는 게임으로 유도하기: 블록 쌓기, 색칠하기, 구슬 꿰기, 테이블 빙고 게임 등으로 신체적 · 정신적 자극을 직접 주는 놀이를 하도록 하는 것이 좋다.
- 부모와 교사가 적극적으로 참여하기: 함께 놀자고 영유아에게 청하거나 영유아가 좋아하는 게임이나 콘텐츠를 공유하여 게임 전후 대화 시간을 많이 갖는 것도 좋다.

5) 스마트폰

한국인터넷진흥원(2010)에 따르면 스마트폰이란 음성통화를 기본으로 이메일, 웹브라우징, 멀티미디어, 메시지 등 무선 인터넷 기능과 일정관리 등 컴퓨터 기능이 보강된 고급형 휴대전화로 정의한다.

스마트폰은 기존의 휴대전화와 비교하여 PC와 같이 운영체계를 탐재하여 다양한 애플리케이션을 설치 · 동작시킬 수 있는 기기(방효국, 2013)이다. 새로운 개념의 뉴

미디어는 영화, 그림, 음악, 언어, 문자 등의 전통적인 전달 매체에 컴퓨터와 통신기술, 스마트 모바일 기기, 인터넷 등의 높은 상호작용성이 더해져 만들어졌다. 스마트폰 애플리케이션은 장시간 집중하는 것을 어려워하는 영유아에게 짧은 시간에 주의집중력을 끌어낼 수 있는 장점이 있다. 또한, 영유아의 스마트기기 활용을 통해 과학적 태도와 탐구능력이 향상되고 흥미를 높여 주어 학습 성향을 개발하는 데 유용하다.

반면, 스마트폰 사용으로 가장 큰 문제점은 스마트폰 중독이다. 스마트폰 사용으로 인한 스마트폰 과의존 실태조사에 따르면 유아동이 가장 많이 이용하는 서비스는 영화/TV/동영상으로 나타났다(과학기술정보통신부 · 한국정보화진흥원, 2018). 또한, 전 연령 중 유아동의 과의존 위험군이 최근 3년 사이 가장 큰 폭으로 증가한 것으로 나타났다. 청소년기 이전의 게임중독은 게임중독에 대한 지식의 유무에 따라 차이가 있기 때문에 중독이 된 후 치료하기보다는 중독을 예방하는 교육을 통해 영유아의 게임중독 지식을 형성해 줄 필요가 있다. 특히, 게임중독의 적절한 지도는 가급적 이른 연령인 영유아기 때 실시되어야 게임중독 경향의 급격한 강화 및 확산을 막을 수 있다(서민영 · 임은미, 2010). 따라서 영유아의 스마트폰 사용에 대한 예방교육이 절실히 필요하다.

3~5세 누리과정에서는 신체운동 · 건강 영역의 '안전하게 생활하기' 범주에 'TV, 컴퓨터, 스마트폰 등을 바르게 사용한다.'는 내용이 추가됨으로써 미디어를 올바르게 활용할 수 있는 교육방법을 제시하고 있다.

(1) 영유아 스마트폰 중독이 미치는 영향

전반적인 발달이 이루어지고 있는 영유아기에 스마트폰 중독은 영유아의 사회성 발달, 정서적 발달, 신체 발달에 부정적인 영향을 줄 수 있고, 영유아의 정상적인 두뇌 발달이 방해를 받으며, 창의력 발달이 저해된다. 또 타인의 말에 무관심한 행동과 태도를 보이며, 현실에 무감각해지는 부작용을 나타낼 수 있다.

(2) 영유아 인터넷, 컴퓨터 게임중독 예방법

- 영유아가 스마트폰을 사용할 때는 반드시 부모님이 함께 해 준다. 스마트폰은 부모와 자녀가 상호작용하는 도구로 활용되어야 한다.
- 스마트폰을 접하는 시기를 최대한 늦춰줌으로써 따뜻한 대인관계를 통해 영유아의 지능과 정서가 충분히 발달할 수 있도록 도와준다.
- 가정에서 스마트폰이 허용되는 장소와 시간을 정해 준다. 즉, 거실 등 열린 공간에서 보호자와 함께 1회 20분 미만으로 스마트폰을 사용하는 등 가정만의 규칙을 정한다.
- 영유아 스스로 스마트폰 사용을 끝낼 수 있도록 도와준다. 사소한 행동이지만 스스로 사용을 끝내는 행동을 통해 아이는 조절능력을 기르고 성취감을 느낄 수 있다.
- 스마트폰을 지나치게 사용하면 위험하다는 것을 영유아에게 가르쳐 준다.
- 영유아와 스마트폰 사용 시간을 정할 때는 영유아의 연령과 수준을 고려해서 "30분까지만 하자."보다는 "한 번(게임)만 더 하자."라고 구체적으로 약속해 준다.
- 영유아가 스마트폰을 끄고 나면 영유아가 좋아하는 활동이나 재미있는 놀이를 부모님이 함께 해 준다.
- 부모님의 스마트폰 사용 습관을 영유아가 그대로 따라 하므로 부모가 모범을 보인다.

(3) 스마트폰 사용 시 주의점

안전하게 스마트폰을 사용하기 위해서는 부모가 먼저 모범을 보이며, 부모와 상호작용을 하면서 함께 사용하는 것이 중요하다. 또 영유아의 눈높이에 맞는 사용 환경을 만들고 부모가 스마트폰을 자녀를 돌보는 수단으로 사용하지 않아야 하고 게임 외의 다른 놀이에 흥미를 느끼도록 다양한 활동을 유도하는 것이 좋다.

〈표 14-1〉 스마트폰 인터넷 중독 자가진단표(유아용-인터넷 동시 적용)

목록	체크
식사와 휴식 없이 화장실도 가지 않고 스마트폰을 한다.	
스마트폰을 하다가 그만두면 또 하고 싶어서 조를 때가 많다.	
스마트폰을 못 하게 하면 초조해 하고 안절부절못한다.	
스마트폰을 하고 있을 때만 흥미진진해 보이고, 생생해 보인다.	
스마트폰을 하지 않을 때는 다른 것에 집중하지 못하고 불안해 보인다.	
다른 할 일이 있을 때도 스마트폰을 사용한다.	
스마트폰을 못 하게 되면 지루해 하며 재미없어 한다.	
스마트폰을 하는 시간이 하루 중 가장 편안해 보인다.	
과다한 사용으로 공부에 집중을 못 하고 산만해 보인다.	
게임에서 빨간 피가 튀겨도 무덤덤하게 넘긴다.	
스마트폰 사용으로 불규칙한 생활을 한다.	
정해진 시간만 사용하겠다고 하지만 대부분 약속을 지키지 않는다.	
스마트폰을 오래 사용하여 아이의 체중이 변화한 것 같다.	
스마트폰을 하지 못하게 하면 화를 내거나 짜증을 부린다.	
정해진 사용시간을 잘 지키지 않는다.	
전혀 그렇지 않다 1점 / 그렇지 않다 2점 / 그렇다 3점 / 매우 그렇다 4점 • 44점 이상: 고위험 사용자 • 40~43점 이하: 잠재적 위험 사용자 • 29점 이하: 일반 사용자	

출처: 스마트쉼센터 홈페이지(www.iapc.or.kr).

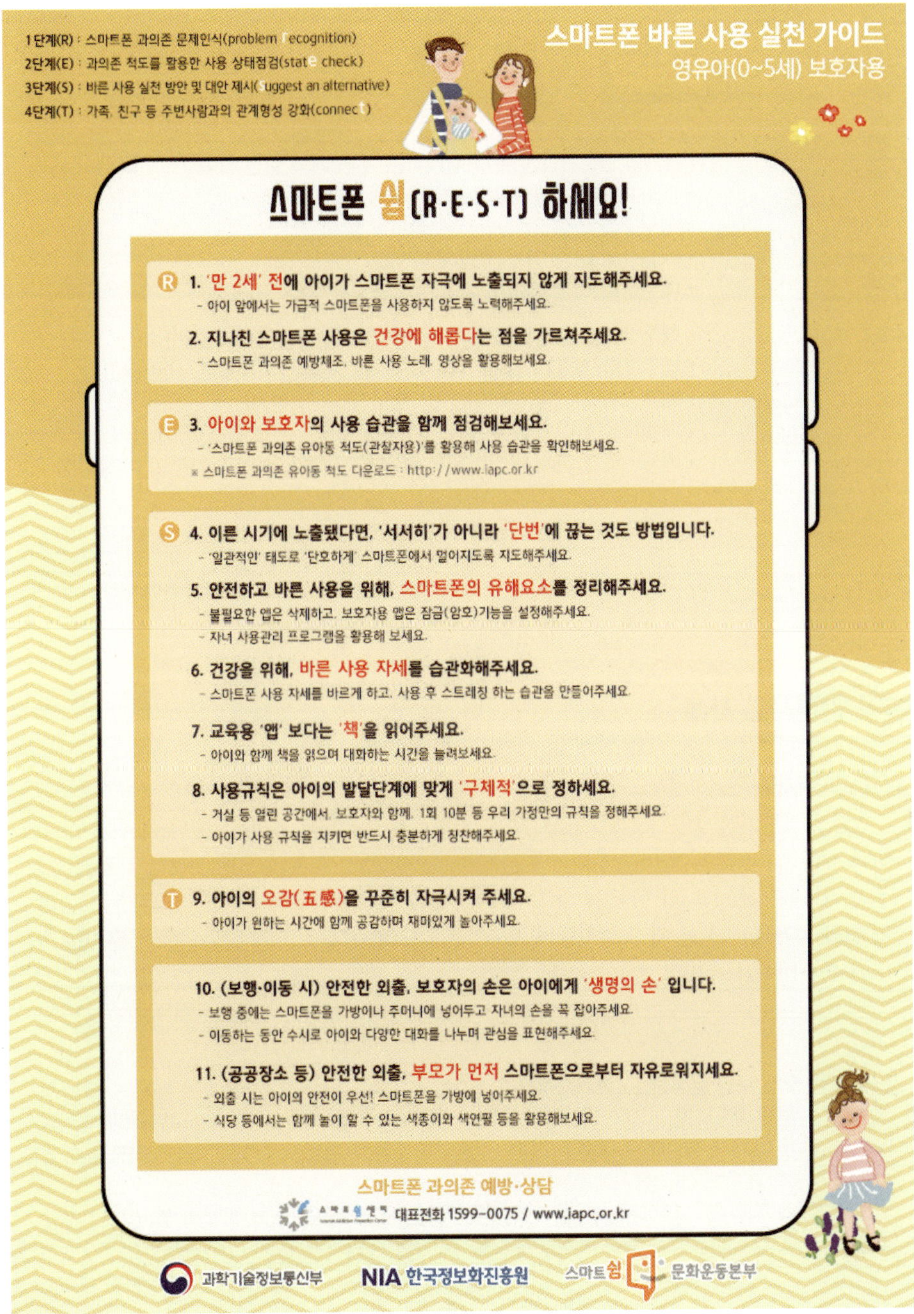

[그림 14-4] 스마트폰 바른 사용 실천 가이드

출처: 스마트쉼센터 · 과학기술정보통신부.

안전돋보기

가족 사랑의 날 실천방법	<가족의 실천사항 '나부터 시작하는' 우리 가족 실천 약속> • 대화, 놀이 등 매일 30분 이상 가족과 함께 • 매주 2회 이상 가족과 저녁 식사를 함께 • 매월 1일 이상 가족과 함께 데이트 • 매주 1회 이상 떨어져 사시는 부모님께 안부 전화
미디어 예방을 위한 실천방법	• 매주 수요일은 가족 사랑하는 날(아빠와 자녀의 요리하기) • 매주 1회 가족과 이야기 나누기(가훈 만들기/독서토론/신문 읽기) • 매주 1회 자연 탐색하기(천변 산책 및 숲길 걷기) • 매월 1회 놀이와 체육활동하기(등산, 야영, 수영, 공놀이, 게임) • 매월 1회 할아버지 찾아뵙기(텃밭 가꾸기, 전래놀이, 가문의 이해) 출처: 선음률놀이교육심리연구원(2014). 가화만사성 부모교육안내지.

안전사고 사례

〈당신의 디지털, 안녕하신가요?〉

어릴 적 할머니와 자란 27개월 난 보람이(가명)는 돌 이전부터 스마트폰을 직접 쥐고 쓴다. 아빠 전화, 엄마 전화, 할머니 전화의 잠금화면 패턴이 각각 다른데 모두 구분해서 잠금해제 뒤 쓴다. 동영상을 보다가 한 편을 다 보면 다음 편을 직접 실행해서 감상한다. 엄마는 보람이가 밥을 먹거나 떼를 쓸 때 30분가량씩 스마트폰을 보여 준다. 보람이에게 스마트폰은 일종의 마취제이자 보육도우미다.

출처: 한겨레 2014. 1. 1.

〈스마트폰 오래 보면 발생하는 'VDT증후군'〉

"날씨가 부쩍 추워지면서 아이와 집 안에서 시간을 보낸 엄마 A씨(32세)는 오랜만에 외식을 나섰다. 밖에 나가자 칭얼대는 딸을 달래기 위해 스마트폰을 꺼내자 거짓말처럼 잦아드는 울음소리에 허탈함과 안도감이 동시에 밀려들었다."

전문가들은 지나친 스마트폰 사용은 언어발달 장애, ADHD증후군, 뇌 발달의 불균형, 안구건조증, 급성내사시, 성장장애 등 부작용을 일으킬 수 있어 주의가 필요하다고 당부한다.

출처: 경향신문 2017. 12. 12.

〈2세 미만 TV 끊도록〉

2세 미만의 아기에게는 TV나 비디오를 보여 주지 않아야 한다. 부모도 참고 보지 않는다. 도저히 TV를 보지 않을 수 없다면 글자 대신 사람이 많이 나오는 화면을 보여 주고 엄마가 아기 옆에 꼭 붙어 있으면서 자꾸 말을 걸어야 한다. 이미 TV나 비디오에 많이 노출돼 아기가 말이 늦거나 혼자서 노는 것을 좋아하면 무조건 '끊어야' 한다. 밤에 비디오테이프를 치우고 최소한 3~4개월 보여 주지 않는다. 대신 자주 안아주고 놀이터에 데리고 나가 함께 논다. 그래도 아기가 엄마와 눈을 마주치지 않으려 하거나 말이 늦으면 즉시 병원에서 진단을 받도록 한다.

출처: 코메디닷컴(www.kormedi.com).

〈유해 사이트 차단 소프트웨어 및 감시 사이트〉

- 지키미: http://www.jikimi.net
- NetNanny: http://www.netnanny.com
- 정보통신윤리위원회: http://www.kocsc.or.kr
- 학부모정보감시단: http://www.cyberparents.or.kr
- 청소년유해환경감시단: http://www.yzone.net
- 사이버엔젤스: http://www.cyberangels.org

4 미디어 안전교육의 실제

1) 미디어 안전교육 주제별 통합망

미디어 안전

이야기 나누기
- 미디어의 좋은 점과 나쁜 점
- 미디어를 바르게 사용해요
- 나를 즐겁게 해 주는 미디어
- 내가 사용하는 미디어
- 미디어 변천과정

언어
- 『어떻게 볼까요?』 책 읽기
- 동화책 읽고 내용 말하기
- 미디어친구 동시 짓기

수 · 조작
- 내가 사용한 미디어 그래프
- 미디어 퍼즐 맞추기
- 라디오 모으기
- 핸드폰 완성하기
- 미디어 그림 컵 쌓기

과학
- 다양한 미디어 기기 탐색하기
- 다양한 미디어 기기 분리해 보기

신체 / 음률
- 컴퓨터로 동요 듣기
- 즐거운 미디어 마라카스
- 컴퓨터 체조

미술
- 미디어 책 만들기
- 마이크 만들기
- 재활용품으로 미디어 기기 만들기

역할
- 전자상가 놀이하기
- 방송국 놀이하기

게임 / 견학
- 미디어센터 견학하기
- 전자상가 둘러보기
- 방송국 견학하기
- 미디어이름 카드 찾기
- 미디어 수수께끼
- 미디어 빙고게임

요리
- TV 쿠키 만들기
- 휴대폰 푸드아트

쌓기
- TV모양으로 쌓기
- 휴대폰 모양 쌓기
- 컴퓨터 모양 쌓기

2) 표어 및 포스터

3) 동요 및 개사

신데렐라

작사 작곡 미상

4) 가로세로 낱말풀이

				2					
							4	6	
							5		
1		1	3			4		6	7
					3		5		

				컴	퓨	터			
				백			영	화	
							상	장	
텔	레	비	전			미		지	방
		디	파		라	디	오		송
		오				어	디		
							오		

〈가로열쇠〉

1. 주로 가정집 거실에 있으며 드라마와 만화가 나오는 미디어
2. 마우스와 키보드 등으로 이루어져 있으며, 정보를 쉽게 찾을 수 있는 미디어
3. 방송국에서 보내 주는 전파를 잡아 소리나 음악으로 들려주는 기계
4. 그림을 연속적으로 보여 주는 것(MOVIE)
5. 잘한 일에 대한 칭찬의 뜻을 글로 담아 주는 증서
6. 3대 영양소의 하나로 상온에서 고체인 모습으로 되어 있음

〈세로열쇠〉

1. 네모난 플라스틱 안에 필름으로 영상을 녹음해 TV 화면을 통해 볼 수 있는 것
2. 이전에 활동하던 무대로 다시 돌아가는 것
3. 적외선 이상의 파장을 가진 전자기파
4. 컴퓨터, TV, 라디오, 스마트폰, 라디오 등을 일컫는 말
5. 음악 등 소리를 효과적으로 듣기 위한 장치
6. 화장실에서 쓰거나 더러운 것을 닦는 등 위생용으로 쓰는 얇은 종이
7. 전파나 유선을 이용하여 사람들에게 음성이나 영상을 널리 보냄

5) 오행시

미 : 미래는

디 : 디지털 전환 시대!

어 : 어린이가

안 : 안전하게 인터넷을 사용할 수 있도록 하고, 상담

전 : 전화는 118

6) 동화책을 활용한 통합망

SOS안전동화, 어떻게 볼까요?

이야기 나누기

1. 「어떻게 볼까요?」 동화 읽고 이야기 나누기
2. '내가 동화 속 캐릭터라면 어떻게 할까요? 이야기 나누기

미술

1. 「어떻게 볼까요?」 동화 속 주인공 과일 그리기
2. 수수깡 안경 만들기

요리

1. 「어떻게 볼까요?」 동화 속 과일, 야채로 오물조물 주먹밥 만들기
2. 컴퓨터 모양 식빵 찍기

신체 / 음률

1. 다양한 미디어 기기를 몸으로 표현하기
2. 다양한 감정 표현하기
3. 「신데렐라」 동요 개사

언어

1. 바르고 안전한 미디어 사용법에 대해 말하기
2. 미디어 사용에 대한 동시 짓기
3. 네티켓에 대해 말하기

역할

1. 안과병원 놀이하기
2. 시력검사 놀이하기

견학 / 게임

1. 안과 견학하기
2. 다양한 미디어 사진과 이름, 단어 맞추기

쌓기

1. 블록으로 미디어 기기 표현하기
2. 가전제품 상가 꾸미기

과학

1. 다양한 미디어 기기 탐색하기
2. 카메라를 이용하여 다양한 방법으로 사진을 찍어 비교하기

수 · 조작

1. 미디어에 대한 장점과 단점 분류하기
2. 다양한 미디어 기기 퍼즐 맞추기
3. 리모컨 올바르게 사용하기

7) 교재교구 계획안

활동명	라바의 건강한 미디어 놀이	연령	만 3~5세
누리과정 관련요소	의사소통 / 말하기, 듣기 / 느낌, 생각, 경험 듣고 이해하기		
활동목표	• 컴퓨터의 이로움과 해로움에 대해 이해한다. • 컴퓨터를 올바르게 이용하는 방법과 약속에 대해 알 수 있다.		
활동자료	모형 컴퓨터, 그림카드 자료		
활동방법	**1. 컴퓨터 사용에 대한 경험에 대해 이야기를 나눈다.** • 컴퓨터로 무엇을 하는지, 게임에 대한 이야기(종류와 방법 등) • 게임을 많이 하면 어떻게 되는지 알아보기 **2. 컴퓨터의 이로운 점과 해로운 점에 대해 알아본다.** • 컴퓨터 이용의 좋은 점과 나쁜 점에 대해 이야기 나누기 • 컴퓨터를 이용해 정보나 지식을 어떻게 찾는지 알아보기 **3. 컴퓨터를 바르게 이용하는 방법을 알아본다.** • 컴퓨터 이용 시 바른 자세하기 • 컴퓨터 사용 약속 정하기 • 건강을 해치지 않는 방법 말해 보기 • 네티켓에 대해 알아보기		
사진			

Chapter 15

응급처치

본 장에서는 영유아의 안전과 관련된 응급상황과 대처방법을 알아보고
실제 응급상황 발생 시 대처법을 살펴보고자 한다.

사랑하는 분홍반 선생님께!

박새리 선생님 안녕하세요? 저는 분홍반 연희예요.
저희가 이번에 위험할 때 '응급처치'에 대한 많은 활동을 배우면서 119에 신고하는 방법과 빠른 행동을 알게 되었고, 벌레에 물리거나 몸에 이상한 점이 있을 때는 깨끗하게 몸을 보호하고 부모님께 알려야 한다는 점을 새롭게 알게 되었어요.
아직은 어려서 심폐소생술은 배우지는 못 했지만 형님반에 가면 그때는 꼭 직접 체험해 보고 싶어요. 분홍반에서 알았던 내용을 어제 부모님께 알려 드렸더니 부모님이 많이 컸다고 칭찬해 주셨어요. 이번 활동을 통해서 위험한 사람을 보면 그냥 지나치지 않고 바르고 빠르게 신고하고 약도 빨리 먹을 수 있도록 도와주는 착한 사람이 될래요. 선생님! 가르쳐 주셔서 고맙습니다.

분홍반 연희 올림

일상생활에서 언제나 발생할 수 있는 응급상황은 누구에게나 노출되어 있다. 특히, 영유아의 경우 강한 호기심과 신체조절능력, 판단능력의 부족으로 인해 예기치 않은 긴급 상황이 발생할 가능성이 매우 크다. 따라서 교사는 평소 안전 인식이 필요하다.

본 장에서는 영유아에게 발생할 수 있는 응급상황에 신속하게 대처할 수 있도록 응급처치의 기본지침과 교사 역할, 상황별 응급처치방법 등을 기술하였다.

1 응급처치의 개념 및 필요성

1) 응급처치의 개념

응급처치란 갑자기 발생한 외상이나 질환에 대해서 주로 발생한 장소, 또는 의료기관에 도착하기 전에 최소한의 치료를 행하는 것으로 전문적인 치료를 받기 전까지 행해지는 즉각적이고 임시적인 처치를 의미한다.

응급처치의 목적은 첫째, 환자의 생명을 구하고 유지하며 둘째, 질병이나 손상이 악화되는 것을 방지하고 셋째, 통증으로부터의 고통을 경감시키며 넷째, 환자의 심리적인 안정과 회복을 목적으로 한다.

영유아 보육 · 교육기관에서 발생하는 응급상황에 교사는 우선 영유아와 의사소통을 통해 불안과 공포심을 경감시켜 편안한 마음을 가질 수 있도록 도와줘야 한다. 응급처치 시에는 침착함과 냉정함을 잃어서는 안 되며, 응급처치 요령에 대한 정확한 지식을 숙지하여 침착하고 신속하게 행동함으로써 상해와 장애를 지연시킬 수 있는 효과적인 대처가 필요하다.

2) 응급처치의 필요성

국가 수준의 보육이 이루어짐에 따라 영유아 보육·교육기관을 이용하는 영유아의 연령이 하향화되고 있어 사고에 노출될 가능성이 크므로 주위를 안전하게 보살피는 것이 중요하다. 그러나 영유아기는 발달 특성상 신체적 발달이 미성숙하고 판단능력이 부족하여 예기치 못한 사고의 발생 가능성이 매우 크다. 따라서 영유아가 일상생활에서 발생하는 응급상황에서 신속하고 적절하게 대처하기 위해 상황에 따른 응급처치방법을 숙지하는 것이 필요하다.

(1) 응급상황의 사전 준비

영유아 보육·교육기관에서의 교사는 다음과 같은 역할을 분담하여야 한다.

첫째, 사고 상황을 대비해 역할 분담을 한다. 구체적인 역할분담으로는 사고 상황을 알리는 역할(기관, 병원, 부모 등), 영유아를 안정시키고 응급처치를 하는 역할, 남은 영유아를 돌보며 대피를 주도하는 역할 등으로 나누어 숙지하여야 한다.

둘째, 응급상황 시 도움을 요청할 수 있는 비상연락망을 준비한다. 인근 병원, 구조대 전화번호(119), 영유아 부모의 연락처 등을 미리 파악하여 쉽게 찾을 수 있도록 한다.

셋째, 응급처치 매뉴얼을 숙지하고 쉽게 찾을 수 있는 곳에 비치해 둔다.

넷째, 응급처치에 필요한 상비약과 기구를 준비하여 정기적으로 관리한다. 휴대용 구급상자를 구비해 놓으면 야외활동 시 발생하는 응급상황에 효과적으로 대처할 수 있다.

다섯째, 영유아의 개인정보를 미리 수집한 후, 부모에게 응급동의서를 사전에 받아 둔다.

〈표 15-1〉 구급상자에 갖추어야 할 내용물의 예 (평가인증 2 건강 영역 4-7)

의료용 재료	외용제	주의 사항
붕대, 거즈, 소독솜, 삼각붕대, 탄력붕대, 칼 ,가위, 핀셋, 반창고, 일회용 장갑, 일회용 반창고, 부목류 등	과산화수소, 베타딘, 항생제외 연고, 근육용 마사지 연고, 화상용 바셀린 거즈, 생리식염수, 벌레 물린데 바르는 연고 등	어린이집에서의 의약품 사용은 반드시 전문의사의 진료와 처방에 의해 이루어지도록 해야 한다.

*어린이집 평가인증지표: 2 영역(건강) 2–4–7
*모든 약품은 종류별로 사용(유효)기간이 표기되어 있어야 하며 유효기간 이내에 사용

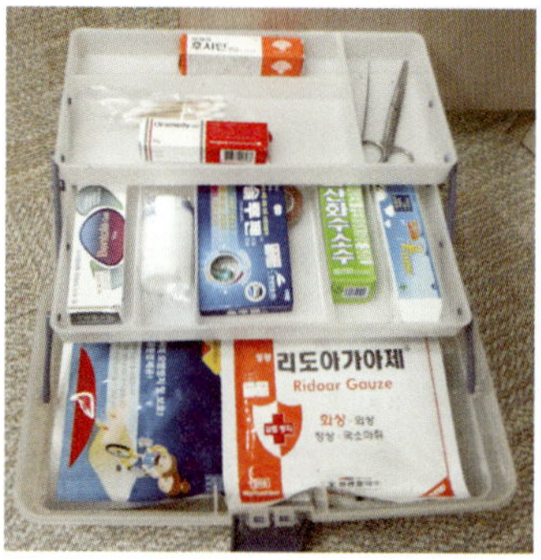

출처: 중앙보육정보센터(2008). 보육시설 안전매뉴얼.

(2) 응급처치의 기본지침

❶ 침착하고 신속하게 사고 상황을 파악한다.

사고 상황을 신속하게 파악하고 또 다른 위험이 남아 있는지를 살핀다. 추가 사고 발생 위험이 있다고 판단되면 사고를 당한 영유아를 안전한 장소로 옮기고 그렇지 않다면 움직이지 않도록 한다.

❷ 영유아의 의식, 맥박, 호흡 상태를 조사한다.

의식 여부를 알아보기 위해 침착하게 영유아의 이름을 부른다. 이때 흔들거나 끌어당기면 안 되고 움직임과 숨소리를 파악하고 코앞에 손가락을 대어 숨을 쉬는지 확인하고 맥박을 조사한다.

❸ 출혈 정도를 관찰한다.

출혈이 심한 경우 의식과 호흡, 맥박이 있어도 상태가 악화될 수 있으므로 119구조대에 신속하게 연락을 취한 뒤, 상처를 눌러 지혈한다. 이때 상처 부위를 심장보다 높게 해 주면 출혈을 쉽게 멈출 수 있다. 작은 상처는 감염 예방을 위해 상처 부위를 흐르는 물에 씻고 소독한 후, 외상용 연고와 반창고를 붙인다.

❹ 몸의 다른 부위에 상처가 없는지 조사한다.

상처 부위를 알기 위해 영유아에게 무엇을 하려는지 말해 주고 협조를 구한다.

❺ 응급처치와 동시에 구조를 요청한다.

응급처치를 진행하면서 구조대에 응급상황을 명확히 전달하고 도움을 요청한 후, 구조대가 올 때까지 영유아가 불안하지 않도록 안정시킨다. 교사는 병원 이송에 반드시 동행하며, 병원 의료진에게 사고 상황과 응급처리 내용에 대해 설명한다. 사고상황 시 응급처치에 대한 부모동의서, 상해보험 및 의료보험 관련 서류를 제출한다.

❻ 부모에게 연락한다.

교사는 사고 직후 바로 부모에게 사고 상황 및 시간, 영유아의 상태에 대해 정확하게 알려 주고 부모가 도착할 때까지 머무른다.

❼ 사고보고서를 작성한다.

영유아 보육·교육기관에서 발생하는 사고는 24시간 이내에 사고보고서를 작성한다. 사고보고서 내용은 영유아 보육·교육기관의 장, 부모, 의사, 때로는 법률가 및 보험회사에 제공하는 기초자료가 되기도 한다(조경자·이현숙, 2010).

도움을 요청해야 하는 응급상황

- 의식이 없거나 혼미한 상황, 경련이나 마비 증세, 머리나 척추 손상으로 구토 증세가 나타나거나 의식이 희미해지는 상황
- 심정지, 호흡곤란, 심장질환으로 인한 급성 흉통, 심장박동 이상
- 극심한 통증을 호소하는 상황(통증으로 인해 움직일 수 없는 상황)
- 독성물질을 삼킨 상황
- 갑자기 눈이 보이지 않음
- 갑자기 배가 아픈 증상
- 부위가 큰 화상
- 개방성 골절, 다발성 골절, 다발성 외상
- 지혈이 안 되는 출혈
- 교통사고로 상태가 위중한 상황, 알레르기 반응, 전기손상, 익수

출처: 교육과학기술부(2012). 유아 재난대비 · 생활 안전교육 프로그램.

119 구급 상황 관리센터 신고 내용

- 전화 통화 시 당황하지 말고 천천히 분명하게 말하는 것이 중요하다.
- 전화를 걸 때에는 다음의 내용을 전달한다.
  - 사고의 내용, 사고 발생 장소(예: "어린이집에서 아이가 떡을 먹다가 목에 걸렸어요.")
  - 부상자의 상태(예: "아이가 숨을 잘 쉬지 못하고 있어요.")
  - 신고자의 이름과 전화번호, 주소를 정확하게 알려 준다(예: "제 이름은 OOO이고, 전화번호는 OOO-OOO-OOOO번입니다. 위치는 OO구 OO동 OO번지 OO어린이집입니다.") 번지를 잘 모르는 경우 주변의 잘 알려진 건물을 알려 준다.
- 구급차가 도착하기 전까지 119로부터 부상자 처치에 대한 도움을 받을 수 있으므로 전화를 끊지 않는다.

출처: 교육과학기술부(2012). 유아 재난대비 · 생활 안전교육 프로그램.

2 상황별 응급처치

1) 화상을 입었을 때

- 차가운 물을 끼얹거나 차가운 물에 담가 10~15분 동안 열을 식힌다. 흐르는 찬 물로 식힐 때에는 물줄기를 약하게 하여 상처에 흠집이 생기지 않도록 한다.
- 상처 부위가 식으면 얼음으로 찜질한다.
- 물집이 생겼을 경우 터트리면 터진 부위로 세균이나 먼지가 들어가 상처 부위를 악화시킬 수 있으므로 터트리지 않는다.
- 열을 식힌 후, 화상에 바르는 크림이나 거즈를 붙여서 상처를 보호한다.
- 화상 부위에 옷이 달라붙었을 경우, 무리하게 벗기지 말고 가위로 잘라낸다.
- 화상 부위가 넓거나 깊으면 반드시 병원 치료를 받도록 한다.
- 전기에 의한 화상의 경우, 함부로 환자를 만지지 않는다.

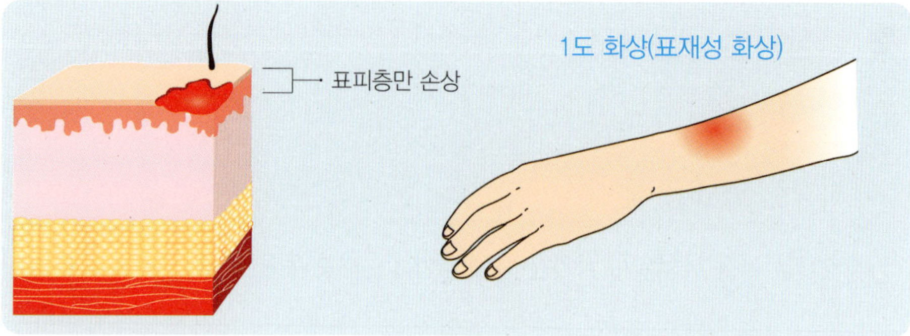

• 1도 화상
피부가 빨갛게 붓고 화끈거린다(직사광선, 순간적으로 뜨거운 것에 접촉했을 때 발생).

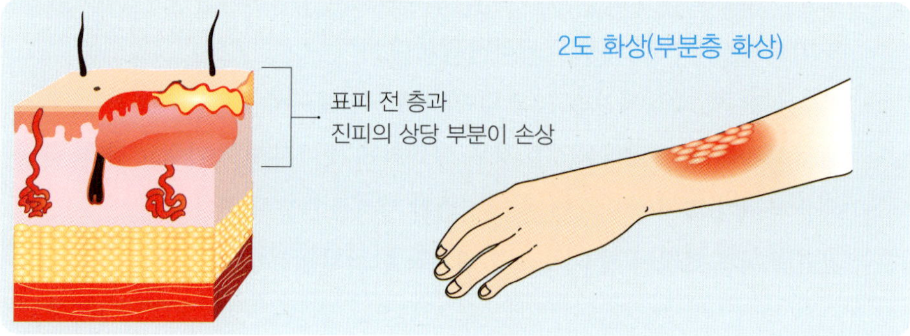

• 2도 화상
피부가 빨갛게 붓고 물집이 생긴다(끓는 물, 섬광, 화염, 기름에 의해 발생).

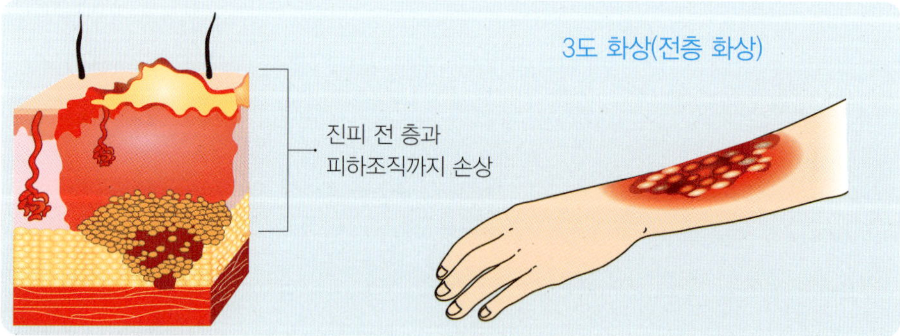

• 3도 화상
피하조직과 신경까지 손상되어 피부가 말라 쪼그라든다(화염, 증기, 기름, 화학물질, 고압 전기에 의해 발생).

[그림 15-1] 화상의 종류와 증상

출처: 보건복지부 / 대한의학회.

2) 이물질을 삼켰을 때

- 목구멍에 이물질이 걸린 경우, 즉시 영유아를 옆으로 눕혀서 이물질이 더 깊숙이 들어가지 못하게 하고 핀셋이나 손가락으로 끄집어낸다.
- 머리와 몸을 하체보다 낮게 하고 등을 손바닥으로 4~5회 세게 치면 나올 수도 있다. 하지만 몸을 함부로 움직이면 이물질이 더 깊숙이 들어가 기도를 완전히 막을 수도 있으므로 주의한다.
- 동전이나 녹지 않는 물질을 삼킨 경우, 90% 정도는 대변으로 배설된다.
- 위로 안전하게 넘어간 경우, 식사는 평소대로 하고 대변으로 이물질이 배출되는지를 잘 살펴본다. 그러나 길거나 날카로운 경우 점막을 뚫고 나갈 수 있어 주의를 필요로 하며, 식도에 계속 걸려 있게 되면 구토 · 통증 · 호흡곤란 증상이 생기고 점막의 궤양 출혈, 천공 등이 있을 수 있으므로 병원에 빨리 내원해야 한다.
- 기도가 막힌 경우, 119에 신고한 후 등 밀치기나 하임리히 방법을 통해 이물질 배출을 시도한다.
- 유독물질을 마셨을 경우, 물이나 우유를 먹여서 함께 토하게 한다.
- 빙초산이나 강한 세척제를 마셨을 경우, 토하게 하지 말고 빨리 많은 양의 우유를 먹인 후에 병원에 가야 하며, 소다수와 같은 탄산음료를 마시게 하면 안 된다.
- 가솔린이나 기름 종류를 마셨을 경우, 토하지 말게 하고 병원에 간다.
- 토할 때 똑바로 누울 경우, 구토물이 기도로 넘어가 질식할 수 있으니 몸을 옆으로 눕힌다.
- 단추형 건전지를 삼켰다고 의심되면 토하게 하지 말고 빨리 병원에 간다.
- 의식이 없다면 바로 응급 구조를 요청하는 동시에 숨을 쉬는지 확인하고 숨을 쉬지 않는 경우, 머리를 뒤로 젖히고 코로 인공호흡을 하고 입으로는 하지 않는다.

3) 치아가 부러지거나 빠졌을 때

- 사고나 상해로 인해 영구치가 빠진 경우, 치아이식이 가능하도록 한다.
- 부러지거나 빠진 치아는 찾아서 올바른 방법(젖은 거즈에 싸서 마르지 않도록)으로 보관하여 30~60분 이내로 치과에 가져간다.
- 치아가 빠져 통증과 출혈이 있는 경우, 거즈나 솜을 물고 있도록 하여 지혈하고 차가운 물수건을 대주어 통증을 감소시킨다.
- 치아 부위에 외상을 입었을 경우, 치아 주위 조직과 뿌리에 손상을 주어 치아가 더 이상 성장하지 못할 수 있으며, 치아 뿌리의 흡수나 치아 뿌리 끝에 고름주머니가 생길 수 있으므로 반드시 진료를 받는다.

4) 상처가 났을 때

- 조금 베었을 때나 약간 다친 경우, 피를 닦고 비누와 깨끗한 물로 씻은 다음 필요하면 소독된 거즈로 덮는다.
- 상처가 넓거나 깊어서 피가 멎지 않을 경우, 소독된 거즈를 덮고 탄력붕대로 상처를 꾹 누른 후 상처 부위를 높이 들고 병원으로 간다. 수술이 필요할 수도 있으므로 물이나 먹을 것을 주는 것은 금한다.
- 가시가 박힌 경우, 사용하는 족집게는 알코올로 소독하거나 불에 달구어 식혀서 사용하도록 하고 족집게 등으로도 잘 안 빠지는 것은 병원에 가서 도움을 청한다. 뽑은 후에는 찰과상과 동일한 절차로 치료한다.

5) 팔, 다리가 삐었을 때

- 먼저 상처를 확인하고 피가 흐르면 세게 눌러서 피를 멎게 한다.
- 찬 물수건이나 얼음 주머니로 냉찜질을 한다.
- 다친 부위를 높이 올려 주고 쉬어야 한다.
- 심한 경우 딱딱한 것을 받쳐주고 탄력붕대를 감아 준다.

6) 코피가 날 때

- 머리를 앞으로 숙여 코피가 목으로 넘어가지 않도록 하고 삼키지 않는다.
- 입으로 숨을 쉬고 양쪽 콧등을 손가락으로 5분 정도 세게 눌러 피를 멈추게 한다.
- 목 주위의 옷을 느슨하게 하고 코를 풀지 않게 한다.
- 이마나 양쪽 눈 사이에 찬 물수건이나 얼음 주머니를 대준다.
- 계속해서 멈추지 않을 때는 병원으로 간다.

7) 머리를 다쳤을 때

- 몸을 고정시켜 목을 움직이지 않도록 한다.
- 머리에는 베개나 담요를 말아 괴어 주고 구토물이나 혀로 인해 기도가 막히지 않도록 몸을 비스듬히 누인다.
- 외상이 있다면 소독약을 바르고 세게 눌러서 피를 멈추게 한다.
- 혹이 생겼다면 차가운 찜질을 하고 푹 쉬게 한다.
- 토하거나 경련이 있을 때, 눈빛이 멍하고 안색이 창백할 때, 계속 잠이 올 때, 귀나 코에서 피가 날 때는 바로 병원으로 간다.
- 눈 주위를 부딪쳤을 경우, 안구가 상하좌우로 움직이는지 확인하고 이상이 있을 때는 바로 병원으로 간다.

8) 이물질이 들어갔을 때

(1) 눈에 이물질이 들어갔을 때

- 눈을 비비지 않도록 주의하며, 대야에 깨끗한 물을 가득 담아 얼굴을 대고 눈을 깜박거려 씻어 내거나 옆으로 누워 흐르는 물에 씻어내도록 한다.
- 눈꺼풀을 뒤집어 이물질이 있다면 거즈나 면봉에 물을 묻혀 제거한다.
- 이물질이 깊이 박혔을 경우, 안대나 깨끗한 거즈를 대고 병원으로 간다.
- 화학물질에 따라 치료가 다르므로 바로 응급치료를 받을 필요가 있다.

(2) 귀에 이물질이 들어갔을 때

- 귀에 벌레가 들어간 경우, 밝은 빛의 손전등을 귀에 비춰 벌레가 불빛을 보고 밖으로 나오게 한다.
- 죽은 벌레나 작은 물체가 귀에 들어간 경우, 베이비오일을 한두 방울을 귀에 떨어뜨린 후, 귀를 아래쪽으로 향하게 하면 오일에 묻어 밖으로 나온다.
- 귀에 물이나 먼지가 들어간 경우, 깨끗한 면봉으로 닦아 낸다.
- 귀에 딱딱한 물건이 들어간 경우, 무리하게 빼내려고 하면 더 안으로 들어갈 수 있으므로 병원으로 간다.

9) 경련을 일으킬 때

- 옷을 느슨하게 해 주고 머리 밑에 베개나 이불 등을 놓아 충격을 최소화한다.
- 혀를 물지 않도록 젓가락이나 수저에 거즈나 수건을 감아서 입 옆으로 집어넣어 이와 이 사이에 물린다.
- 경련이 가라앉은 후에는 반듯이 눕히고 고개를 옆으로 돌려서 토한 것이 기도로 넘어가지 않도록 한다.
- 경련이 오래 계속되면 의사에게 진찰을 받도록 한다.

10) 전기에 감전되었을 때

- 감전된 영유아를 직접 만져서는 안 된다.
- 우선 플러그, 퓨즈 상자에서 전기를 차단한다. 전기 차단이 어려우면 나무막대를 이용하여 전기로부터 영유아를 떼어 놓는다.
- 숨을 쉬는지 확인하고 숨을 쉬지 않으면 즉시 인공호흡을 실시한다.
- 119에 연락하고 구조대가 올 때까지 담요 등으로 몸을 덮어 따뜻하게 하고 편안하게 눕힌다.

11) 동물이나 벌레에 물렸을 때

- 동물에 물린 경우, 흐르는 물로 상처 부위를 깨끗이 씻고 소독약을 바른다.
- 광견병 예방주사를 맞았는지 확인하고 반드시 병원에 간다.
- 벌에 쏘인 경우, 침이 남아 있으면 제거하고 암모니아수를 바른다.

12) 의식을 잃었을 때

- 열이 높으면 찬 물수건으로 열을 식혀 준다.
- 손발이 차거나 입술과 손의 색이 검게 변하면 따뜻한 물이나 옷으로 몸을 덥게 만들어 주고 마사지해 준다.

13) 가스에 중독되었을 때

- 물에 적신 물수건으로 입과 코를 가린다.
- 가스 밸브를 잠그고 창문을 열어 환기를 시킨다.
- 환자의 옷을 느슨하게 하여 편안하게 누인 후 상태를 관찰한다.

14) 고열이 날 때

- 추워하면 덥게 해 주고, 더워하면 얼음 베개 등으로 차게 해 준다.
- 고열과 땀으로 목이 마르면 수분을 공급해 준다.
- 약의 남용은 금하며, 의사의 지시를 받도록 한다.

15) 저체온일 때

- 마른 옷이나 수건으로 덮어 주고 바람막이가 될 만한 장소로 옮긴다.
- 방 안의 온도를 높이고 마른 옷으로 갈아입힌다.
- 타인과 함께 담요 속으로 들어가 몸을 따뜻하게 한다.

3 심폐소생술

심폐소생술(Cardio Pulmonary Resuscitation: CPR)이란 갑작스러운 심장마비나 사고로 인해 폐와 심장의 활동이 멈추게 되었을 때, 인공호흡으로 혈액을 순환시켜 조직에 산소를 공급하여 뇌 손상 또는 사망을 지연시키고자 현장에서 신속하게 실시하는 응급처치이다. 따라서 뇌 손상이 시작되고 10분 이상 경과하면 뇌사상태에 빠질 수 있으므로 심장박동이 멈춘 즉시 4분 이내에 심폐소생술을 실시한다.

심폐소생술을 실시할 때 8세 미만을 유아로, 1세 미만을 영아로 구분하여 각각의 방법에 따른다. 영유아의 심정지 원인은 성인과는 달리 손상이나 호흡성 심장 정지가 많으므로 처치 순서가 성인과는 조금 다르다.

영유아 대상 심폐소생술은 다음과 같다.

1) 영유아 심폐소생술

1. 기도 열기(입 안의 이물 제거)
입 안의 이물질 여부를 확인하여, 이물질이 확실하게 보이면 손가락으로 이물질을 쓸어 낸다.

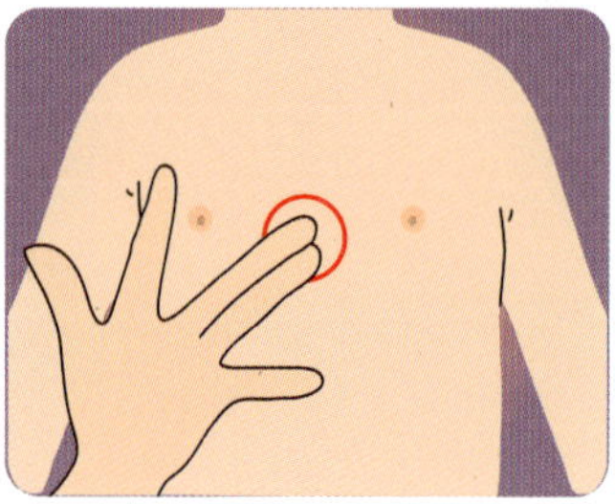

2. 압박 위치(영아)
흉골 중앙 바로 아래, 두 손가락을 위치하여 눌러 준다.
※ [주의사항] 명치를 누르지 않도록 한다.

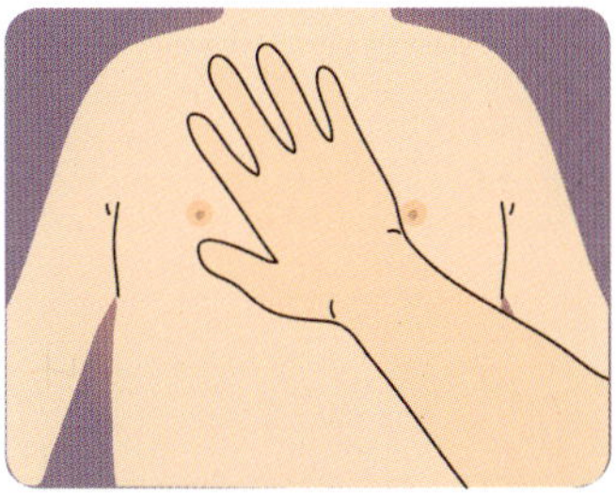

3. 압박 위치(유아)
연령에 따라 한 손으로 압박하는 경우도 있다(대부분이 유아의 경우).

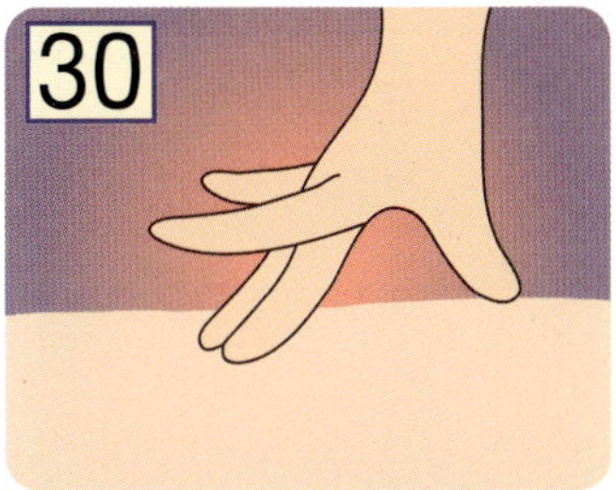

4. 흉부 압박
흉부 압박의 위치는 유두선과 흉골(앞가슴뼈)의 교차지점 바로 아래(흉골 중앙의 아래), 흉곽의 최소 1/3 깊이로 분당 최소 100회 속도로 30회 흉부를 압박한다. 흉부압박 때 환자 가슴에서 양 손을 떼지 않는다.
※ '하나, 둘, 셋, ~, 서른' 하고 세어가면서 시행하며, 압박된 가슴은 완전히 이완되도록 한다.

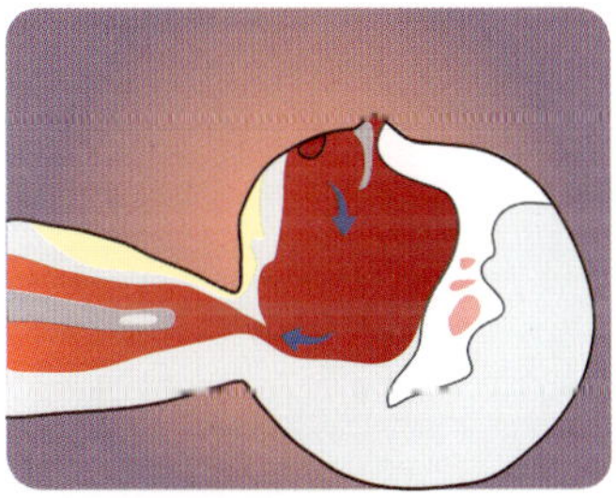

5. 기도 유지
한 손은 이마, 다른 한 손은 턱을 들어 주되 중립 위치를 유지하도록 한다.
※ [주의사항] 영유아의 경우 너무 과도한 신전은 기도를 오히려 막을 수 있으니 주의하도록 한다.

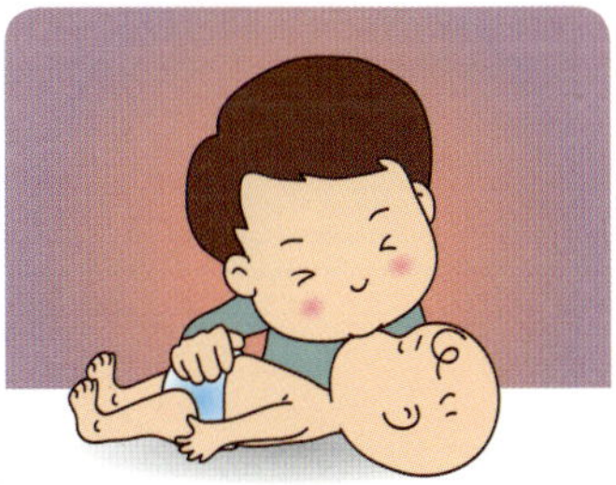

6. 인공호흡 2회 실시
처치자의 입으로 영아의 코와 입을 동시에 막아 인공호흡 2회 불어넣기를 실시한다.

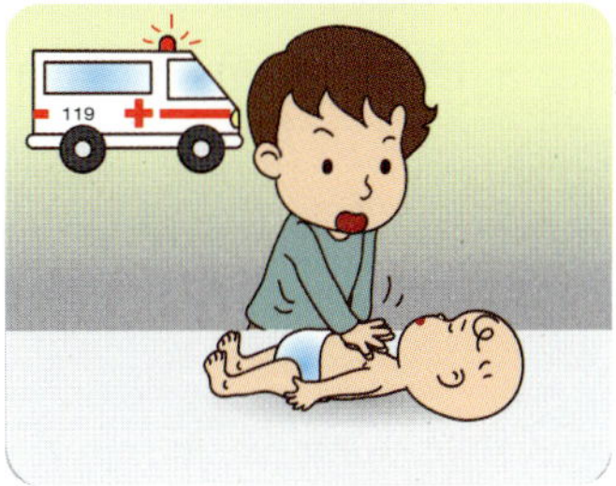

7. 2분마다 심장리듬 분석 후 반복 시행
회복되었거나 119 구급대가 도착할 때까지 2분마다 심장리듬 분석 및 반복 시행한다.

[그림 15-2] 영유아 심폐소생술

출처: 소방방재청 국가재난정보센터.

〈표 15-2〉 연령에 따른 기본 소생술 시행방법

구분	영아	소아
연령	1세 미만	1세 이상 ~ 8세 미만
심정지의 확인	무반응, 무호흡 또는 비정상 호흡	
심폐소생술 순서	가슴 압박 – 기도 열기 – 인공호흡	
가슴 압박 위치	가슴 중앙 직하부 (양측 젖꼭지 사이 직하부)	가슴 중앙 (양측 젖꼭지 사이)
가슴 압박 방법	두 손가락	두 손 또는 한 손
가슴 압박 깊이	가슴 두께의 1/3(약 4cm)	가슴 두께의 1/3(약 5cm)
가슴 압박 속도	분당 100~120회	
반복 주기	30회 가슴 압박: 2회 인공호흡	
자동 제세동기	사용	

☞ 심폐소생술 교육을 받지 않았거나 할 수 없는 일반인 구조자: 가슴압박소생술 시행

출처: 대한적십자사(2011). 응급처치법.

(1) 심폐소생술 종료 상황

대상자의 호흡과 맥박이 돌아오고 응급구조요원이 도착하면 상황을 종료한다. 또한, 계속된 처치로 인해 처치자가 너무 지쳐 있거나 사고현장이 위험한 상황일 때, 30분 동안 심정지 상태가 지속될 때도 심폐소생술을 멈추어야 한다.

(2) 심폐소생술의 합병증 및 예방법

❶ 위 팽만

인공호흡을 과다하게 할 때 나타나는 증상으로 위 역류, 구토, 구토물이 기도로 넘어가는 원인이 될 수 있다. 예방법으로는 가슴이 올라올 정도로 숨을 천천히 불어 넣어 주도록 한다.

❷ 구토, 흔들리는 치아

위 팽만으로 음식물이 역류할 수 있으며, 예방법으로는 흔들리는 치아, 치아용 보정기구 등은 사전에 제거한 후 심폐소생술을 실시한다.

❸ 골절, 열상, 좌상

흉부 압박의 위치, 깊이가 적절치 않은 경우 발생하며, 주로 갈비뼈 골절이나 내부 장기 손상을 유발한다. 예방법으로는 흉부 압박 시 정확한 위치에 손을 놓고 수직으로 압박하며 적절한 강도로 압박한다.

2) 하임리히법

영유아의 가장 큰 사망 원인은 이물질 흡입에 의한 기도 폐쇄이다. 이물질에 의한 기도 폐쇄의 경우 9세 이전에 주로 나다나며, 2세에서 가장 빈도가 높다. 영유아는 삼킬 수 있는 능력이 아직 부족하며, 음식이 아닌 물질을 먹으려고 시도하는 경우가 흔하기 때문이다. 땅콩, 사탕 등의 딱딱하고 작고 동그란 음식이나 장난감, 건전지, 풍선 등의 음식이 아닌 이물질에 의해서도 기도 폐쇄가 일어날 수 있다.

증상으로는 쉰 숨소리, 쉰 울음소리가 들리거나 얼굴에 청색증이 관찰된다. 처치 후 이물질이 나오더라도 병원으로 후송하여 복부 장기 손상 여부를 검사한다.

(1) 1세 이하의 영아

- 1단계: 영아의 머리를 아래 방향으로 향한 후 등을 5회 두드린다.
- 2단계: 흉부 압박법을 5회 반복한다.
- 3단계: 입 안의 이물질이 확인되면 제거한다.
- 4단계: 흉부 압박 후에도 의식이 없으면 심폐소생술을 실시한다.

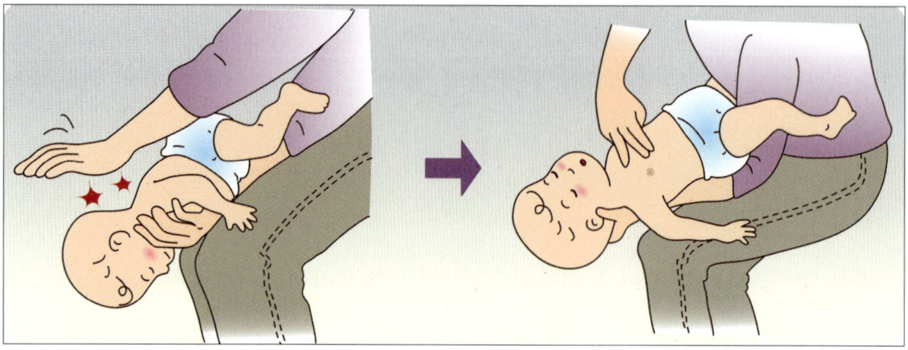

[그림 15-3] 하임리히법

(2) 유아

❶ 일어서 있거나 의식이 있는 경우

- 1단계: 주먹 쥔 손을 배꼽과 명치 사이의 복부에 놓고 반대 손으로 감싸 안는다.
- 2단계: 다른 손으로 주먹 쥔 손을 감싸고 환자의 배를 등 쪽으로 세게 밀쳐 올린다.
- 3단계: 입안의 이물질이 배출될 때까지 반복한다.

❷ 일어설 수 없거나 반응이 없는 경우

- 1단계: 평평한 바닥에 눕힌다.
- 2단계: 유아 위에 걸터앉아서 두 손을 깍지를 껴 복부 위에 올려놓는다.
- 3단계: 배꼽과 명치 사이의 복부를 강하게 위로 친다.
- 4단계: 이물질이 나올 때까지 반복한다.

3) 자동제세동기 사용법

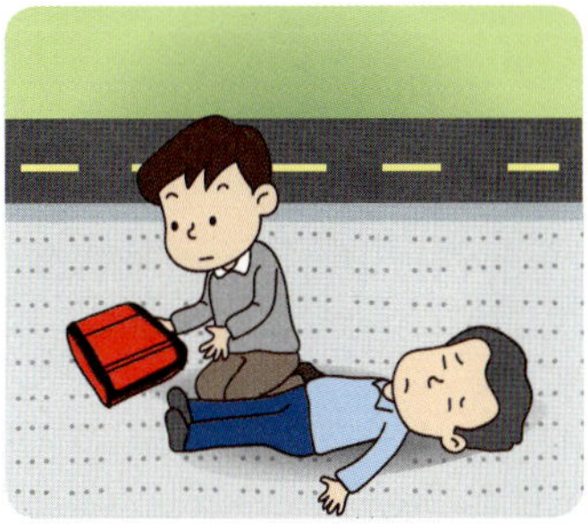

① 전원 켜기

- 심폐소생술 시행 중에 자동제세동기가 도착하면 지체 없이 적용한다.
- 자동제세동기를 심폐소생술에 방해가 되지 않는 위치에 놓은 뒤 전원버튼을 누른다.

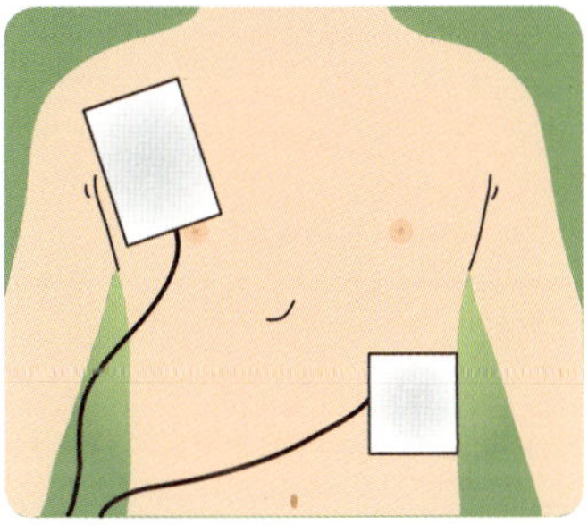

② 두 개의 패드 부착

패드1: 오른쪽 빗장뼈 바로 아래

패드2: 왼쪽 젖꼭지 옆 겨드랑이

- 패드와 제세동기 본체가 분리되어 있으면 연결한다.

③ 심장리듬 분석

- "분석 중..."이라는 음성 지시가 나오면, 심폐소생술을 멈추고 환자에게 손을 뗀다.
- 제세동이 필요한 경우: "제세동이 필요합니다."라는 음성 지시와 함께 자동제세동기가 설정된 에너지로 충전을 시작한다.
- 제세동이 필요 없는 경우: "제세동이 필요하지 않습니다."라는 음성지시가 나오며, 즉시 심폐소생술을 다시 시작해야 한다.

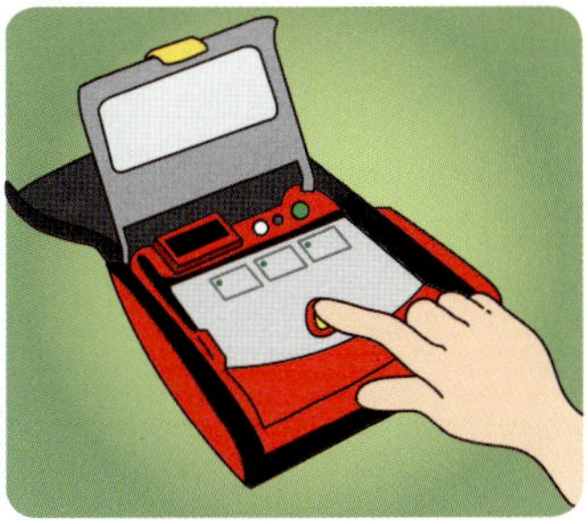

④ 제세동 실시

- 제세동이 필요한 경우에만 제세동 버튼이 깜박이기 시작하며, 깜박일 때 제세동 버튼을 눌러 제세동을 시행한다.

※ [주의사항] 제세동 버튼을 누르기 전에는 반드시 다른 사람이 환자에게서 떨어져 있는지 다시 한번 확인하도록 한다.

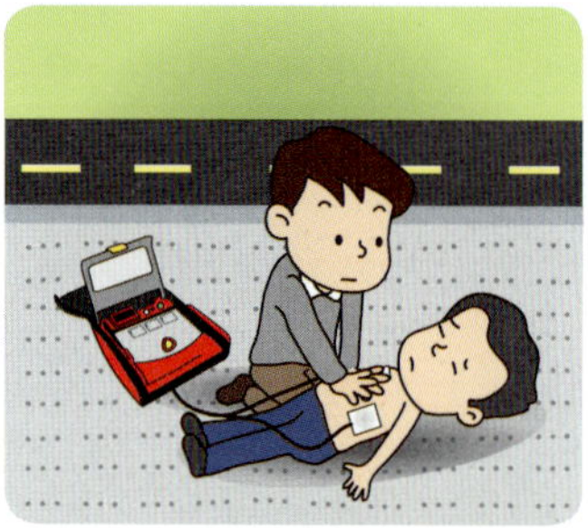

⑤ 즉시 심폐소생술 다시 시행

- 제세동을 실시한 뒤 즉시 가슴압박과 인공호흡 비율을 30:2로 심폐소생술을 다시 시작한다.

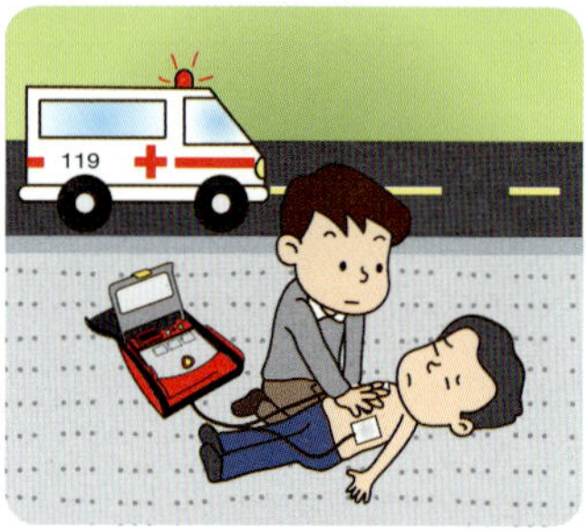

⑥ 2분마다 심장리듬 분석 후 반복 시행

- 회복되었거나 119구급대가 도착할 때까지 2분마다 심장리듬 분석 및 반복 시행한다.

[그림 15-4] 자동제세동기 사용법

출처: 소방방재청 119구급과.

안전돋보기

〈심폐소생술 가이드 바뀐다〉

대한심폐소생협회 측은 최근 건국대학교 새천년관에서 '2015년 심폐소생술 가이드라인 개정 · 보급을 위한 심포지움'을 개최했다. 새롭게 바뀌는 심폐소생술 가이드는 가슴 압박의 깊이는 영아 4cm, 소아는 4~5cm, 성인 약 5cm(최대 6cm 넘지 않게)로 한다. 압박 속도는 성인과 소아에 대해 분당 100~120회로 하고 심폐소생술 중단은 10초 이내로 한다고 전했다. 이번에 바뀌는 심폐소생술 가이드는 국제연락위원회가 5년 주기로 최신 연구결과와 현장 경험을 반영한 것에 따른 것이다. 심폐소생술 가이드라인은 내년 2월 중 질병관리본부 홈페이지를 통해 공개된다.

출처: 한국경제TV (2015. 12. 24.).

4 응급처치의 실제

1) 응급처치 주제별 통합망

응급처치

이야기 나누기
- 안전사고 발생 시 대처 방법 이야기하기
- 「병원차와 소방차」 가사 내용에 대해 이야기 나누기

언어
- 응급상황에 발생되는 단어 알아보기
- 「응급처치」 동화책 읽기
- 응급처치 사행시 짓기

수 · 조작
- 심폐소생술 순서 맞추기
- 상황별 응급처치 방법과 사진 판넬 맞추기

신체 / 음률
- 「응급전화」 노래 부르기
- 「병원차와 소방차」 노래 부르기
- 음악에 맞춰 율동하기

과학
- 응급처치 시 쓰이는 약품과 의료기기 탐색하기
- 상처에 바르는 의약품 구분하기

역할
- 119 구급대원 되어 보기
- 심폐소생술 체험하기

미술
- 응급처치 방법 포스터 그리기
- 응급처치 마크 그리기
- 「병원차와 소방차」 음률판 만들기

쌓기
- 블록으로 병원 만들기
- 구급차 쌓기
- 소방차가 빠르게 갈 수 있는 길 만들기

실외 / 견학
- 병원, 소방서 견학하기
- 구급차 안 살펴보기

게임
- '누가 누가 빠를까?' 소방차 게임하기
- 응급처치 O, X 퀴즈

2) 동요 및 개사

루돌프 사슴코

토니마크스 작곡

3) 표어 및 포스터

4) 가로세로 낱말풀이

		2		
	1			
2				
		5		4
3				

		수		
	구	명	조	끼
응	급			
	차			
		국		수
심	폐	소	생	술
장		마		
마		취		
비				

〈가로열쇠〉

1. 물놀이할 때 입는 조끼
2. 위급한 상태
3. 호흡이 멈춘 사람에게 실시하는 것

〈세로열쇠〉

1. 환자를 병원으로 실어 나르는 자동차
2. 사람이 태어나서 죽을 때까지의 기간
3. 심장이 멈춘 것
4. 아픈 상처를 꿰매는 것
5. 수술할 자리만 부분 마취하는 것

5) 사행시

응: 응급할 땐

급: 급하게 서두르지 말고

처: 처리할 수 있도록 119에 신고해야

치: 치료할 수 있어요.

6) 동화책을 활용한 통합망

다쳤을 때는 어떡할까?

이야기 나누기
1. 응급상황 시 어떻게 할지 이야기 나누기
2. 아픈 경험에 대한 이야기 나누기

미술
1. 구급차 그리기
2. 상황별 응급처치 판넬 그리기

요리
1. 구급차 모양 피자 만들기
2. 롤케이크 만들기

신체 / 음률
1. 「병원차와 소방차」 음률에 맞춰 악기 연주
2. 재활용품으로 악기 만들기

언어
1. 구급상자에 있는 약 이름 말하기
2. 아픈 병명 알아맞추기

역할
1. 병원놀이 하기, 의사, 간호사, 환자 되어보기
2. 심폐소생술 경험하기

견학 / 게임
1. 대학병원, 구급차 견학하기
2. 붕대 빨리 감기

쌓기
1. 벌집 만들기
2. 놀이터 만들기

과학
1. 상처 부위에 알맞은 약품 바르기
2. 의료기기용품 탐색하기

수 · 조작
1. 구급약품상자에 의약품 정리하기
2. 증상별로 의약품 구분하기

7) 교재교구 계획안

<table>
<tr><td colspan="2">활동명</td><td>병원놀이</td><td>연령</td><td>만 3세</td></tr>
<tr><td colspan="2">주제</td><td>응급처치</td><td>영역</td><td>역할영역</td></tr>
<tr><td colspan="2">활동목표</td><td colspan="3">• 병원의 기능과 역할을 안다.
• 역할놀이를 통해 병원에 대한 두려움이나 공포심을 없앤다.</td></tr>
<tr><td colspan="2">준비물</td><td colspan="3">다양한 색의 펠트지, 솜, 실, 바늘, 리본끈, 반사경종이, 찍찍이(까슬이)</td></tr>
<tr><td colspan="2">제작방법</td><td colspan="3">〈병원놀이 도구 만들기〉
① 병원놀이 도구에 알맞게 도안을 그려 자른다.
② 펠트지에 도안을 대고 두 겹씩 재단한다.
③ 솜을 넣어 가며 박음질하여 완성한다.

〈병원놀이 가방 만들기〉
① 병원놀이 도구가 충분히 들어갈 크기로 펠트지를 자른다(양면이 반으로 접혀 가방이 될 수 있도록 한다).
② 펠트지로 손잡이를 단다.
③ 전체적인 면을 버튼홀스티치 한다.</td></tr>
<tr><td rowspan="3">활동 방법</td><td>도입</td><td colspan="3">• 병원에 가 본 경험에 대해 이야기를 나눈다.
• 병원에 관련된 동화를 들려준다.</td></tr>
<tr><td>전개</td><td colspan="3">• 병원이 어떤 곳인지, 하는 일에 대해 이야기한다.
• 의사, 간호사, 환자 역할에 대해 알아보고 역할을 정한다.
• 병원놀이를 진행한다.</td></tr>
<tr><td>결말</td><td colspan="3">• 각자 맡은 역할(의사, 간호사, 환자)에 대한 경험을 이야기한다.
• 병원에 대한 두려움을 없애고 관심을 가지도록 유도한다.</td></tr>
<tr><td colspan="2">사진</td><td colspan="3">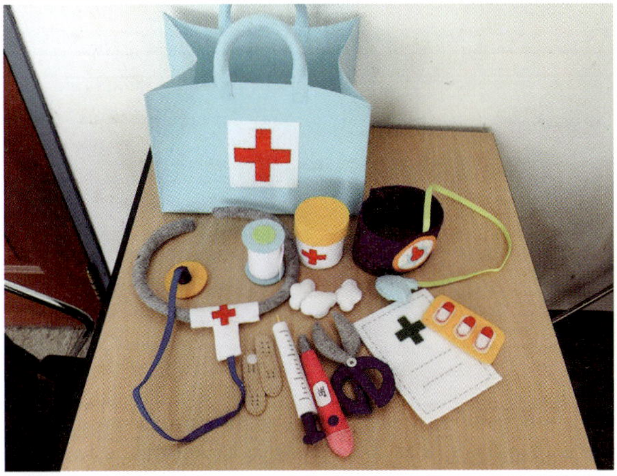</td></tr>
</table>

참고문헌

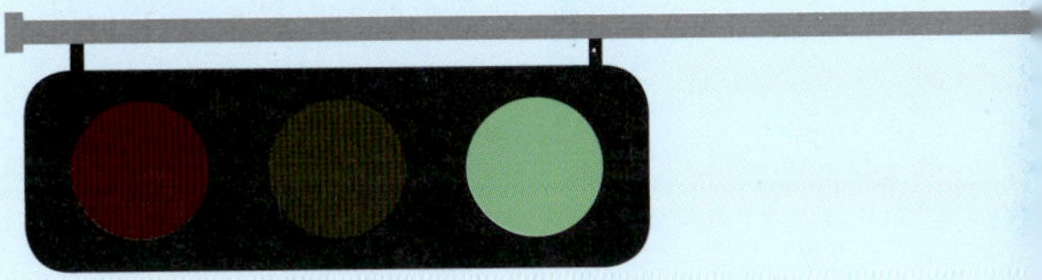

참 고 문 헌

강정원 · 김승옥 · 홍기묵 (2011). 유아를 위한 인터넷 중독 상담치료프로그램 개발 및 적용. 유아 교육학논집, 5(3). 323-342.

강정원 · 장수진 · 김승옥(2011). 유아의 인터넷 게임중독 경향성에 미치는 유아의 가족변인의 영향. 어린이미디어연구, 10(3), 205-224.

과학기술정보통신부 · 한국정보화진흥원 (2014). 2014 인터넷중독 실태조사.

과학기술정보통신부 · 한국정보화진흥원 (2019). 2018년 스마트폰 과의존 실태조사.

곽윤영 (2015). 어린이 소비자안전 체험교육 활성화 방안연구. 한국소비자원.

곽은복 (2008). 교사를 위한 아동 안전교육. 서울: 창지사.

교육과학기술부 (2011). 학교감염병 예방관리매뉴얼.

교육과학기술부 (2012). 유아 재난 대비 생활안전 교육 프로그램.

교육과학기술부 (2013). 유치원 안전관리 매뉴얼.

교육과학기술부 (2020). 유치원 평가 매뉴얼.

교육과학기술부 · 보건복지부 · 육아정책연구소 (2013). 3~5세 연령별 누리과정운영을 위한 교사연수자료집.

교육부 · 보건복지부 (2019). 개정 누리과정 해설서. 교육부 · 보건복지부a.

교육부 (2015). 메르스 자주 하는 질문.

교육부 (2016). 2016년 여름철 물놀이안전관리 대응계획.

교육부 (2018). 고농도 미세먼지 대응 실무매뉴얼.

구경선 · 김태임 · 서영희 · 홍은숙 (2013). 아동안전관리. 서울: 정민사.

국가재난정보센터 (2013). 재난 통계 · 기록.

국민안전처 통계연보 (2016). 국민안전처 기획조정실 정보통계담당관.

권덕수 · 김애란 · 김지영 · 우민정 · 한지원 (2014). 아동안전관리. 서울: 정민사.

권준수 (2011). 가정내 아동 안전사고 예방 및 응급처치 교육의 효과. 인제대학교 보건대학원 석사학위논문.

권혜진 · 김혜라 · 전숙영 · 정윤주 · 채진영 · 한유진 (2013). 아동안전관리. 서울: 창지사.

김계자 (2007). 영유아 영양 및 건강교육. 서울: 동문사.

김미애 · 구현영 · 권인수 (2007). 아동간호학의 기초. 경기: 군자출판사.

김민화 · 김근희 · 조경선 · 연혜민 (2011). (보육교사를 위한) 건강, 안전, 영양교육. 경기: 교문사.

김숙이 · 손수민 · 고선옥 · 신리행 (2014). 아동건강교육. 서울: 정민사.

김승옥 (2008). 유아의 인터넷 안전의식 측정도구 개발. 덕성여자대학교 박사학위 논문.

김영실 · 윤진주 · 김정주 (2013). 개정 영유아안전관리. 경기: 공동체.

김영옥 (2008). 부모교육. 경기: 공동체.

김일옥 · 이정은 (2012). 아동안전관리. 경기: 양서원.

김창현 (2014). 생활안전교육 및 지도법. 서울: 동문사.

김혜금 (2010). 표준보육과정과 평가인증 지표에 기초한 0, 1, 2세아 영아보육 프로그램. 서울: 학지사.

김혜금 · 임미정 · 차승환 · 전영희 · 길미애 (2013). 표준보육과정과 평가인증지표에 기초한 0 · 1 · 2세아 영아보육프로그램. 서울: 학지사.

대한적십자사 (2011). 응급처치법.

류경화 · 정명순 · 지주영 (2008). 영유아 건강교육의 이론 및 실제. 서울: 동문사.

미래창조과학부 · 한국정보화진흥원 (2015). 2014 인터넷 중독실태조사.

방효국 (2013). 만 5세 유아의 스마트폰 게임중독에 관한 연구. 중앙대학교 대학원 석사학위 논문.

보건복지가족부 (2009). 보육시설 설치가이드.

보건복지부 (2012). 다중이용시설에서의 미아방지를 위한 한국형 코드 아담 정책개발 연구.

보건복지부(2020). 코로나바이러스감염증-19 유행대비 어린이집용 대응 지침 VI판.

보건복지부 (2020). 2019 아동학대 주요 통계.

보건복지부 (2020). 2020 보육사업안내.

보건복지부 (2020. 9. 29. 보도자료) 소중한 우리 아이들을 위한 공공보호체계 본격실행.

보건복지부 (2021). 2020 아동학대 주요 통계.

보건복지부 · 교육부 (2019) 누리과정 해설서.

보건복지부 · 인구보건복지협회 (2011). 보육교사를 위한 유아 성교육 매뉴얼.

보건복지부 · 중앙보육정보센터 (2014). 어린이집 표준보육과정 및 0~2세 영아 보육 프로그램의 이해. 서울: 중앙보육정보센터.

보건복지부 · 중앙아동보호전문기관 (2019). 2018 아동학대 주요 통계.

보건복지부 · 중앙육아종합지원센터 (2013). 제3차 어린이집 표준보육과정에 기초한 연령별 보육 프로그램의 활용. 중앙육아종합지원센터.

보건복지부 · 중앙육아종합지원센터 (2020). 어린이집 영유아의 성행동문제 관리, 대응 매뉴얼.

보육진흥원 (2020). 표준보육과정. 한국보육진흥원.

보육진흥원 (2021). 2021 어린이집 평가매뉴얼. 한국보육진흥원.

서민영 · 임은미 (2010). 유아 및 초등 저학년 아동의 인터넷 게임 중독 경향과 인성특성의 관계. 유아교육, 19(4).

선음률놀이교육심리연구원 (2014). 가화만사성 부모교육 안내.

성미영 · 민미희 · 정현심 (2013). 아동안전관리. 서울: 학지사.

소방청 (2021). 소방청 통계연보.

신동주 · 이상은 · 김현경 · 박영선 (2015). 영유아 안전관리. 서울: 정민사.

신태용 (2004). 약물 오 · 남용. 서울: 신일상사.

어린이집 안전공제회 (2012). 연령별로 알아보는 영아안전교육 프로그램.

어린이집 안전공제회 (2017). 2017 어린이집 보육교직원 안전교육.

어린이집 안전공제회 (2015). 어린이집 안전공제회 통계자료집.

엄세진 (2013). 보육교사의 안전지식과 안전태도, 안전실천과의 관계. 한국영유아보육학회지, 81, 111-128.

윤선화 (2000). 유아교사의 안전지식, 지각 및 실천에 관한 연구. 숙명여자대학교 교육대학원 석사학위논문.

윤선화 (2004). 특집: 방재 행정: 사고 예방을 위한 안전교육과 홍보의 역할.

윤선화 (2005). 아동 사고 사망요인에 따른 이법 및 규제강화 정책분석. 아동과 권리, 9(2), 203-223.

윤선화 · 정윤경 · 이경선 (2007). 유치원 안전사고 대비 응급처치 매뉴얼. 경상남도유아교육원.

윤선화 · 정윤경 · 이경선 (2010). 아동안전관리. 경기: 양서원.

윤선화 · 정윤경 · 이경선 (2010). 영유아를 위한 안전관리. 서울: 한국생활안전연합.

이기숙 · 장영희 · 정미라 · 윤선화 (2014). 영유아 안전교육. 서울: 양서원.

이사라 · 이주연 · 박민선 · 송승민 · 박선영 (2014). 영아발달. 경기: 파워북.

이순형 · 이성옥 · 민하영 · 이영미 · 한유진 · 장영은 · 최나야 · 김지현 · 김진경 · 정현심 (2008). 영유아건강교육. 서울: 학지사.

이영환 · 김연주 · 김현지 · 양연숙 · 이수재 (2014). 영유아 건강 · 영양과 안전. 서울: 창지사.

이재연 · 윤선화 (2001). 우리나라 1~14세 아동의 상해사망 실태분석. 아동권리연구, 5(1), 35-47.

전남련 · 김진혜 · 권경미 · 권순남 · 강은숙 · 홍은미 (2010). 유아 건강 · 안전교육. 경기: 정민사.

전라북도유아교육진흥원 (2017). 유치원 평가기본계획.

정아란 (2012). 아동건강 및 안전. 경기: 공동체.

정재경 · 김형숙 · 김형재 · 이순애 · 최지현 · 현혜정 (2015). 아동안전관리. 서울: 동문사.

정희영 · 최영해 · 장은희 · 이선경 · 신현정 · 정다운 · 정희정 (2014). 영아발달.경기: 파워북.

조경자 · 이현숙 (2010). 유아건강교육. 서울: 학지사.

조윤득 · 김미영 (2009). 아동간호학. 경기: 공동체.

중앙방역대책본부 · 중앙사고수습본부 (2021). 코로나바이러스감염증-19 대응지침(지자체용) 제 10-1판.

중앙보육정보센터 (2008). 보육시설 안전매뉴얼.
중앙보육정보센터 (2009). 사례분석에서의 안전사고의 원인.
중앙아동보호전문기관 (2015). 신고의무자 수첩.
중앙아동보호전문기관 (2016). 아동학대 신고의무자용 교육자료.
중앙아동보호전문기관 (2019). 2018년 아동학대 주요 통계.
중앙육아종합지원센터(2020). 아동학대 예방교육.
질병관리본부 · 대한의사협회 (2010). 2011 법정 감염병 진단 · 신고 기준.
질병관리청 중앙방역대책본부 (2021). 코로나바이러스감염증-19 발생현황 통계자료.
채혜선 · 임미혜 · 김종배 · 이순자 · 안경일 (2014). 아동안전관리. 서울: 양서원.
통계청 (2018). 사망원인통계.
통계청 (2018). 사고에 의한 어린이 사망 분석.
한국산업안전공단 (2000). 안전문화 지도자 연수교재.
한국산업안전공단 (2003). 안전교육교사연수.
한국소비자원 (2012). 2012년 어린이 안전사고 사례분석.
한국소비자원 (2014). 어린이 안전사고 사례분석.
한국소비자원 (2015). 어린이 중독사고 위해사례 동향분석.
한국소비자원 (2017). 안전사고 사례분석.
한국소비자원 (2018). 어린이 화상사고 정보위해분석.
한국소비자원 (2019). 어린이 안전사고 동향분석.
한국소비자원 (2020). 2019년 어린이 안전사고 동향분석.
한국소비자원 (2021). 2020년 어린이 안전사고 동향분석.
한국영유아보육학회 (2019). 영유아 안전사고 제로화를 위한 대책과 방안.
한국인터넷진흥원 (2010). 인터넷이용 실태조사 보고서. 서울: 한국인터넷진흥원.
한덕웅 (2003). 한국 사회에서 안전에 관한 심리학 연구의 과제. 한국심리학회지, 9, 35-55.
한미경 · 황해익 (2003). 유치원 교사와 어머니의 유아교육관련 인터넷 사이트에 대한 인식 및 활용실태. 유아교육논집, 12, 215-235.
행정안전부 (2018). 2017년 어린이놀이시설 안전사고 분석결과.
행정안전부 (2012). 생활안전 길잡이.
행정안전부 (2012). 어린이 안전사고 예방을 위한 가이드북.
행정안전부 (2020). 2019 재해연보.
환경부 (2016). 바로 알면 보인다. 미세먼지, 도대체 뭘까?
황옥경 (2010). 아동권리교육의 실태분석 아동과 권리.

Allen, K .E., & Marotz, L. (1994). *Developmental profiles: Pre-birt through eight*. Albany, NY: Delmar Publishers Inc.

Berman, C., & Fromer, J. (1991). *Teaching children about food: A teachers and activities guide*. PaloAlto, CA: BullPublishing Co.

Cornacchia, H. J., Olsen & Nickerson, C. J. (1991). *Health in elementaly school*. St. Lois: Mosby-Year Book.

Epstein, J. L. (2001). *Scjool, family, and community partnership: preparing education and improving schools*. Boulder, Co: Westview Press.

Jones, N. E. (1993). Childhood residential injuries, *MCN*, *1*(3), 168-172.

Kendricks. A. S., Kaufmann R., & Messenger, K. P. (1988). Healthy Young Children: A mamua for Programs. NAEYC.

Morrongiello B. A., Midgett, c., & Shields, R. (2001). Don't run with scissors: Young chldren's knowledge of home safety rules.

Schore, A. N. (2001). The effects of early relational trauma on right brain development, affection regulation, and infant mental health. *Infant Mental Health Journal*, *22*(1-2), 201-269.

WHO Dashboard (2021). 코로나바이러스감염증-19 발생현황 통계자료.

Zeedyk, M. S., Wallace, L., carcary, B., Jones, K., & Larter, K. (2001). children and road safety: Increasing knowledge does nat imprpve beavior. *British Journal of Educational Psychology*, *71*, 573-594.

Zigler, E. Kagan, S., & Hall, N. (1996). *Children, families,and government: Preparing for the twenty-firstcentury*. NY: Cambridge University Press.

〈참고 기사〉

경남신문 (2017.10.29.). 어린이집 스팀청소기에 두 살 원아 발 3도 화상.

성남 투데이 (2012. 10. 29.). 어린이집 화재… 전열기구 과열 추정.

연합뉴스 (2012. 9. 12.). 4세 어린이 안방서 블라인드 줄에 목 감겨 숨져.

조선일보 (2012. 2. 6.). 유아게임중독 게임부터 권하는 부모들이 문제.

한겨레뉴스 (2014. 1. 1.). 당신의 디지털 안녕하신가요.

한겨레뉴스 (2018. 7. 19.). 또 통학차량 질식사… "슬리핑 차일드 체크 제도 시급".

한국경제TV (2015. 12. 24.). 심폐소생술 가이드 바뀐다, 저체온증 응급처치법은?

MBC뉴스 (2016. 4. 15.). 어린이집 앞에서 4살난 여아 차에 치여 숨져.

YTN (2016. 3. 30.). 어린이집 차량 내리막길 사고... 10명 부상.

〈기관 사이트〉

경찰청 www.police.go.kr
교육부 www.moe.go.kr
교통안전공단 블로그 http://blog.naver.com/autolog
국가법령 정보센터 http://www.law.go.kr/main.html
국가재난정보센터 www.safekorea.go.kr
기상청(기상특보 발표기준) http://www.kma.go.kr/weather/warning/standard.jsp
도로교통공단 www.koroad.or.kr
도로교통공단(교통사고 분석시스템) http://taas.koroad.or.kr/
세이프 키즈 코리아 www.safekids.or.kr
소방방재청 http://www.nema.go.kr
스마트쉼터 www.iapc.or.kr
실종 아동전문기관 www.missingchild.or.kr
아동권리보장원 korea1391.go.kr
안전 Dream 아동 · 여성 · 장애인 경찰지원센터 www.safe182.go.kr
안전행정부 블로그 http;//www.mospablog.net
어린이 안전학교 www.go119.org
어린이집 안전공제회 www.csia.or.kr
여성가족부 www.mogef.go.kr
열린 체험, 신나는 안전교실 cafe.daum.net/safemom
중앙아동보호전문기관 www.korea1391.org.
질병관리본부 www.cdc.go.kr
코로나 19 예방접종 www.코로나 19예방접종. kr
코메디닷컴 www.kormedi.com
한국소비자원 어린이안전넷 www.isafe.go.kr
한국어린이안전재단 www.childsafe.or.kr
해바라기아동센터 www.child1375.or.kr
AIRKOREA http://www.airkorea.or.kr

저자소개

이영환 전북대학교 아동학과 교수

고선옥 우석대학교 아동복지학과 겸임교수

김경신 서해대학교 아동복지학과 겸임교수

김정희 비전대학교 아동복지학과 겸임교수

이수재 전북대학교 아동학과 겸임교수

제5판

표준보육과정 · 누리과정에 맞춘

아동안전관리

초 판 1쇄 발행 2016년 2월 25일
초 판 2쇄 발행 2016년 8월 23일
증 보 1쇄 발행 2017년 8월 28일
개 정 1쇄 발행 2018년 2월 2일
제3판 2쇄 발행 2019년 7월 11일
제4판 2쇄 발행 2020년 9월 8일
제5판 2쇄 발행 2023년 7월 14일

지 은 이 | 이영환 · 고선옥 · 김경신 · 김정희 · 이수재
펴 낸 이 | 김기섭
편 집 인 | 이혜란 · 이윤희
펴 낸 곳 | 창지사 www.changjisa.com
08589 서울시 금천구 가산디지털 1로 83 파트너스타워1차 9층
전화 (02) 719-2211~3
팩스 (02) 701-9386
등 록 | 1977년 4월 28일 · 제1-421호

ISBN 978-89-426-1495-0 (93370)

값 24,000원